Driebanden biljart: Over de Hele Wereld Patronen

Van professionele kampioentoernooien

Vergelijk jezelf met professionele spelers

Allan P. Sand
PBIA Gecertificeerde biljartinstructeur

ISBN 978-1-62505-262-9
PRINT 7x10

ISBN 978-1-62505-405-0
PRINT 8.5x11

First edition

Copyright © 2019 Allan P. Sand

All rights reserved under International and Pan-American Copyright Conventions.

Published by Billiard Gods Productions.
Santa Clara, CA 95051
U.S.A.

For the latest information about books and videos, go to: http://www.billiardgods.com

Acknowledgements

Wei Chao created the software that was used to create these graphics.

Inhoudsopgave

Invoering **1**
Over de tabelconfiguraties 1
Tabel opstelling instructies 2
Doel van de twee tabellen 2
A: Korte pijp (lang biljartbanden) **3**
A: Groep 1 3
A: Groep 2 8
A: Groep 3 13
A: Groep 4 18
A: Groep 5 23
A: Groep 6 28
A: Groep 7 33
B: Omgekeerd pad **38**
B: Groep 1 38
B: Groep 2 43
B: Groep 3 48
B: Groep 4 53
C: Verlengde poot **58**
C: Groep 1 58
C: Groep 2 63
C: Groep 3 68
D: Grote bal in de thuishoek **73**
D: Groep 1 73
D: Groep 2 78
D: Groep 3 83
D: Groep 4 88
D: Groep 5 93
D: Groep 6 98
D: Groep 7 103
D: Groep 8 108
D: Groep 9 113
E: Volg, naar de hoek **118**
E: Groep 1 118
E: Groep 2 123
E: Groep 3 128
F: Kort aangepast pad **133**
F: Groep 1 133
F: Groep 2 138

Other books by the author …

- 3 Cushion Billiards Championship Shots (a series)
- Carom Billiards: Some Riddles & Puzzles
- Carom Billiards: MORE Riddles & Puzzles
- Why Pool Hustlers Win
- Table Map Library
- Safety Toolbox
- Cue Ball Control Cheat Sheets
- Advanced Cue Ball Control Self-Testing Program
- Drills & Exercises for Pool & Pocket Billiards
- The Art of War versus The Art of Pool
- The Psychology of Losing – Tricks, Traps & Sharks
- The Art of Team Coaching
- The Art of Personal Competition
- The Art of Politics & Campaigning
- The Art of Marketing & Promotion
- Kitchen God's Guide for Single Guys

Invoering

Dit is een van de driebanden biljart die laten zien hoe professionele spelers beslissingen nemen, gebaseerd op de tafelindeling. Al deze tabelconfiguraties zijn afkomstig van internationale wedstrijden.

Deze tabelconfiguraties plaatsen je in het hoofd van de speler, te beginnen met de balposities (weergegeven in de eerste tabel). De indeling van de tweede tabel laat zien wat de speler heeft besloten te doen.

Over de tabelconfiguraties

Elke configuratie heeft twee tabelconfiguraties. De eerste tafel is de balposities. De tweede tafel is hoe de ballen op de tafel bewegen.

Dit zijn de drie ballen op tafel:

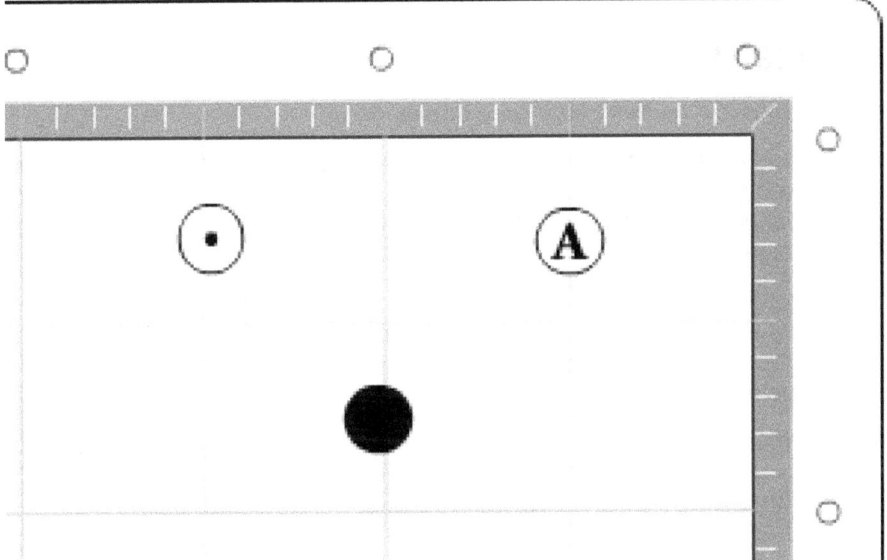

Ⓐ (CB) (uw biljartbal)

⊙ (OB) (tegenstander biljartbal)

● (OB) (rode biljartbal)

Tabel opstelling instructies

Gebruik papierbandringen om de balposities te markeren (koop bij een kantoorwinkel).

Plaats een munt op elk biljartbanden dat de (CB) zal aanraken.

Vergelijk uw (CB) pad met de configuratie van de tweede tabel. Om te leren, hebt u mogelijk meerdere pogingen nodig. Stel na elke fout een aanpassing in en probeer het opnieuw totdat je succesvol bent.

Doel van de twee tabellen

Deze tabelconfiguraties zijn bedoeld voor twee doeleinden.

- Uw analyse - thuis kunt u overwegen hoe de configuratie in de eerste tabel moet worden afgespeeld. Vergelijk uw ideeën met het werkelijke patroon op de tweede tafel. Denk aan uw oplossing en overweeg opties. Vanuit de tweede tabel kunt u ook analyseren hoe u het patroon moet volgen. Speel de opstelling mentaal af en beslis hoe je succesvol kunt zijn.

- Oefen de tafelconfiguratie - plaats de ballen op hun plaats, volgens de eerste tabelconfiguratie. Probeer het tweede tabelpatroon te dupliceren. Je hebt misschien veel pogingen nodig voordat je de juiste manier vindt om te spelen. Dit is hoe je deze opstellingen kunt leren en spelen tijdens competities en toernooien.

De combinatie van mentale analyse en praktische oefening zal je een slimmere speler maken.

A: Korte pijp (lang biljartbanden)

Op deze reeks van balconfiguraties, contacteert de (CB) eerst (OB), die zeer dicht bij het lange biljartbanden is. De (CB) gaat vervolgens over op het standaardpatroon rondom de wereld.

(A) (CB) (uw biljartbal) – (•) (OB) (tegenstander biljartbal) – ● (OB) (rode biljartbal)

A: Groep 1

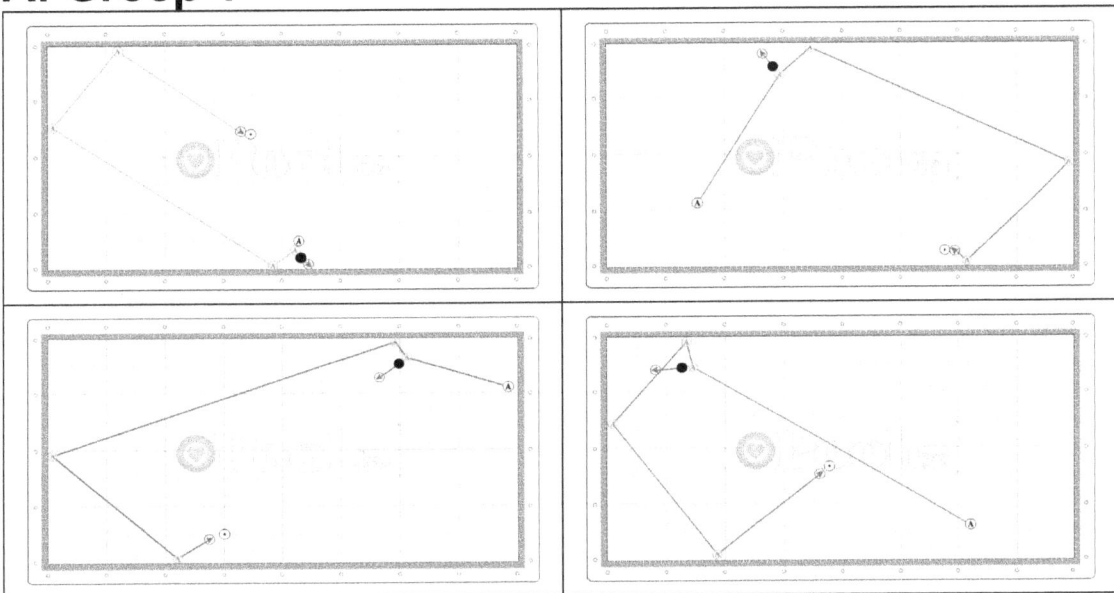

Analyse:

A:1a. _____

A:1b. _____

A:1c. _____

A:1d. _____

A:1a – Opstelling

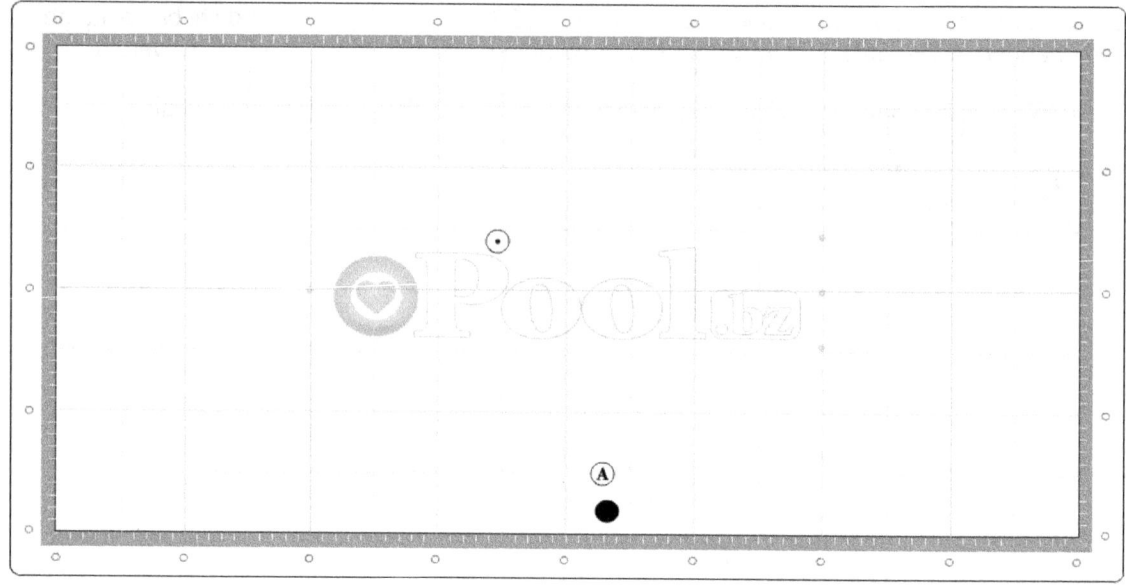

Opmerkingen en ideeën:

Schotpatroon

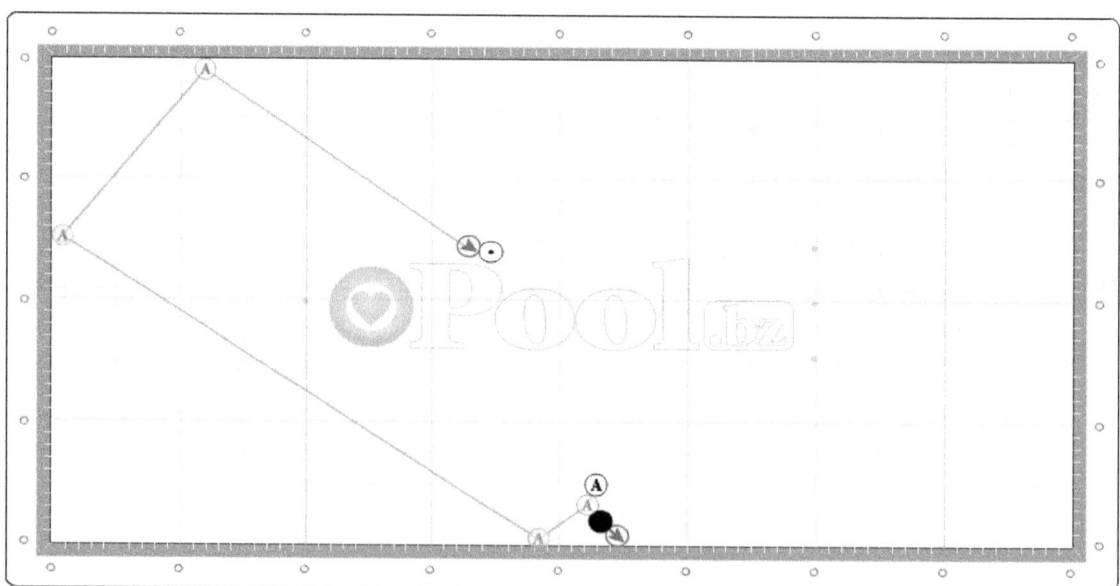

A:1b – Opstelling

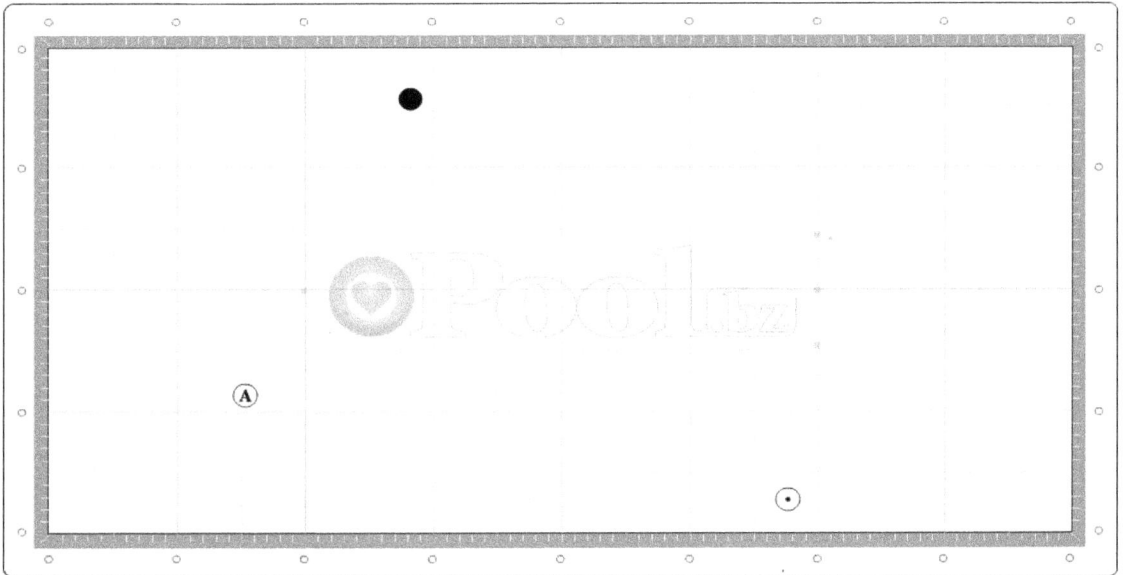

Opmerkingen en ideeën:

Schotpatroon

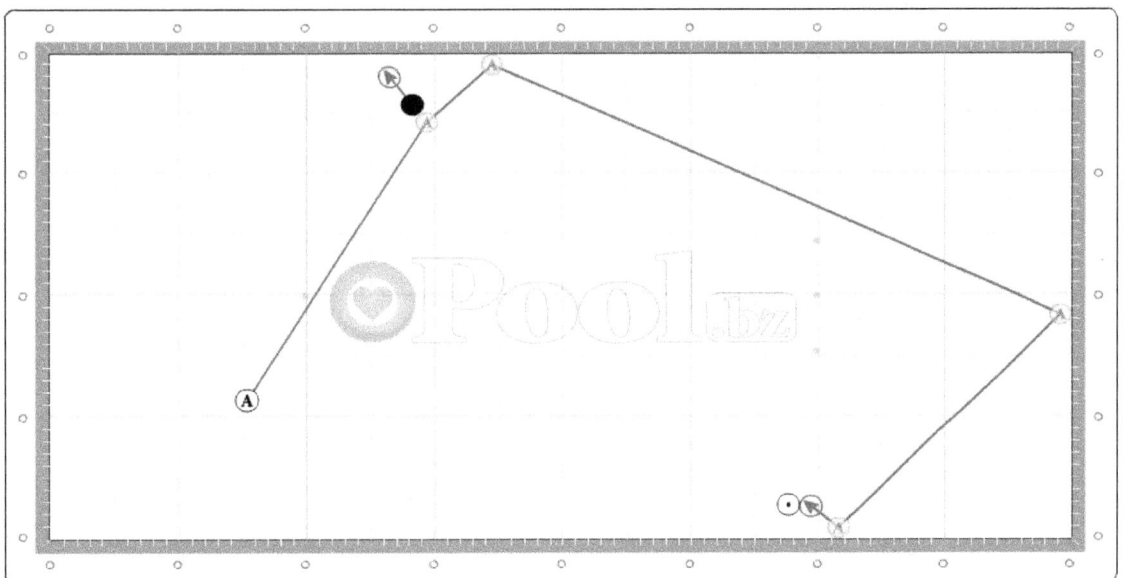

A:1c – Opstelling

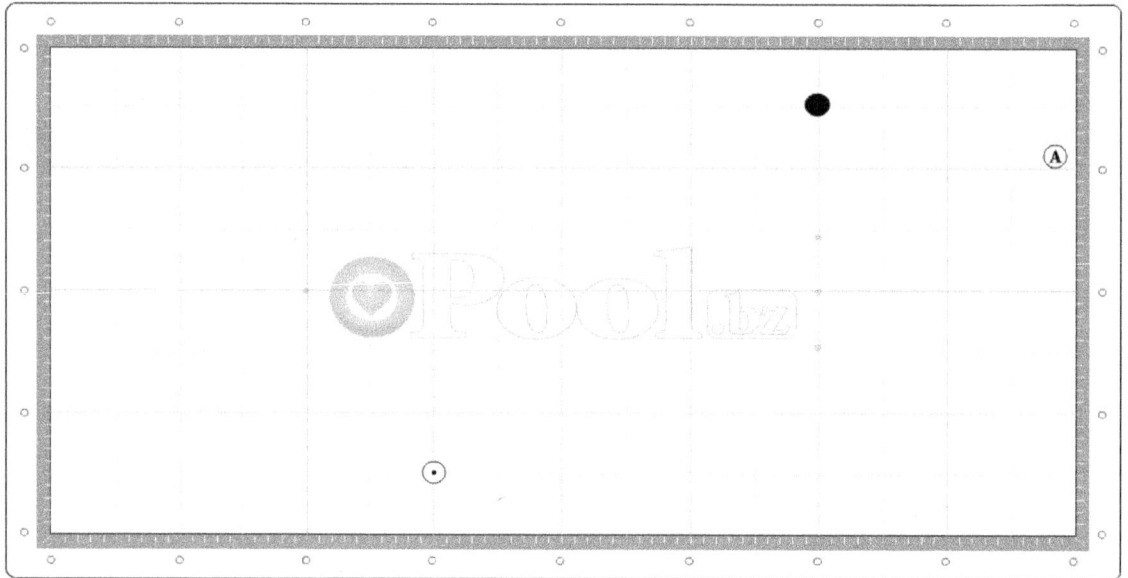

Opmerkingen en ideeën:

Schotpatroon

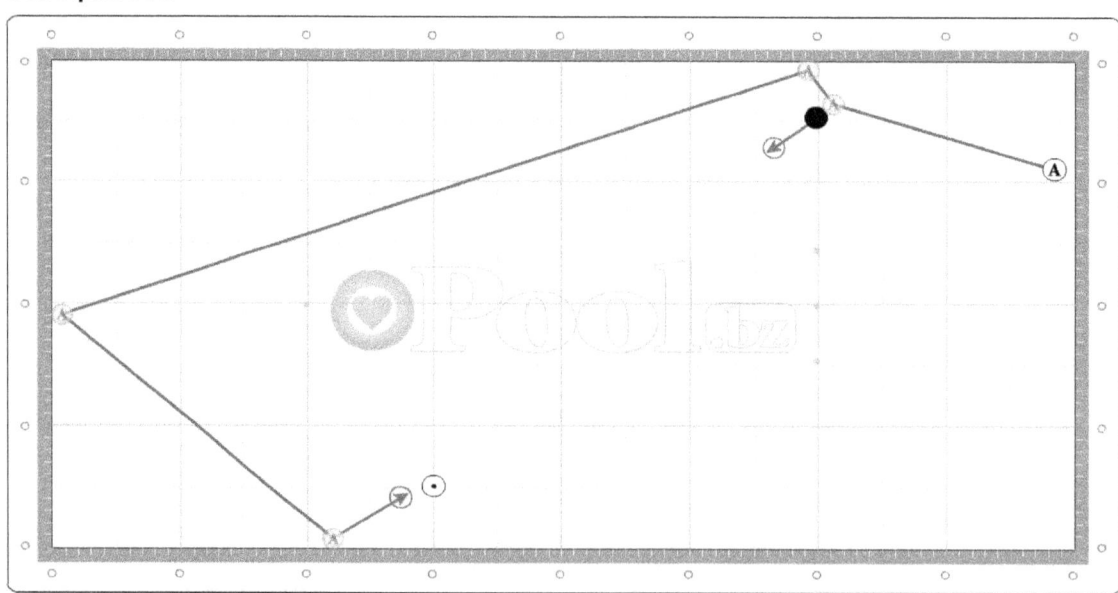

A:1d – Opstelling

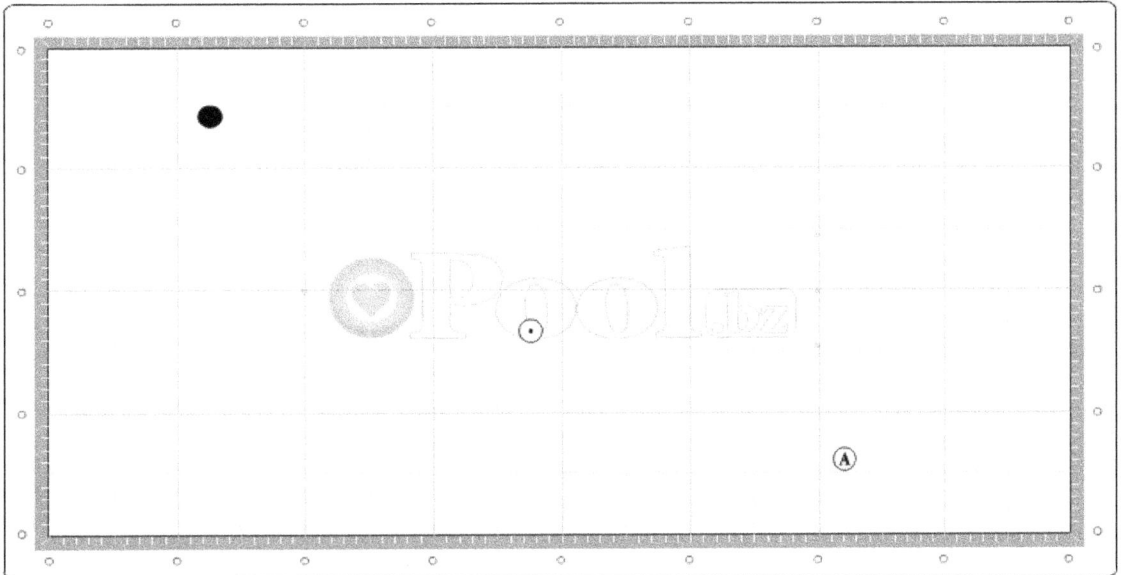

Opmerkingen en ideeën:

Schotpatroon

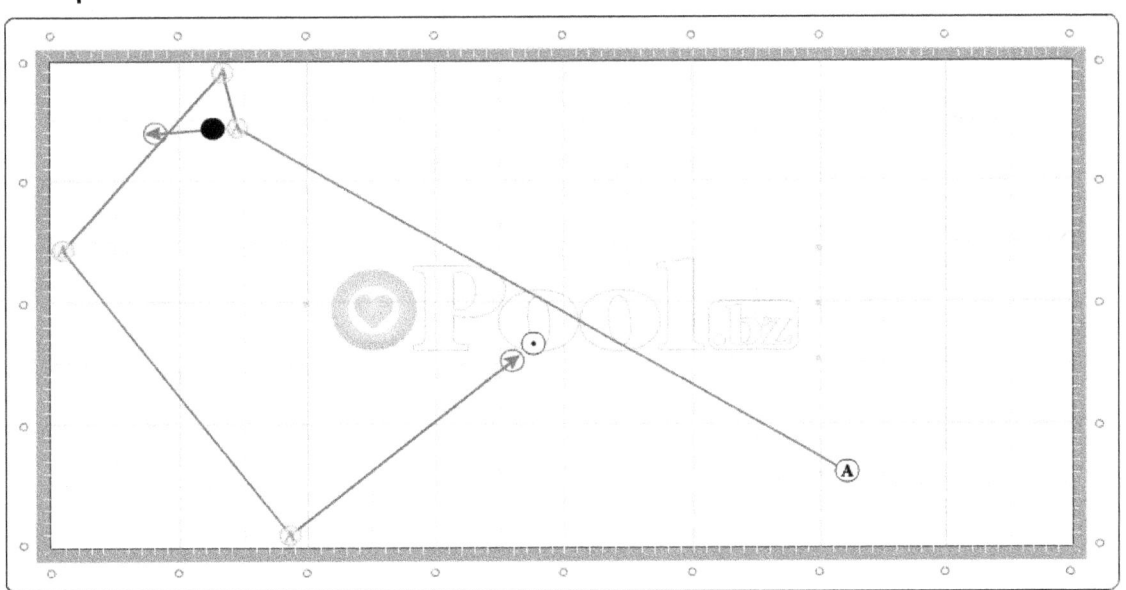

A: Groep 2

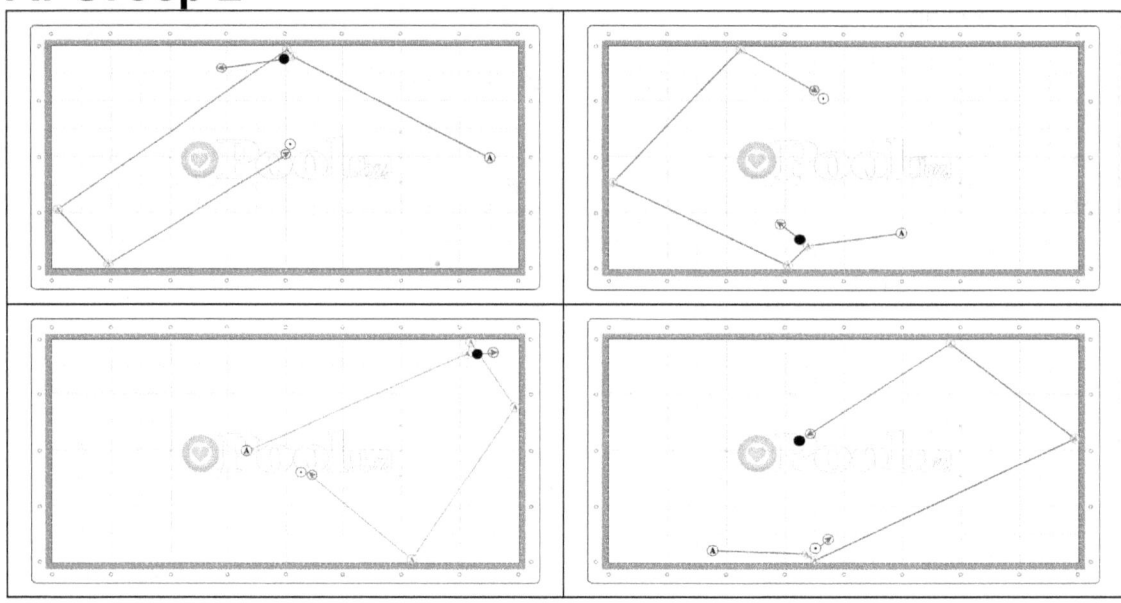

Analyse:

A:2a. _____

A:2b. _____

A:2c. _____

A:2d. _____

A:2a – Opstelling

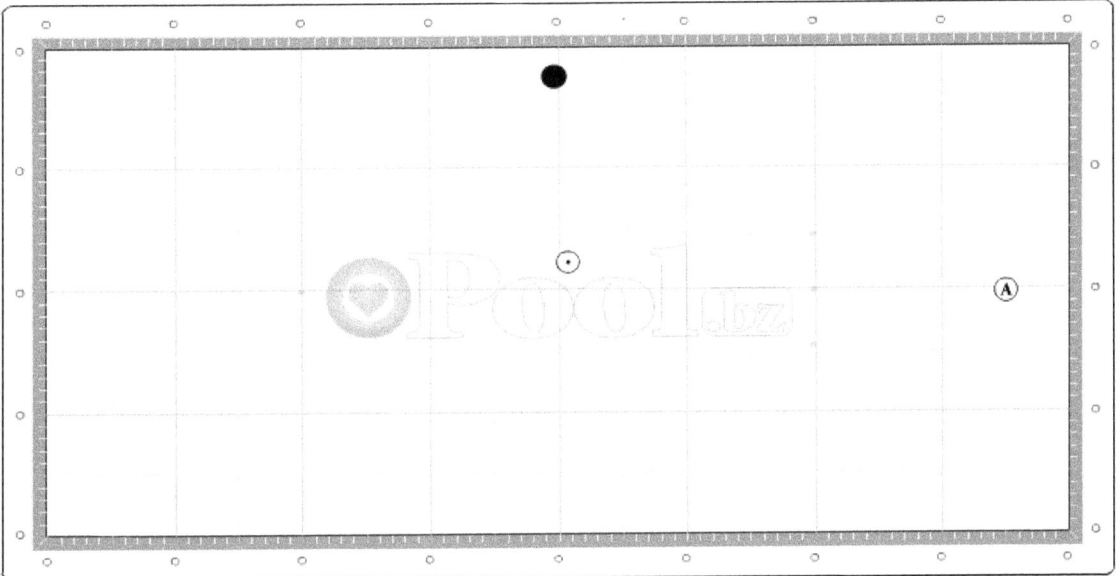

Opmerkingen en ideeën:

Schotpatroon

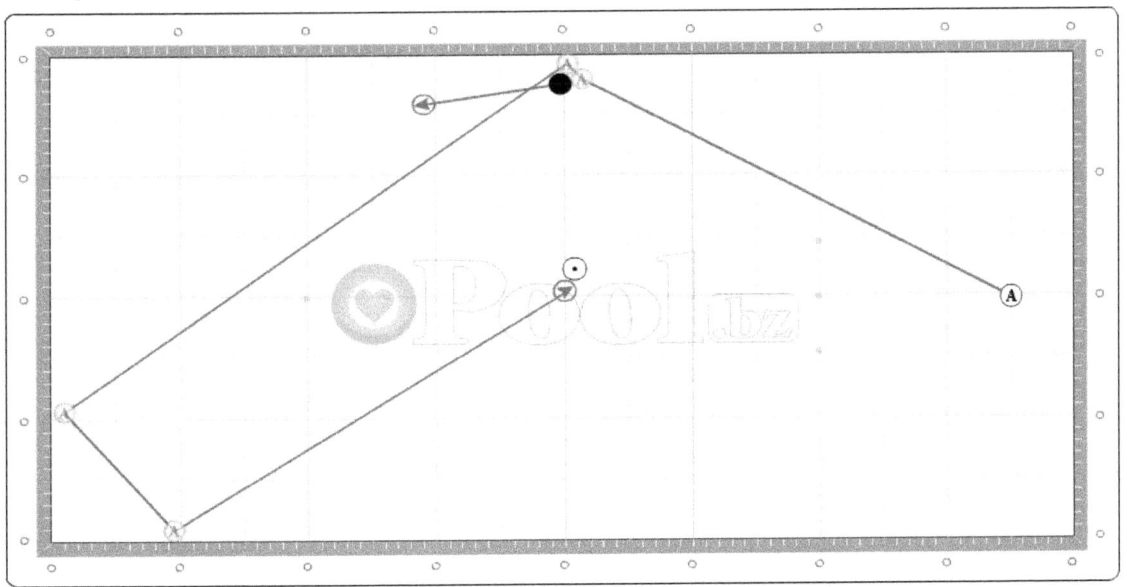

A:2b – Opstelling

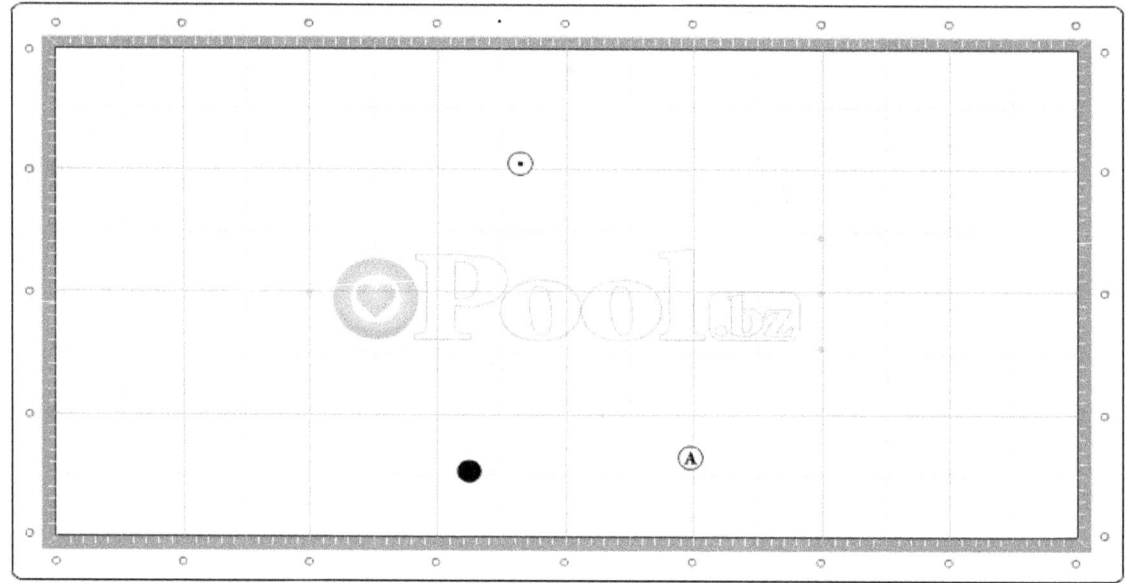

Opmerkingen en ideeën:

Schotpatroon

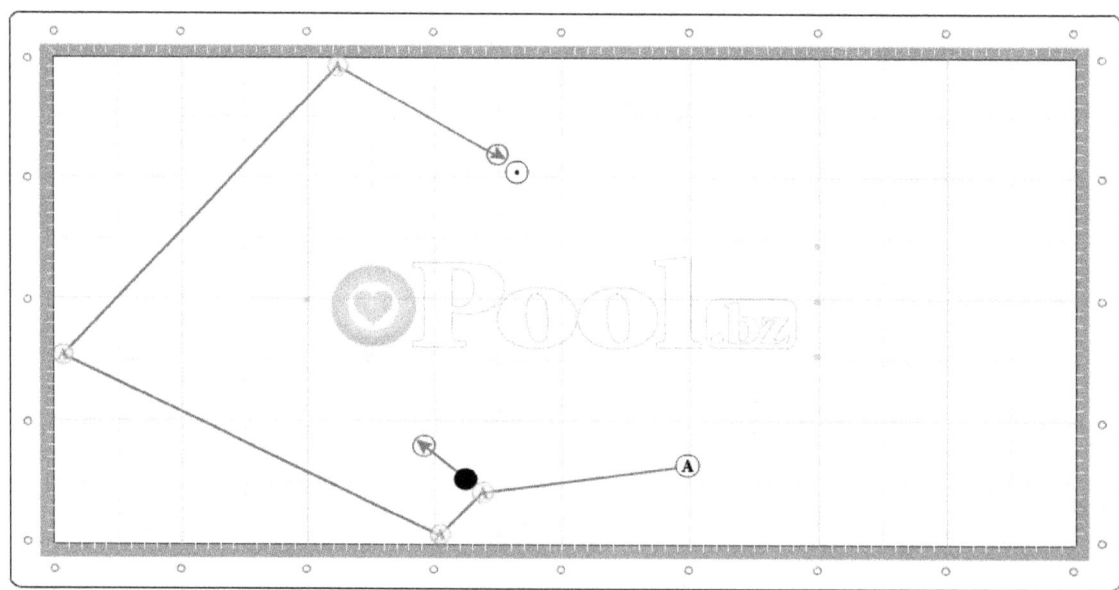

A:2c – Opstelling

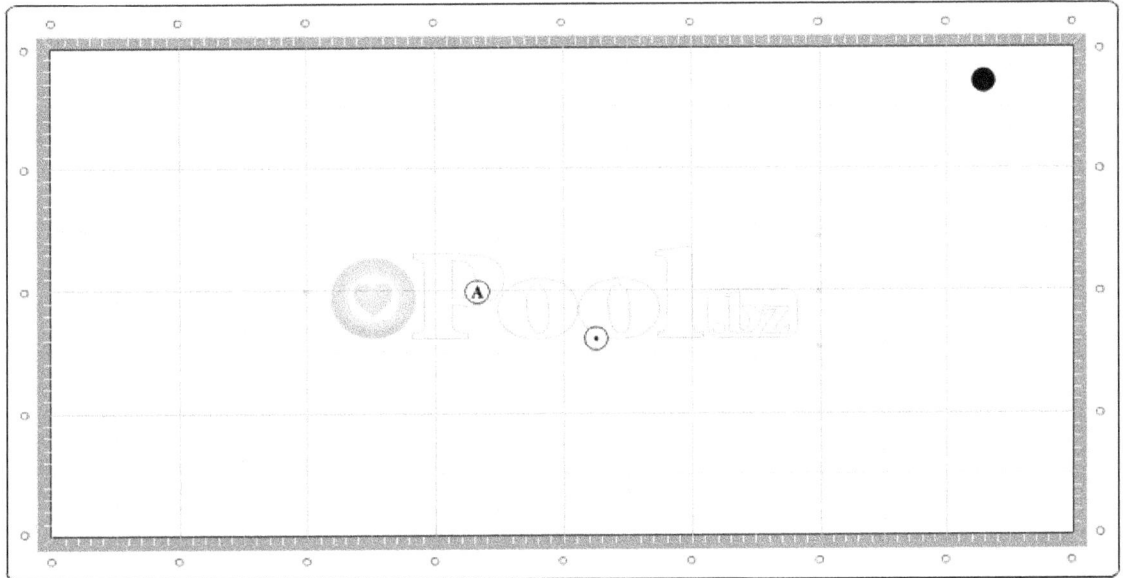

Opmerkingen en ideeën:

Schotpatroon

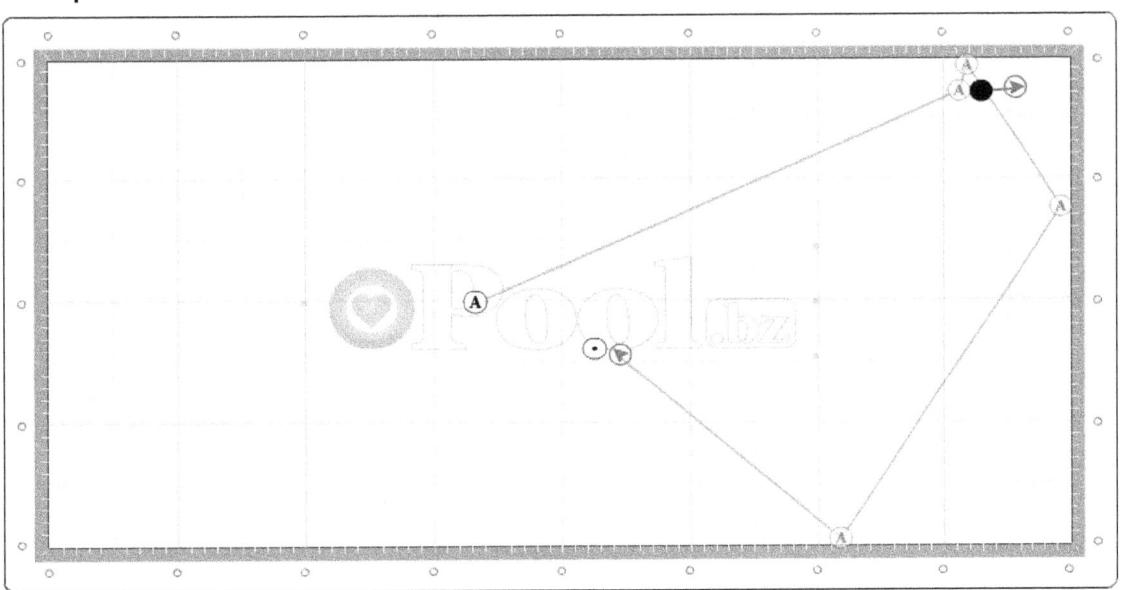

A:2d – Opstelling

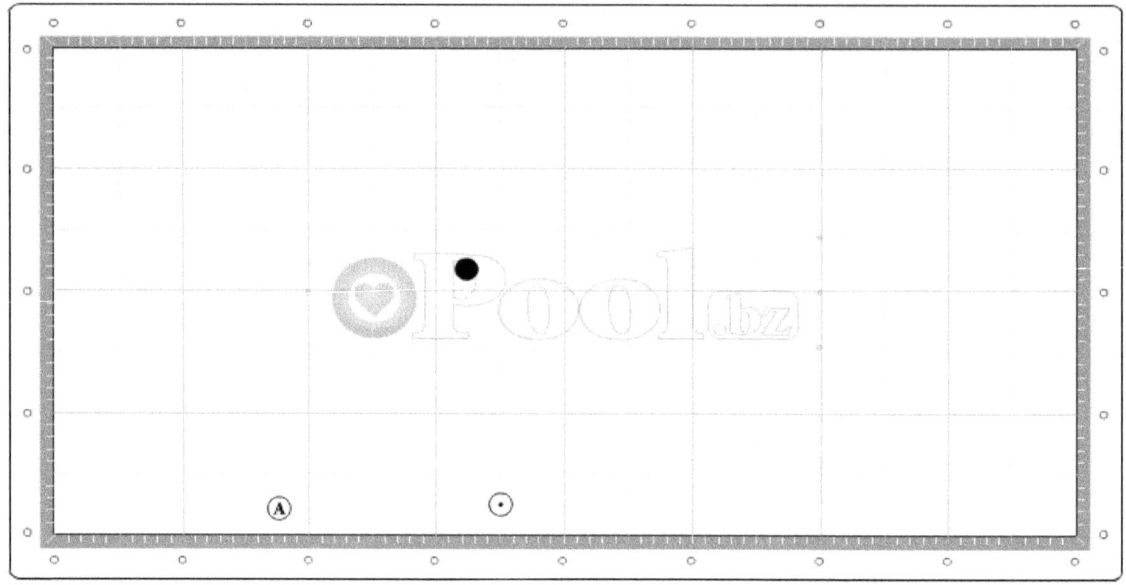

Opmerkingen en ideeën:

Schotpatroon

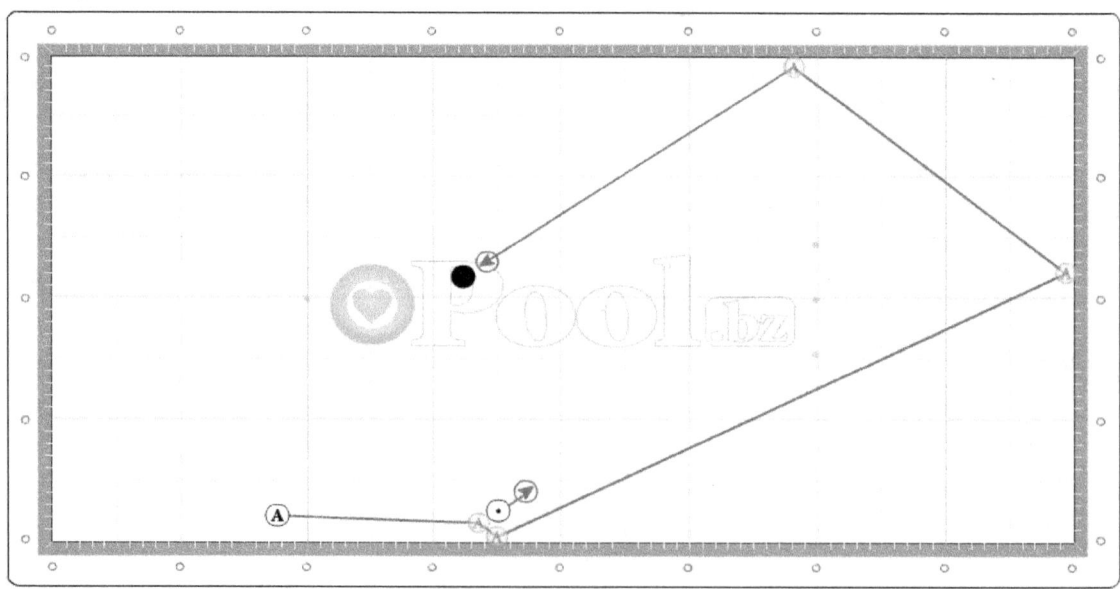

A: Groep 3

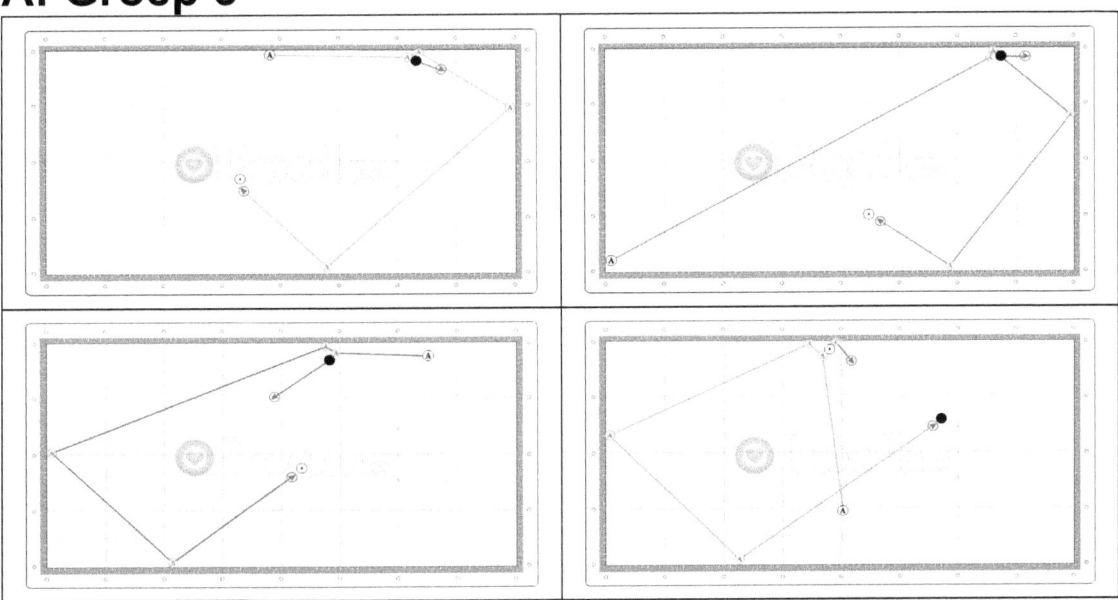

Analyse:

A:3a. _____

A:3b. _____

A:3c. _____

A:3d. _____

A:3a – Opstelling

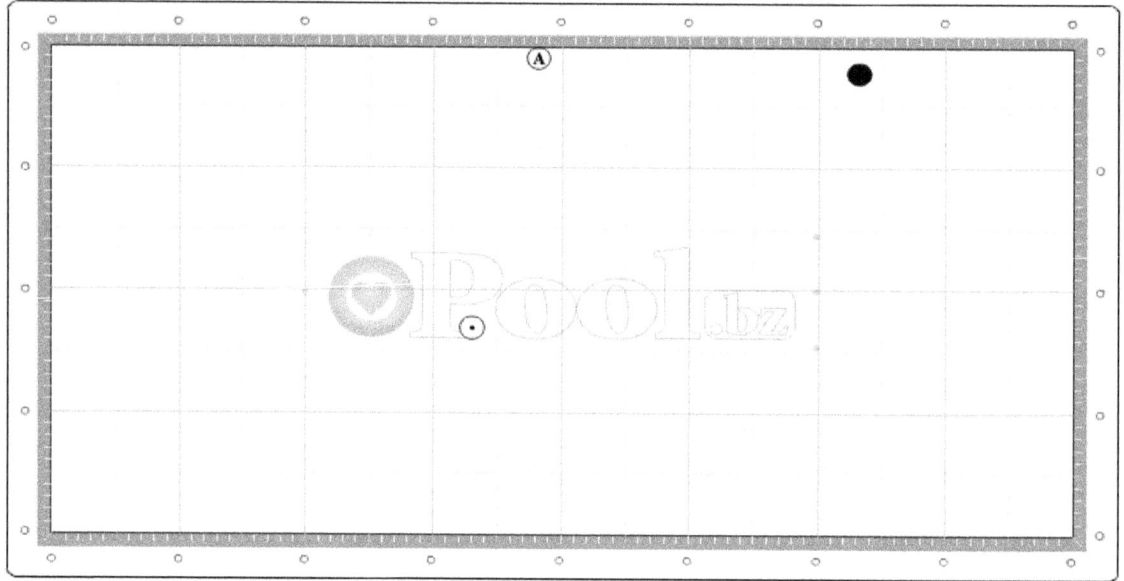

Opmerkingen en ideeën:

Schotpatroon

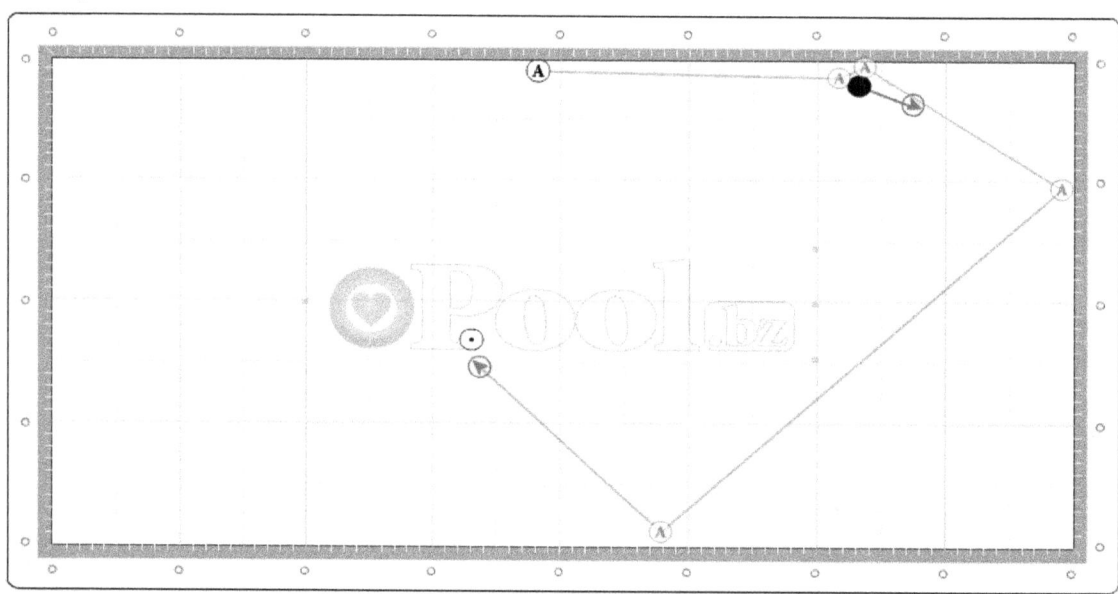

A:3b – Opstelling

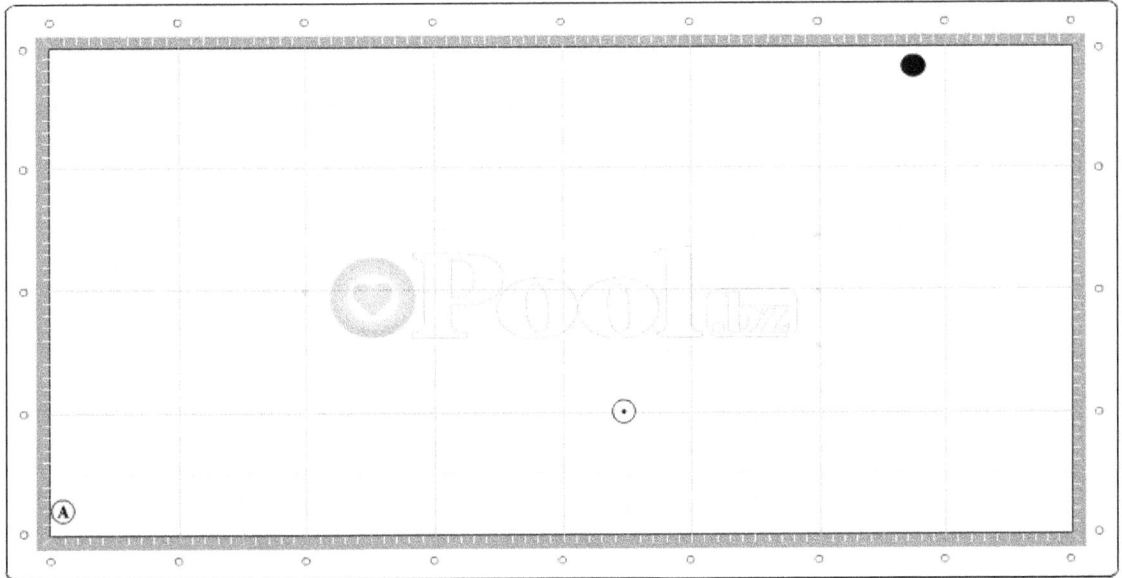

Opmerkingen en ideeën:

Schotpatroon

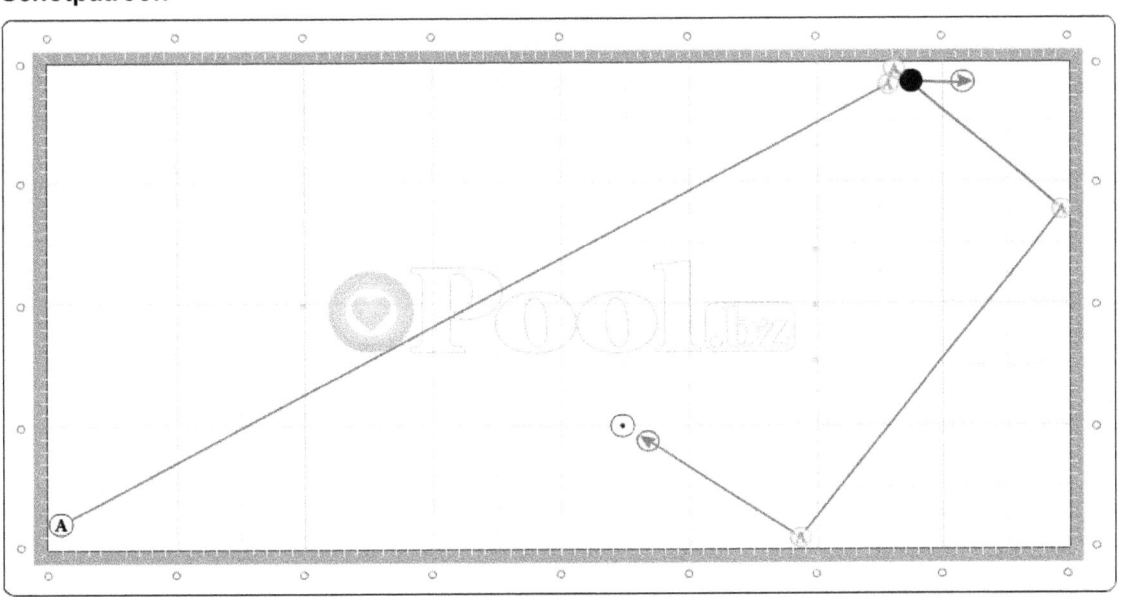

A:3c – Opstelling

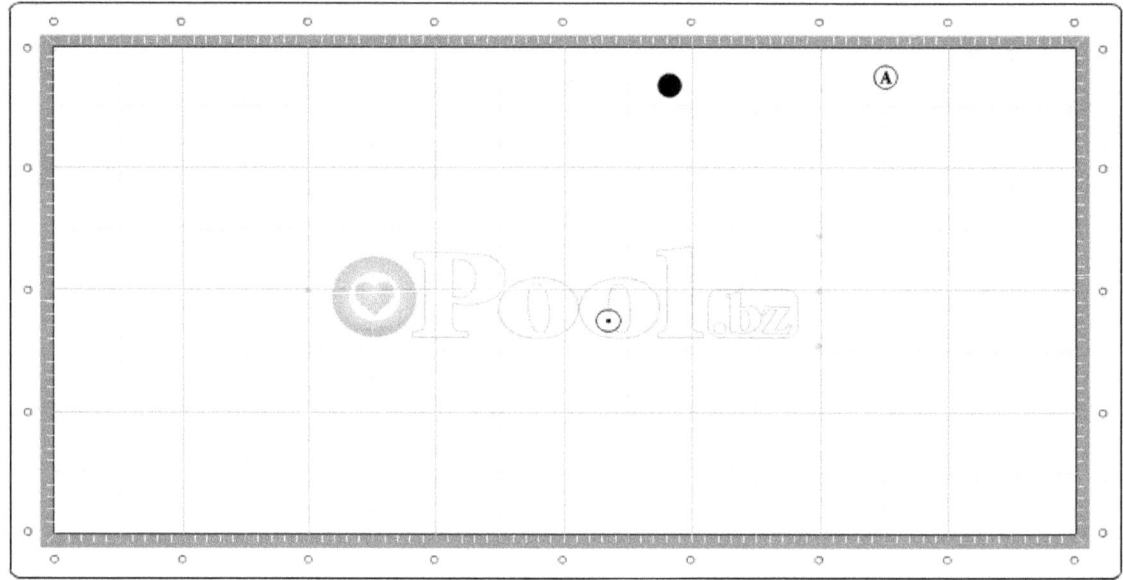

Opmerkingen en ideeën:

Schotpatroon

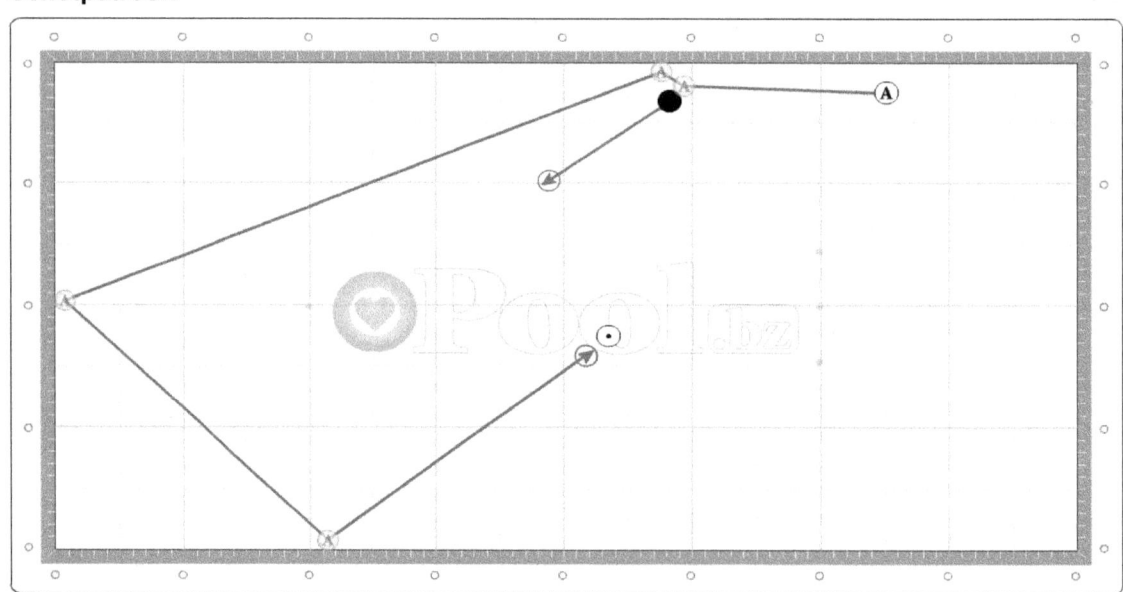

A:3d – Opstelling

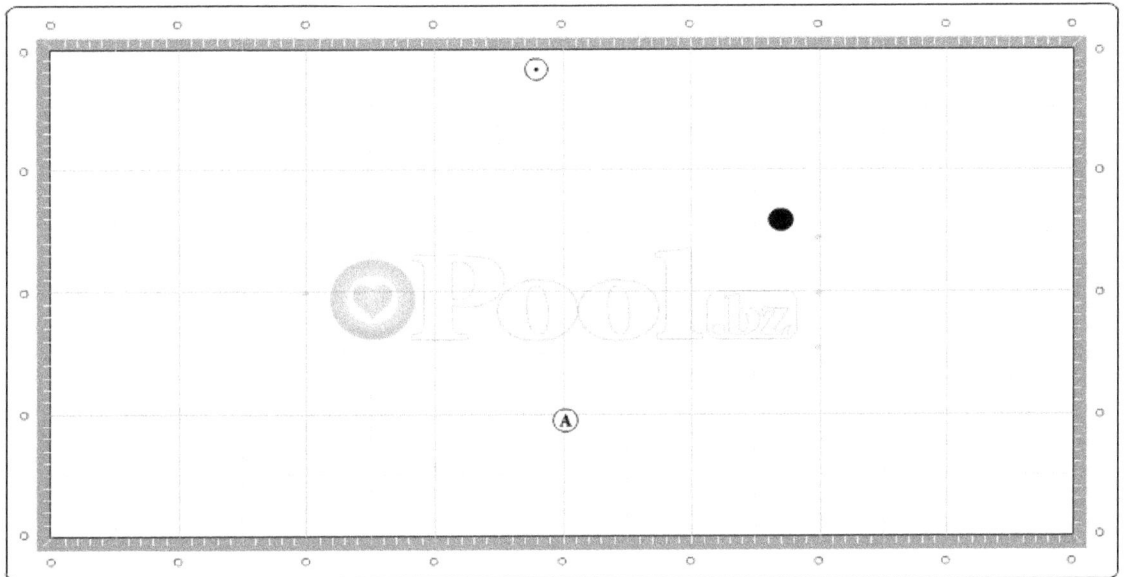

Opmerkingen en ideeën:

Schotpatroon

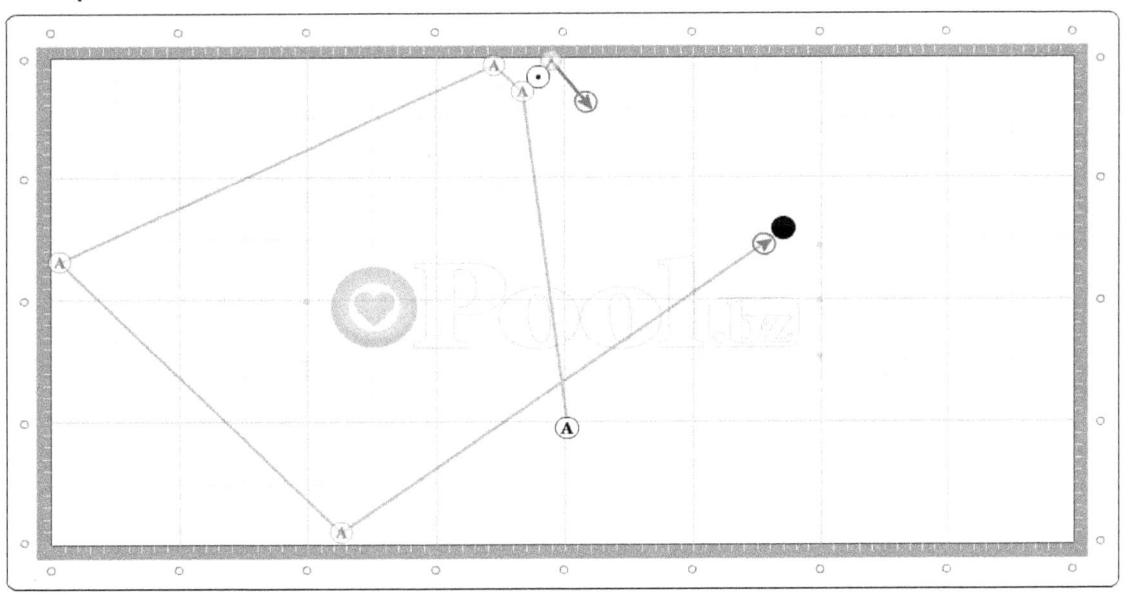

A: Groep 4

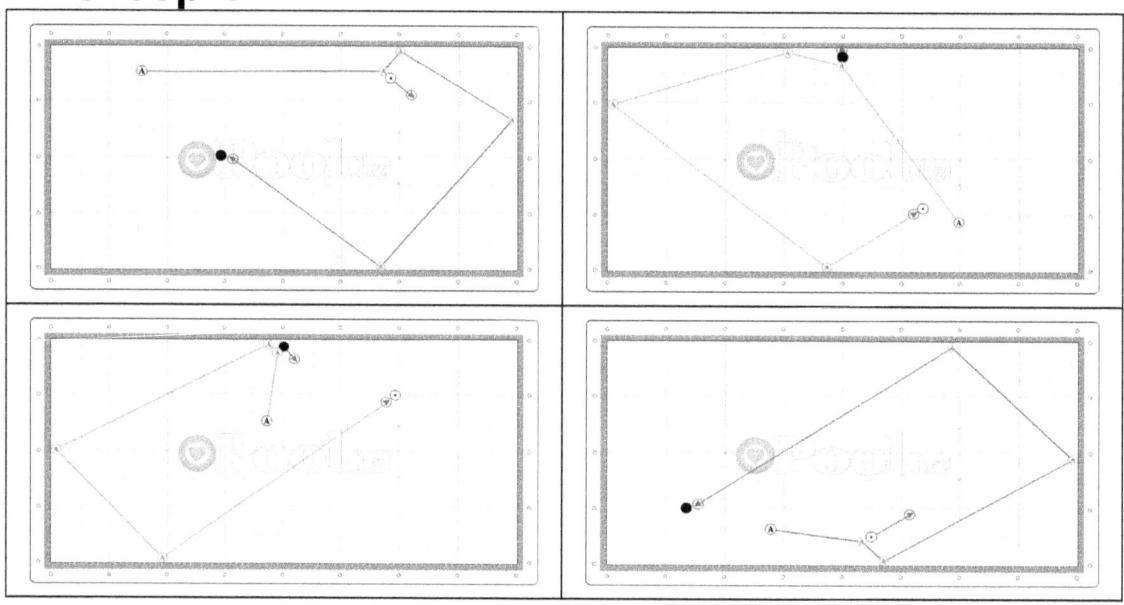

Analyse:

A:4a. _____

A:4b. _____

A:4c. _____

A:4d. _____

A:4a – Opstelling

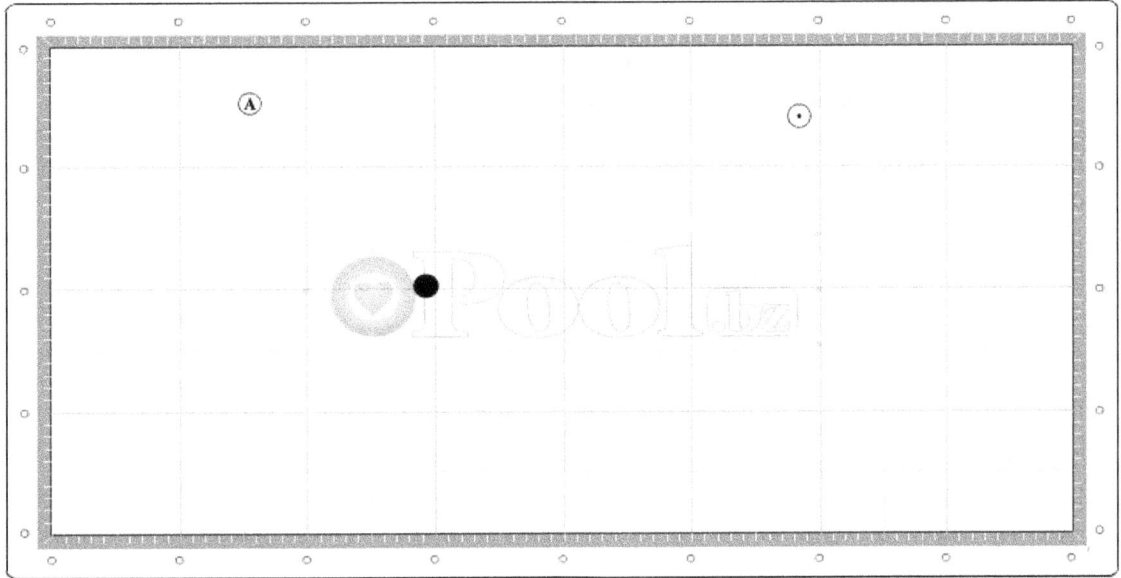

Opmerkingen en ideeën:

Schotpatroon

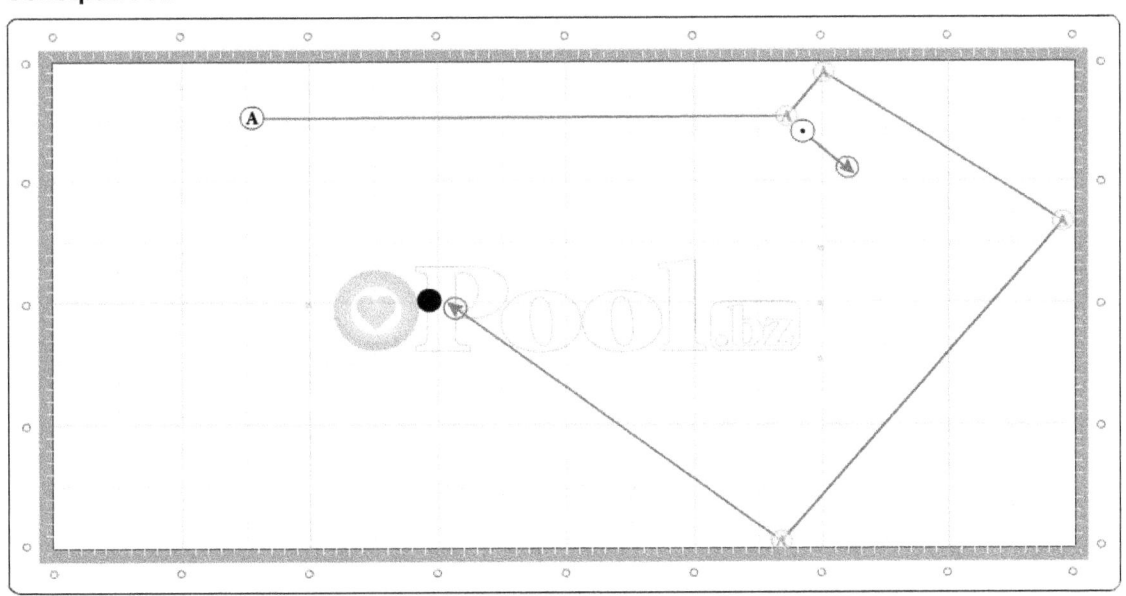

A:4b – Opstelling

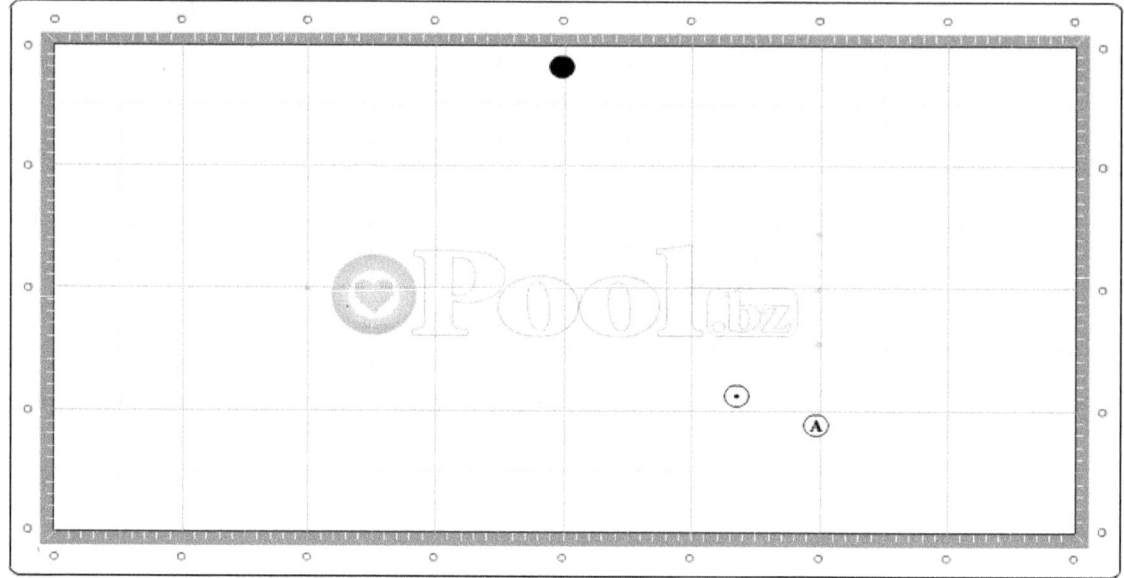

Opmerkingen en ideeën:

Schotpatroon

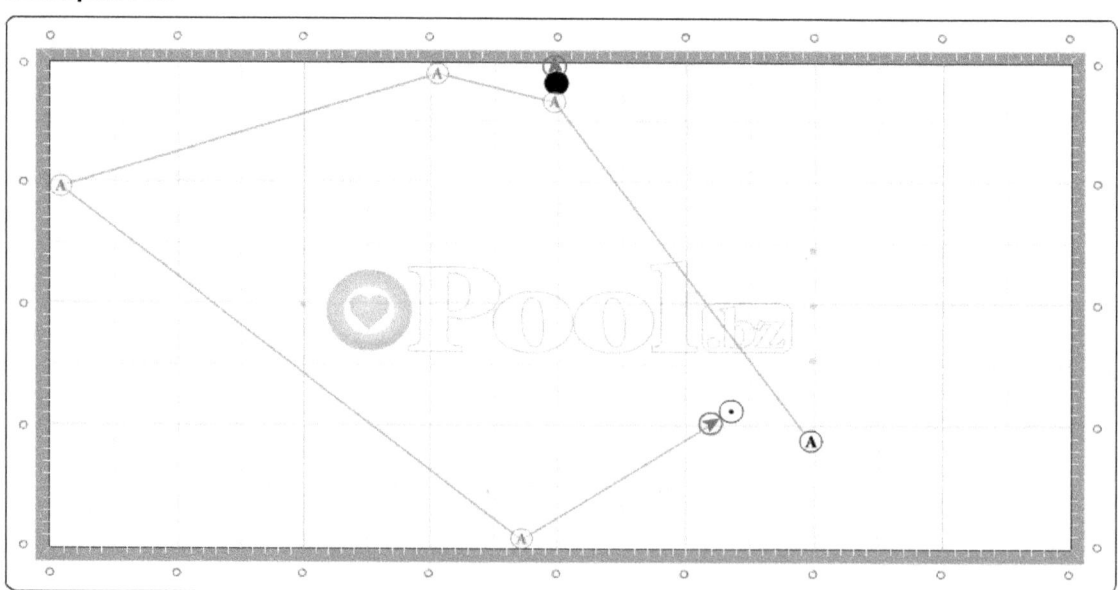

A:4c – Opstelling

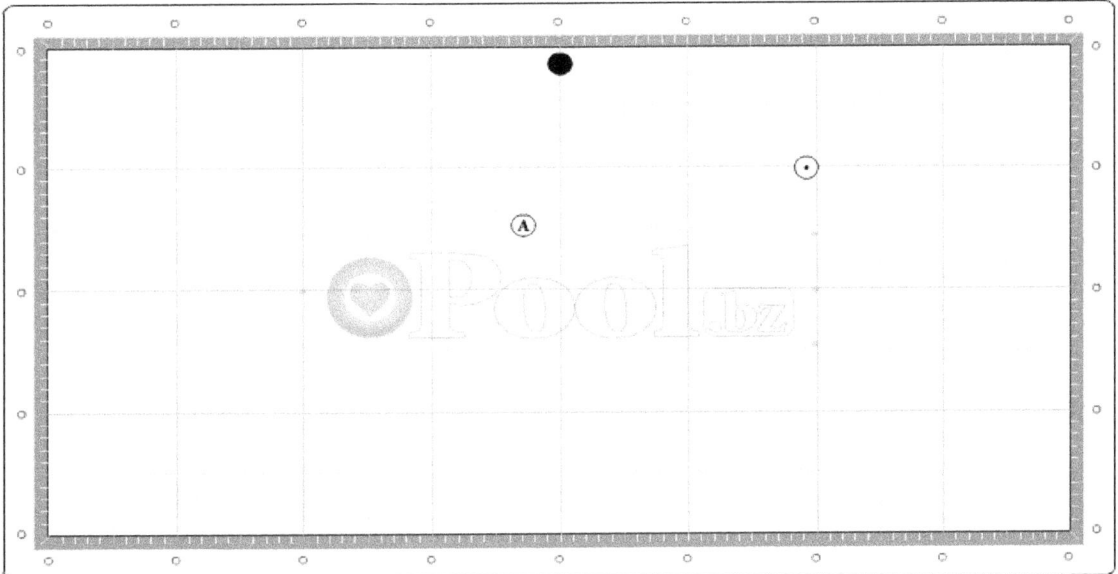

Opmerkingen en ideeën:

Schotpatroon

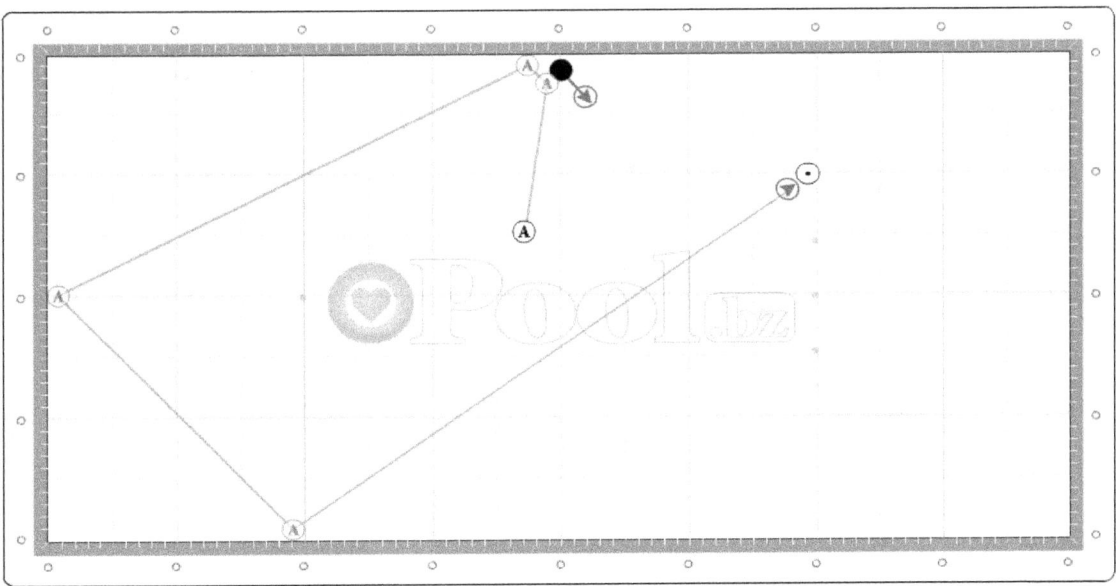

A:4d – Opstelling

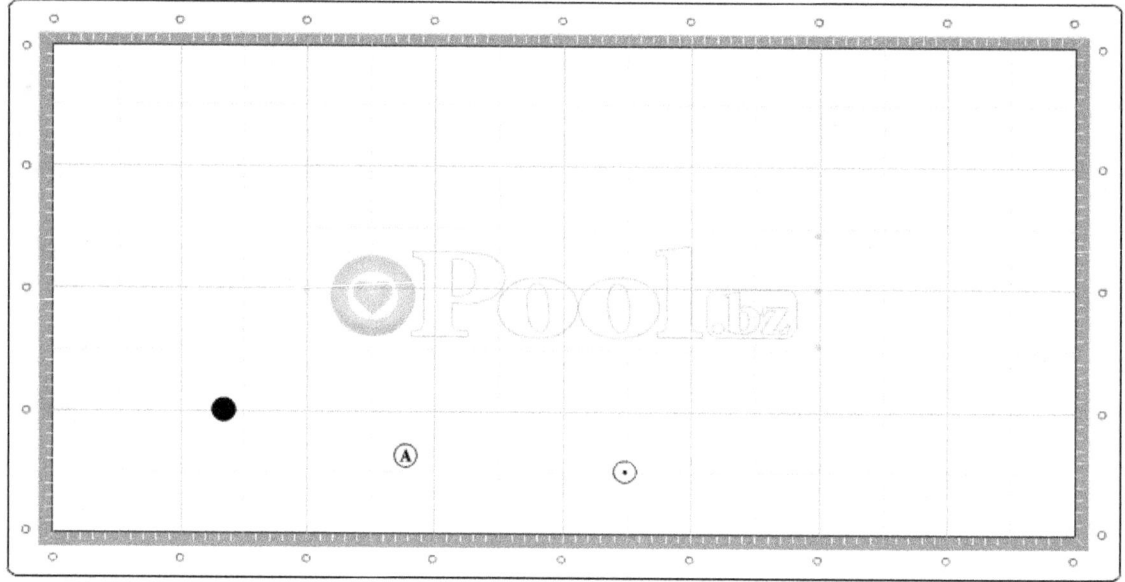

Opmerkingen en ideeën:

Schotpatroon

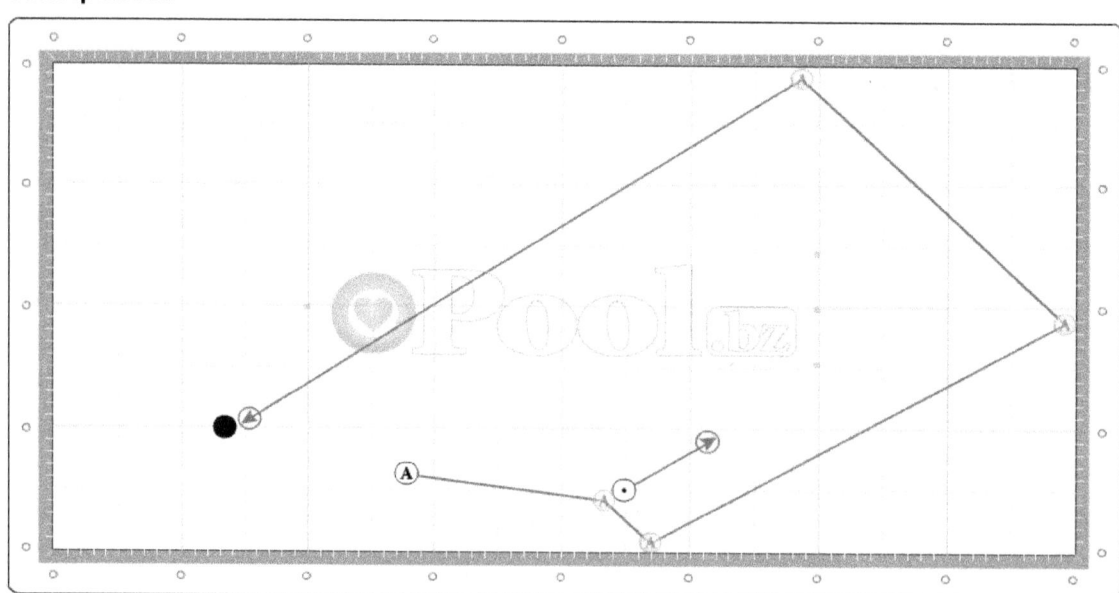

A: Groep 5

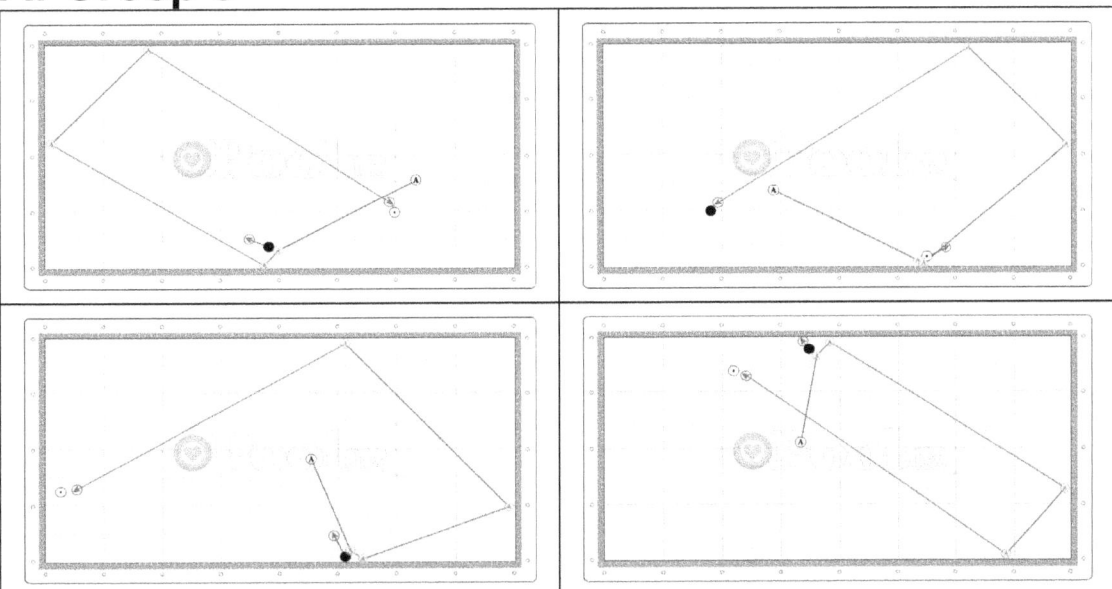

Analyse:

A:5a. _____

A:5b. _____

A:5c. _____

A:5d. _____

A:5a – Opstelling

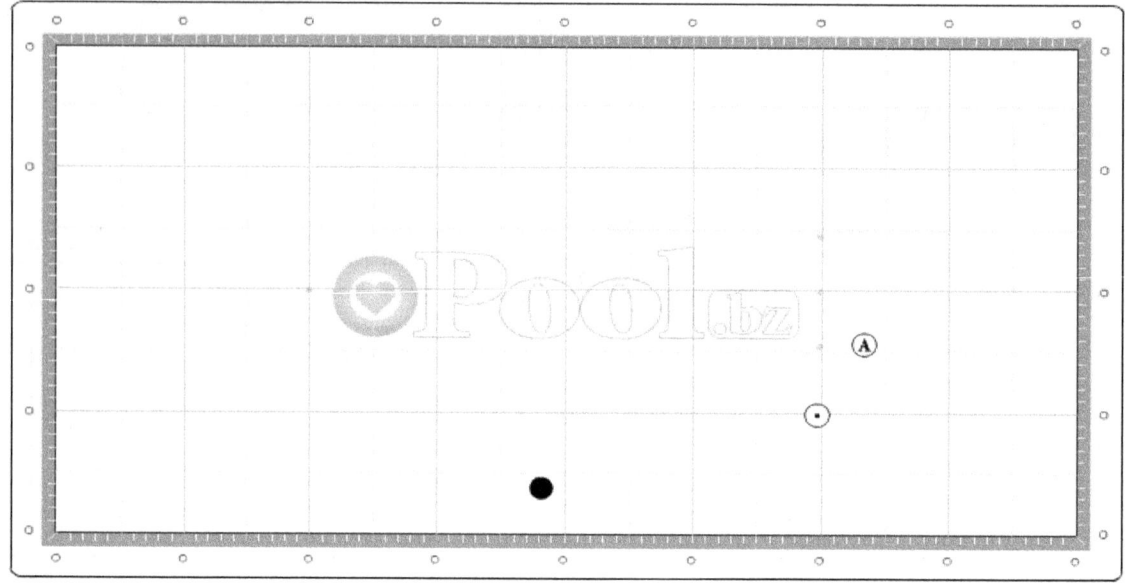

Opmerkingen en ideeën:

Schotpatroon

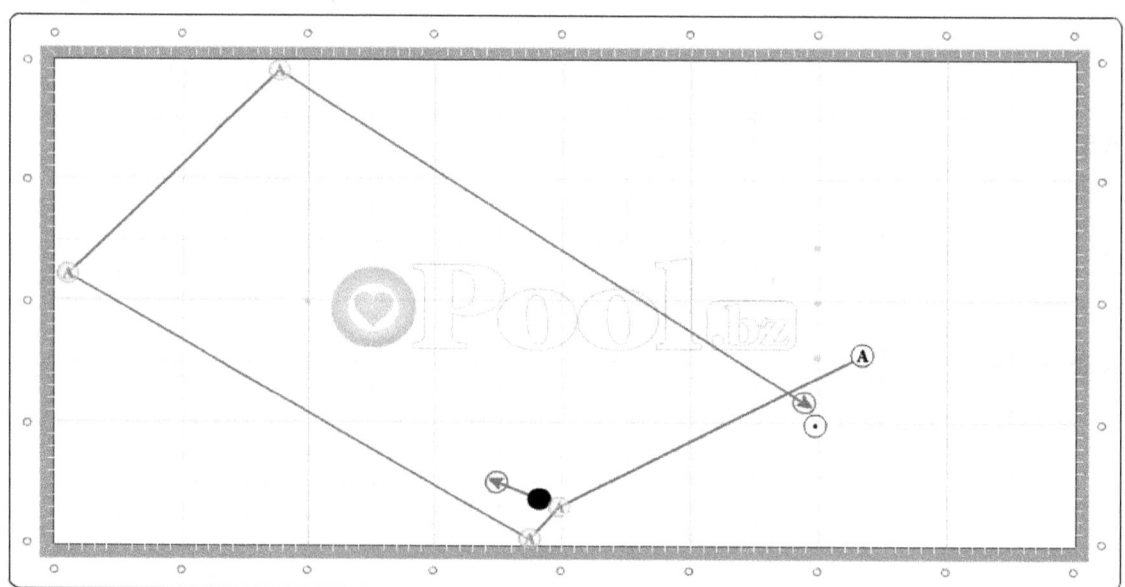

A:5b – Opstelling

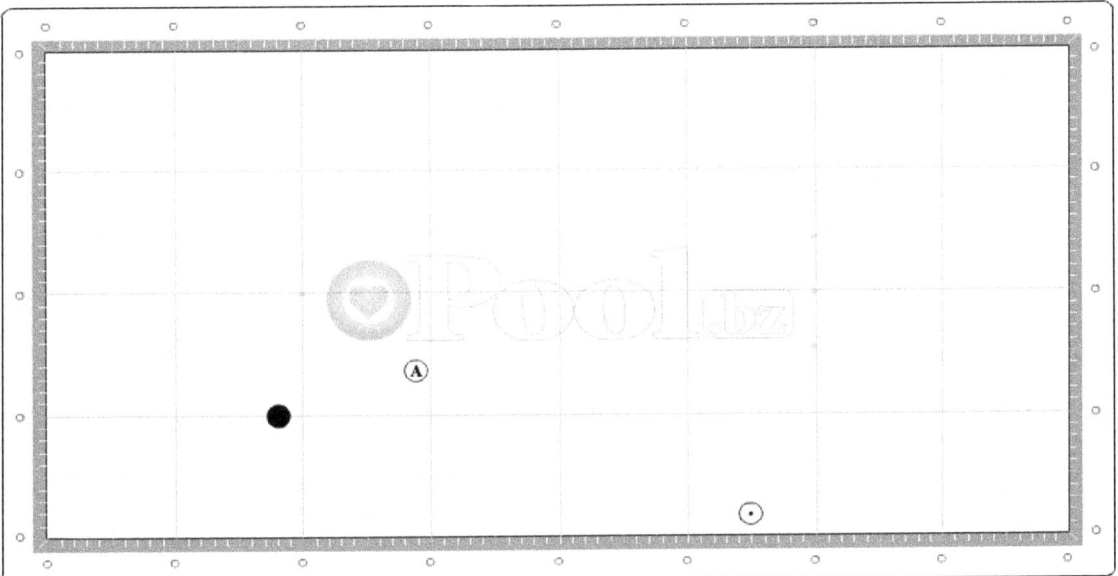

Opmerkingen en ideeën:

Schotpatroon

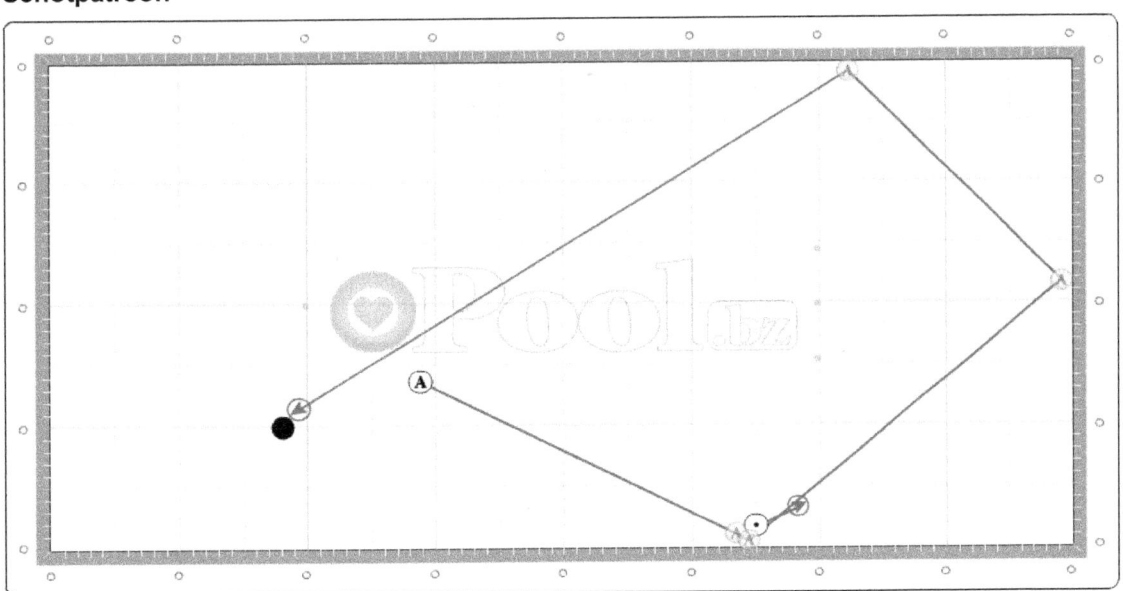

A:5c – Opstelling

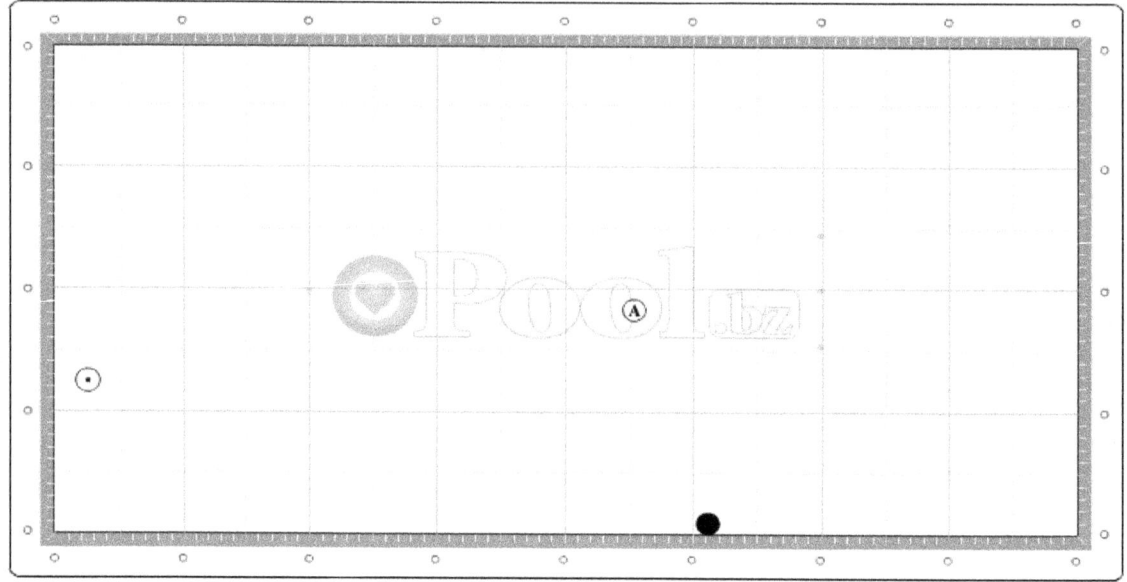

Opmerkingen en ideeën:

Schotpatroon

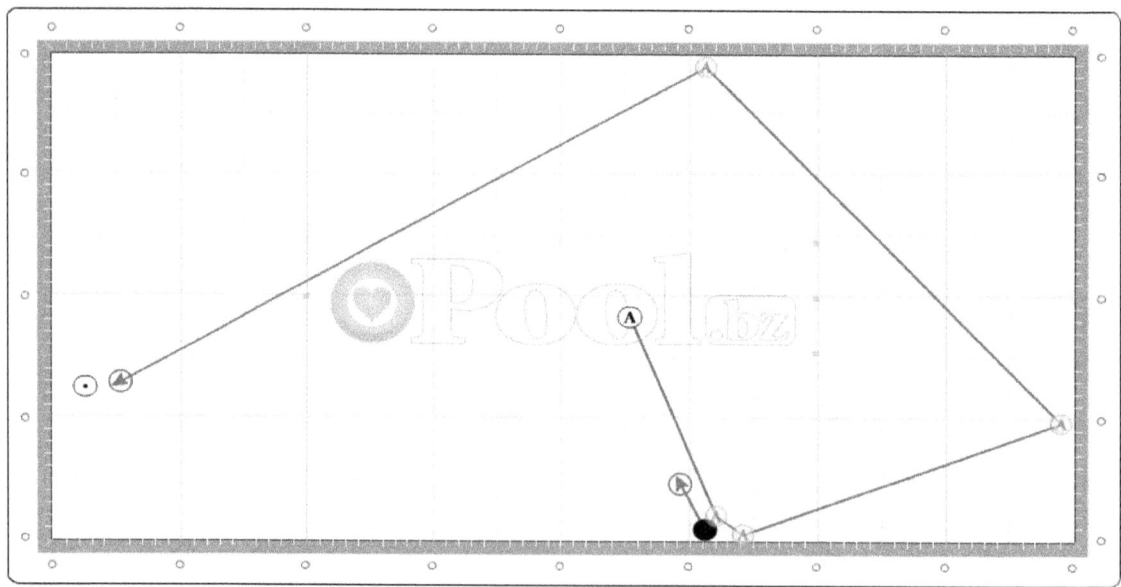

A:5d – Opstelling

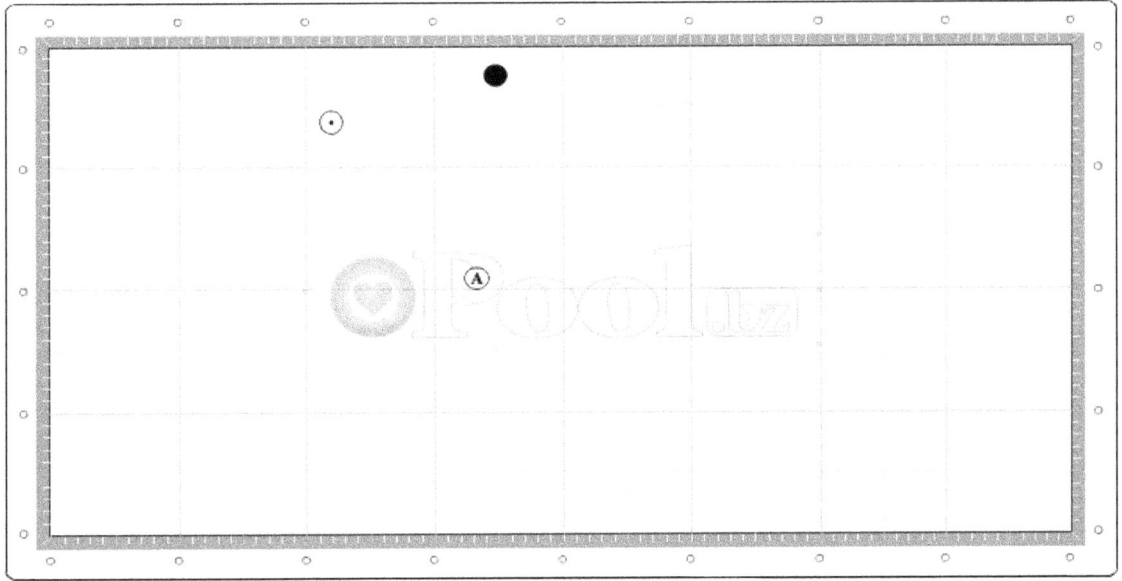

Opmerkingen en ideeën:

Schotpatroon

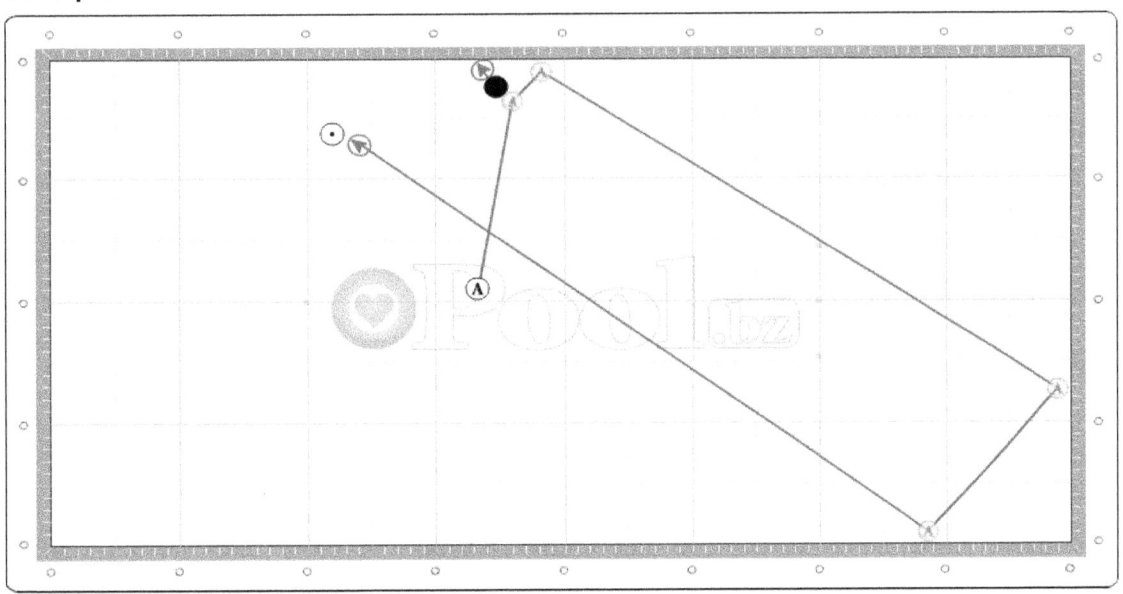

A: Groep 6

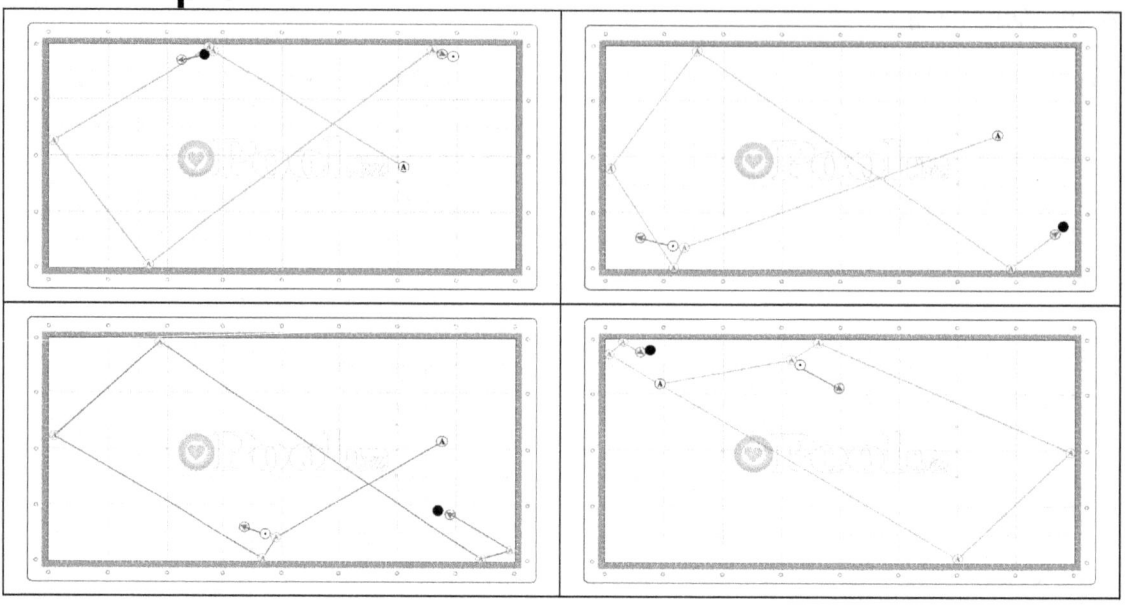

Analyse:

A:6a. _____

A:6b. _____

A:6c. _____

A:6d. _____

A:6a – Opstelling

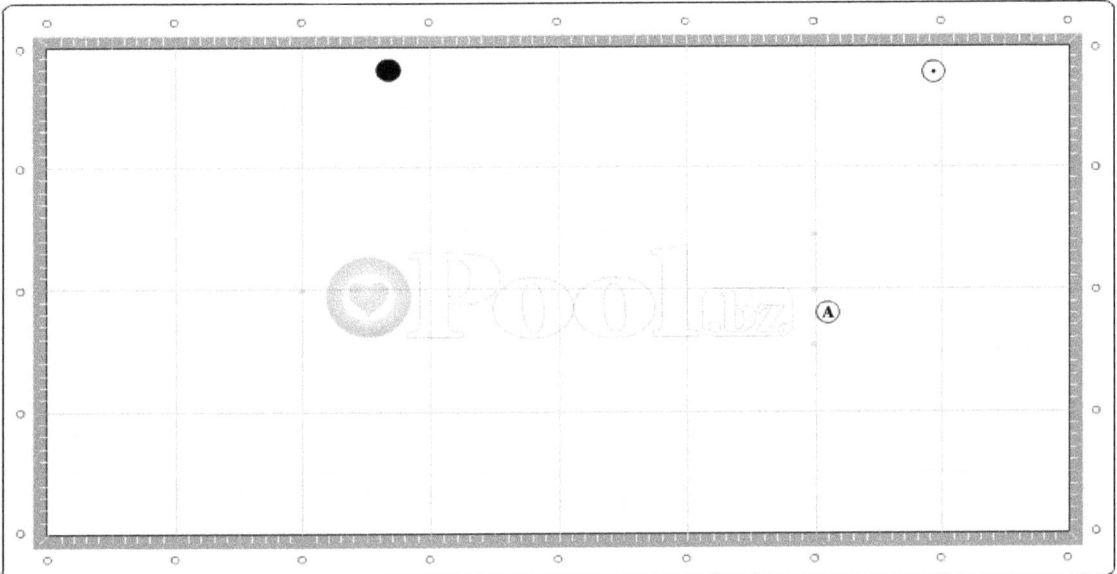

Opmerkingen en ideeën:

Schotpatroon

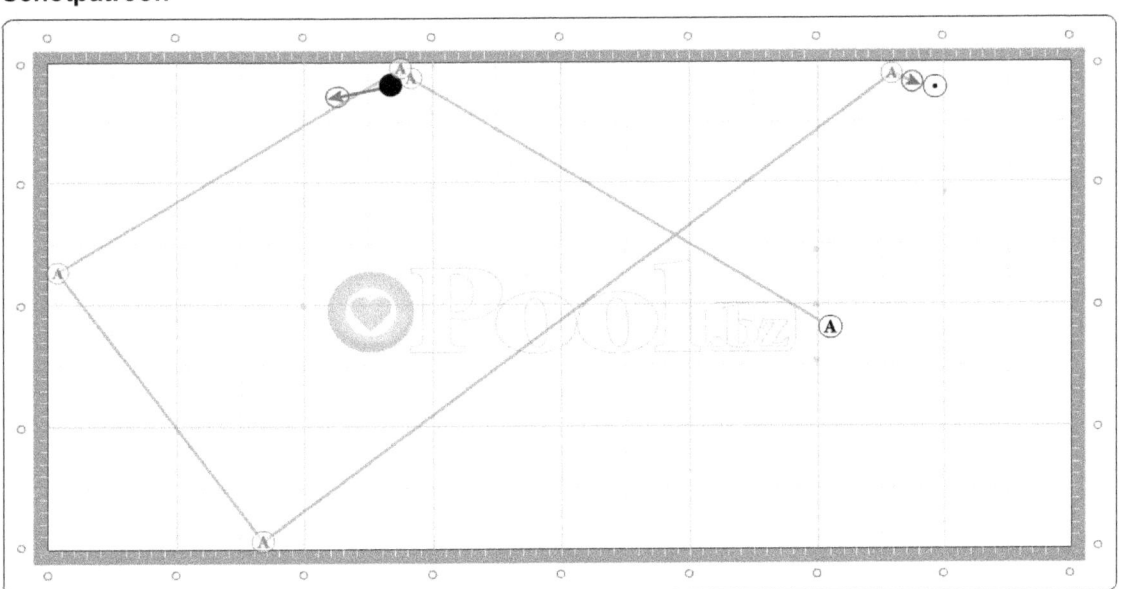

A:6b – Opstelling

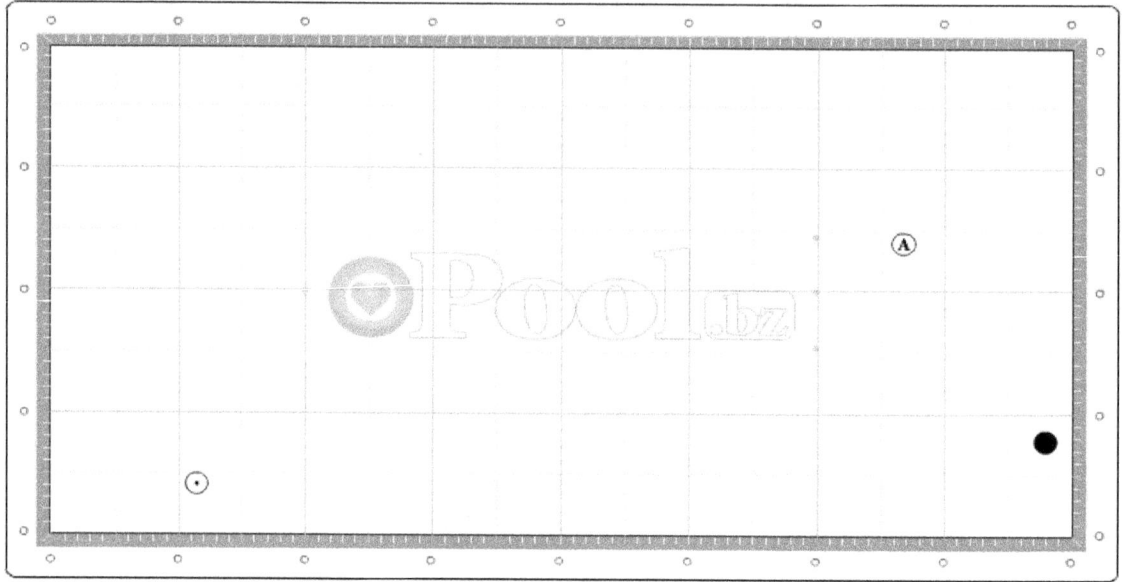

Opmerkingen en ideeën:

Schotpatroon

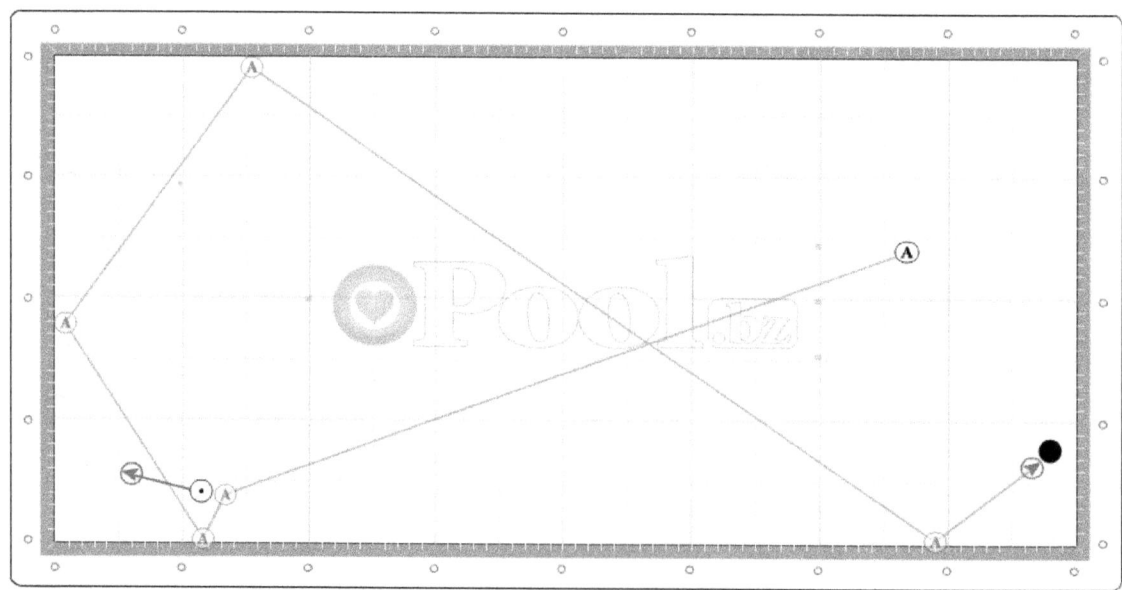

A:6c – Opstelling

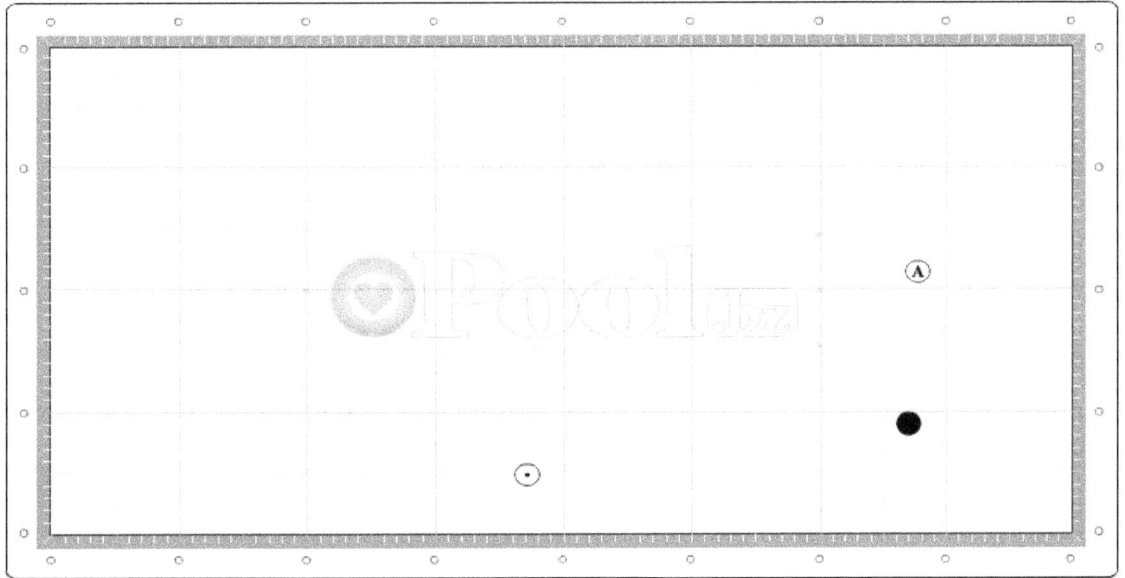

Opmerkingen en ideeën:

Schotpatroon

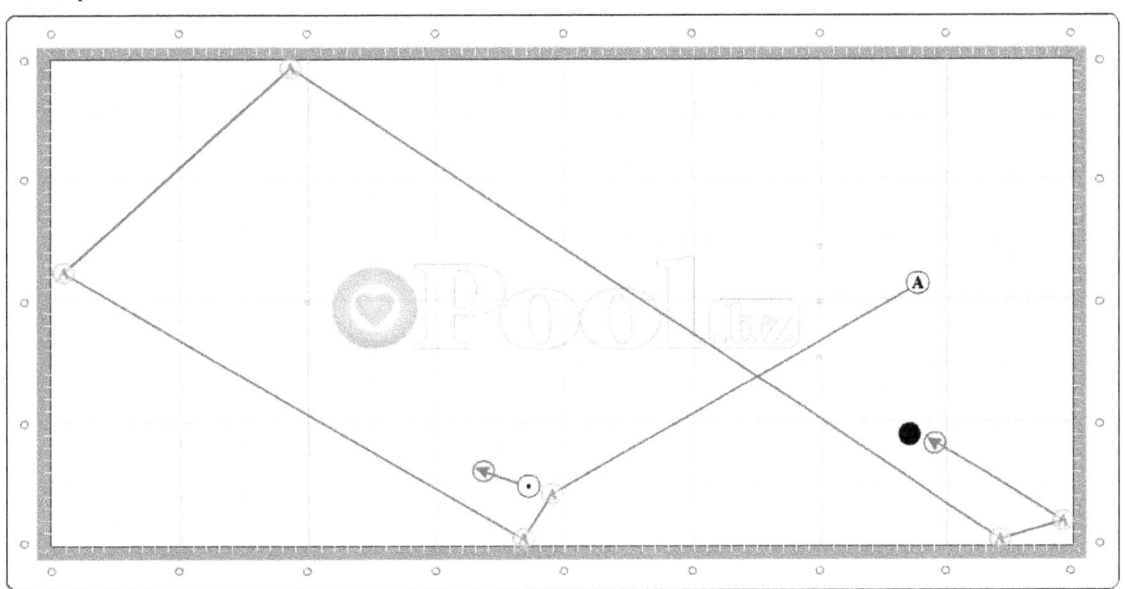

A:6d – Opstelling

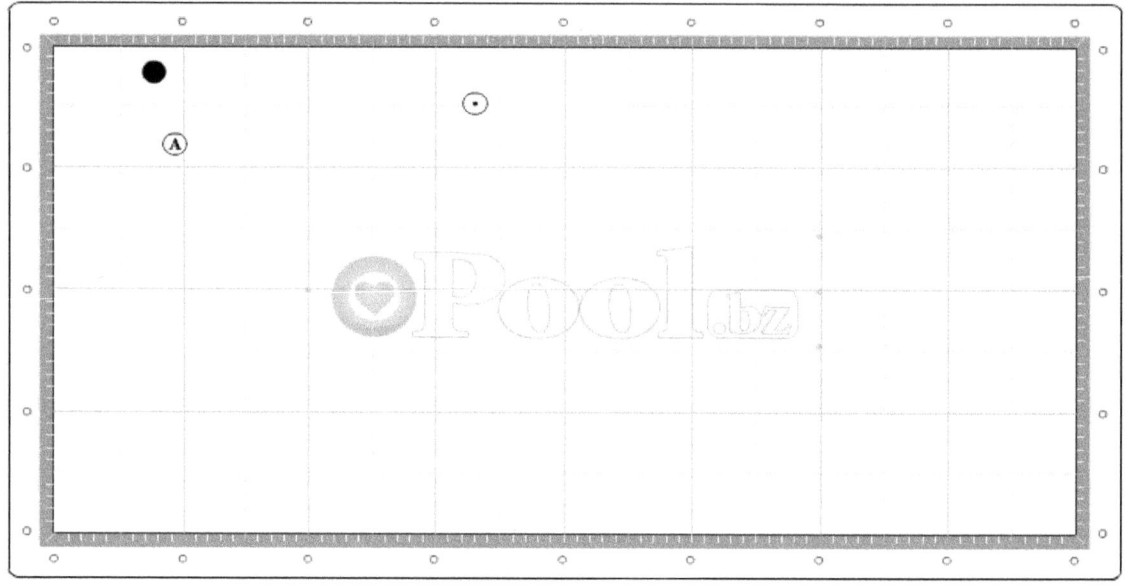

Opmerkingen en ideeën:

Schotpatroon

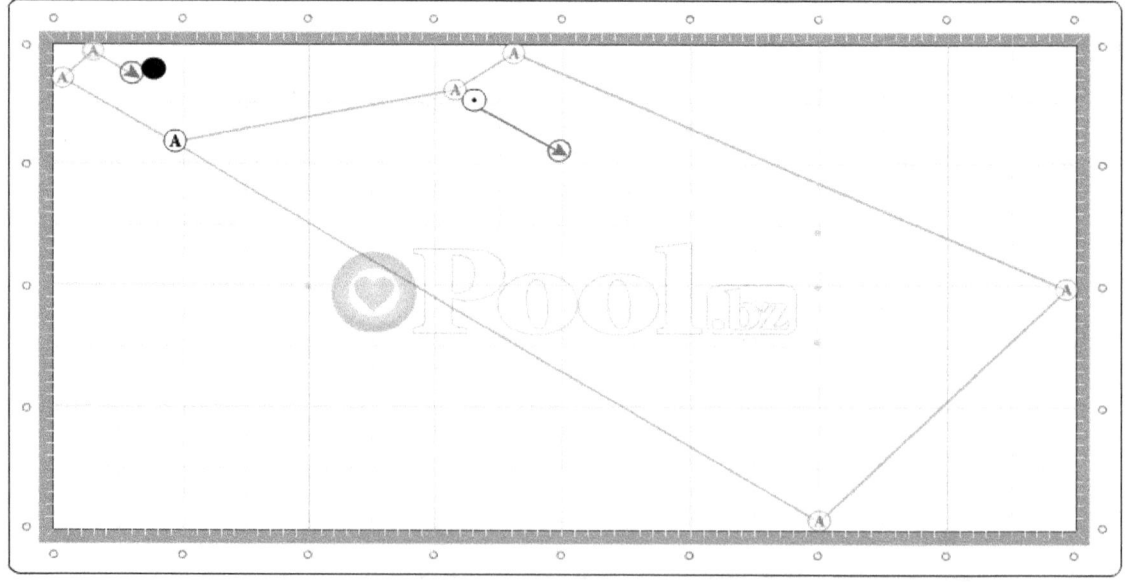

A:

A: Groep 7

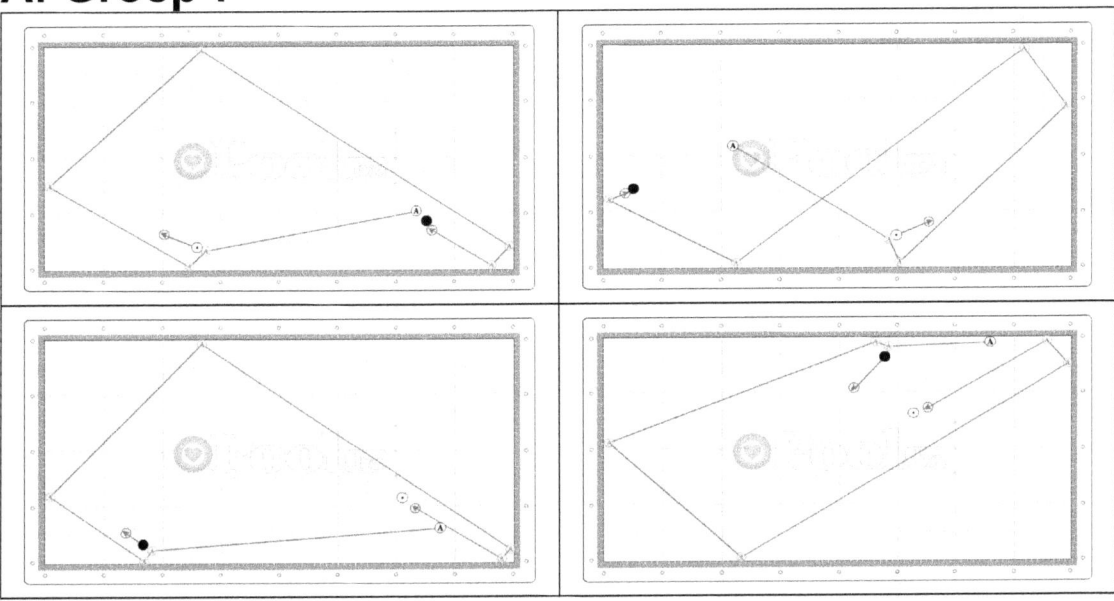

Analyse:

A:7a. _____

A:7b. _____

A:7c. _____

A:7d. _____

A:7a – Opstelling

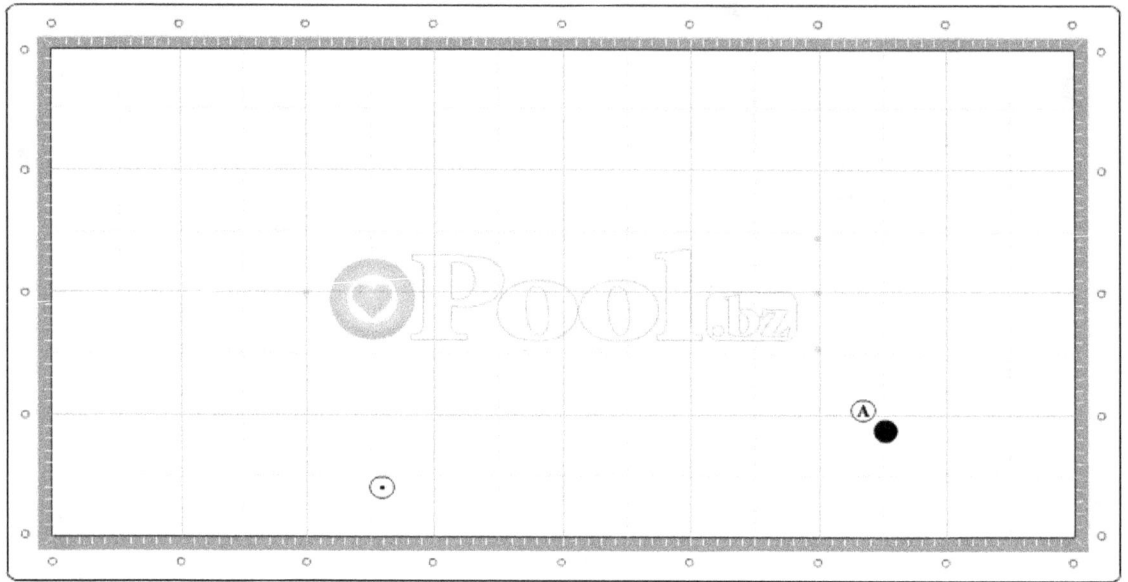

Opmerkingen en ideeën:

Schotpatroon

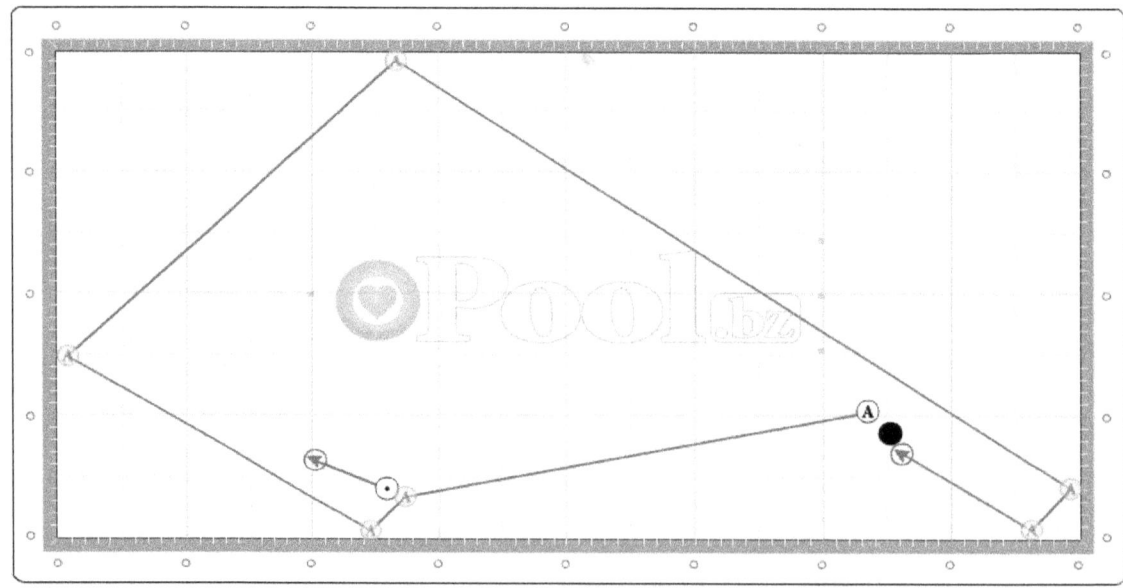

A:7b – Opstelling

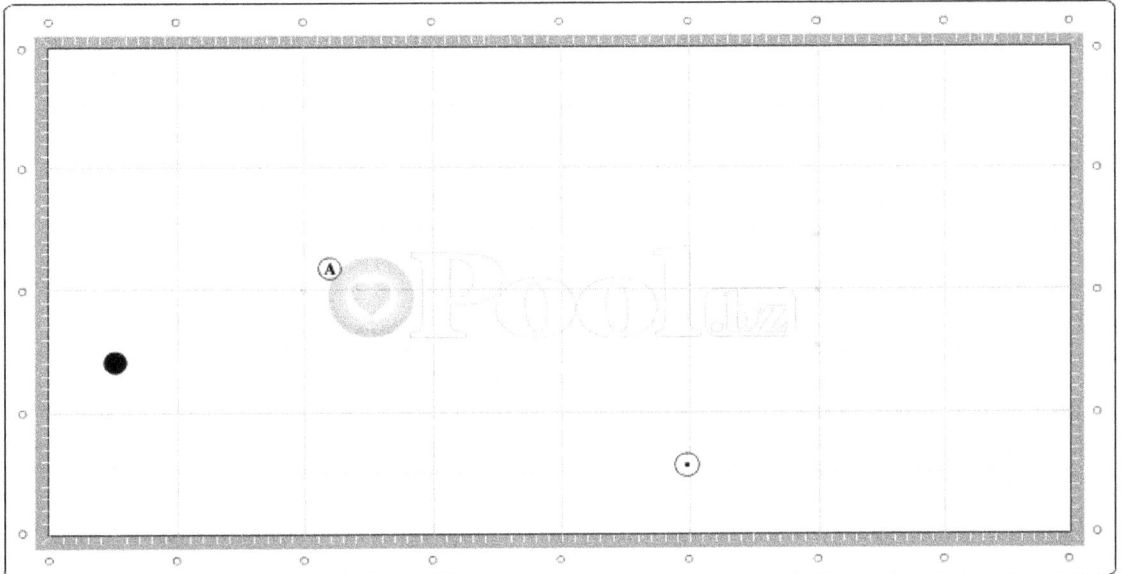

Opmerkingen en ideeën:

Schotpatroon

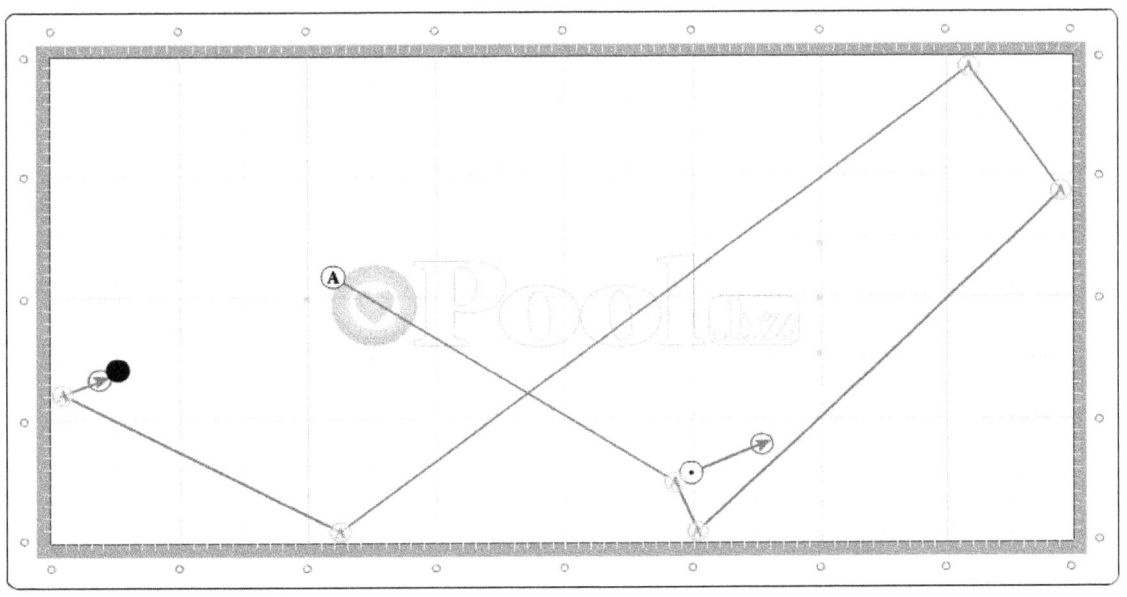

A:7c – Opstelling

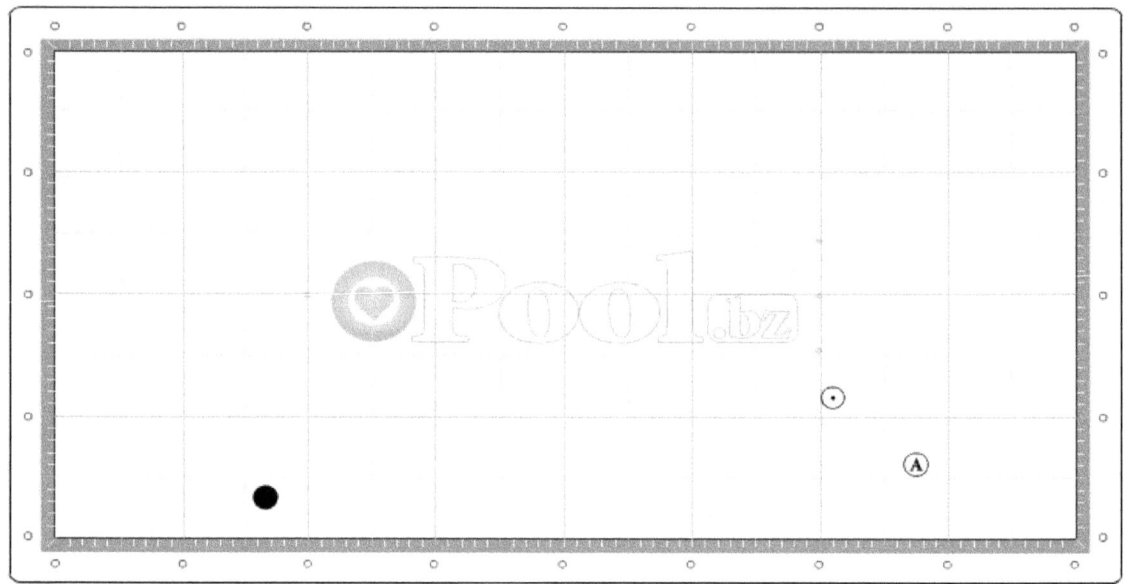

Opmerkingen en ideeën:

Schotpatroon

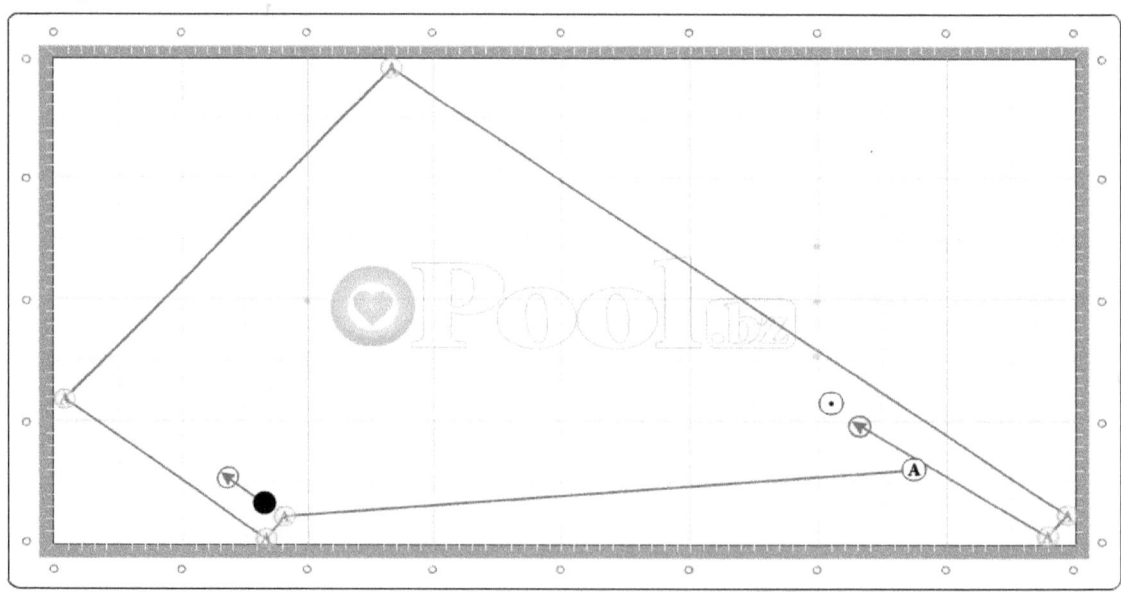

A:7d – Opstelling

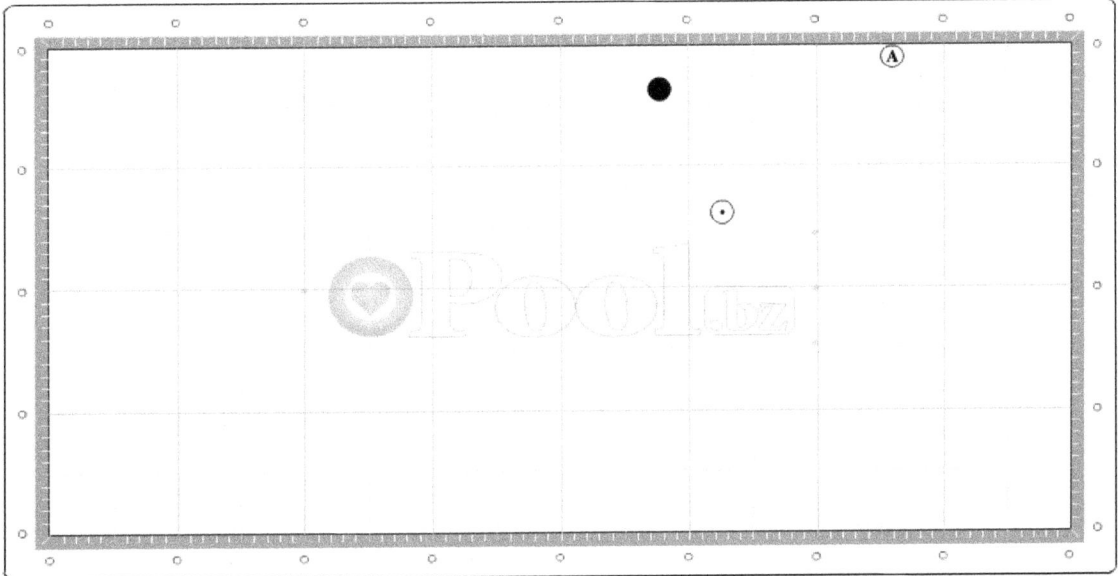

Opmerkingen en ideeën:

Schotpatroon

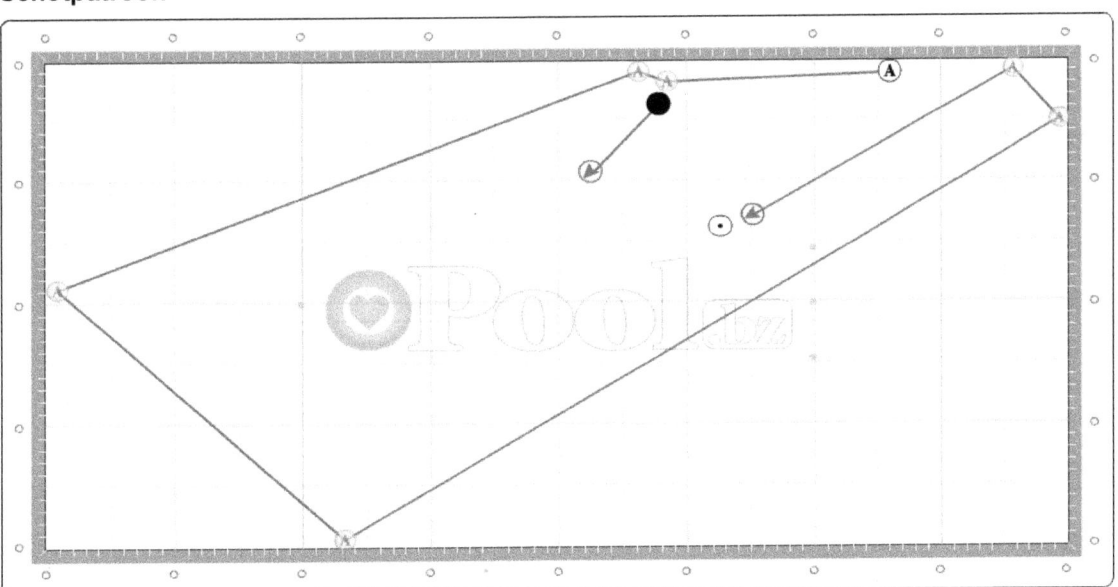

B: Omgekeerd pad

Op deze reeks tabelconfiguraties gaat de (CB) in de eerste (OB) met een aantal toegepaste draw en side-spin. Dit stuurt de (CB) terug van de raaklijn in een omgekeerd patroon. De (CB) volgt de standaard rond de wereld patroon naar de thuis hoek.

Ⓐ (CB) (uw biljartbal) – ⊙ (OB) (tegenstander biljartbal) – ● (OB) (rode biljartbal)

B: Groep 1

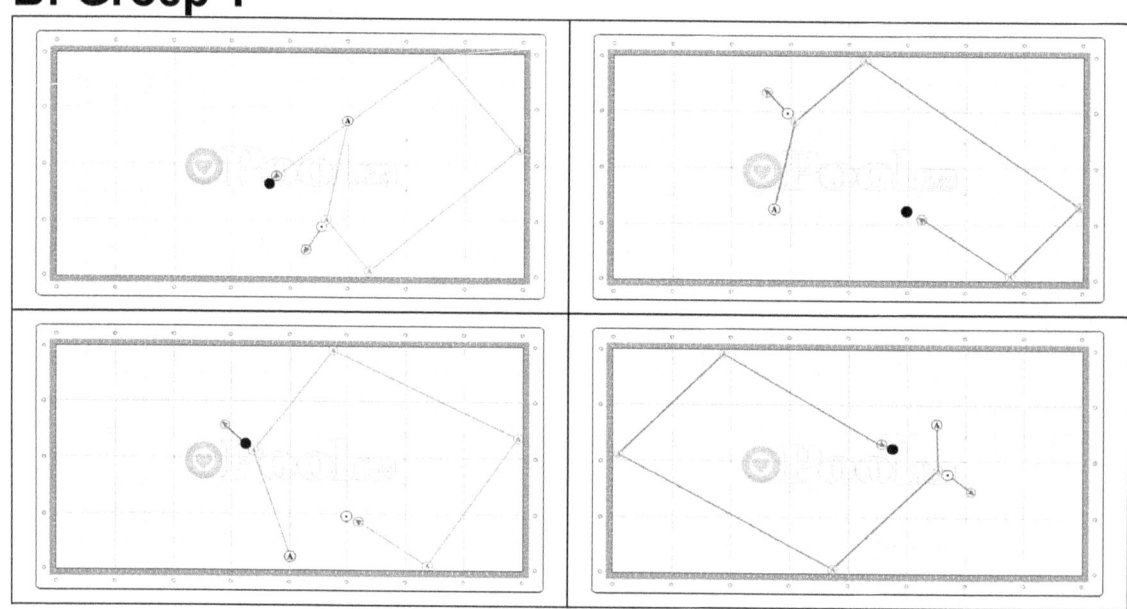

Analyse:

B:1a. _____

B:1b. _____

B:1c. _____

B:1d. _____

B:1a – Opstelling

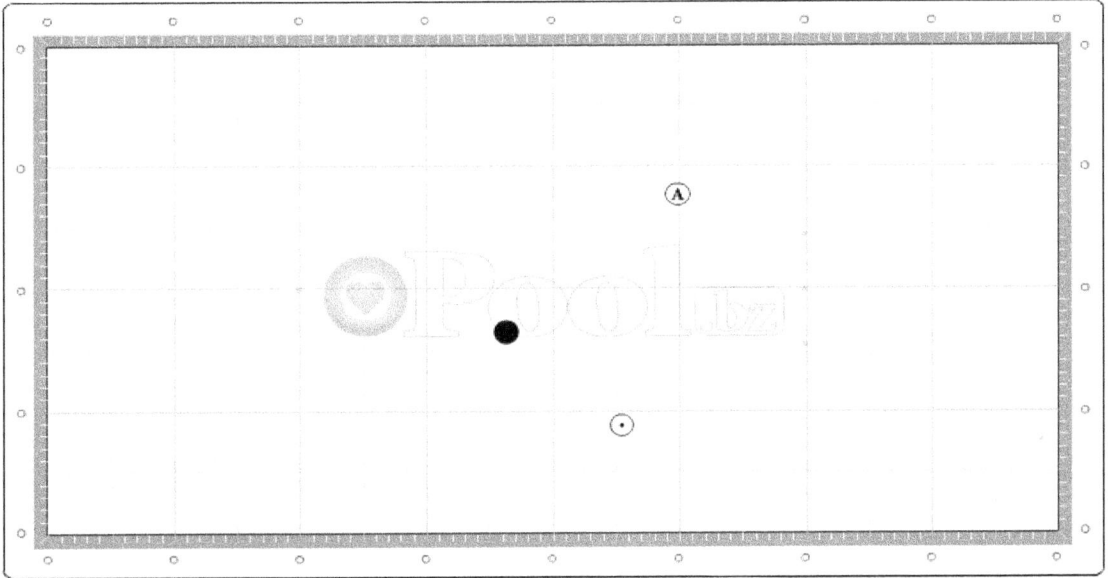

Opmerkingen en ideeën:

Schotpatroon

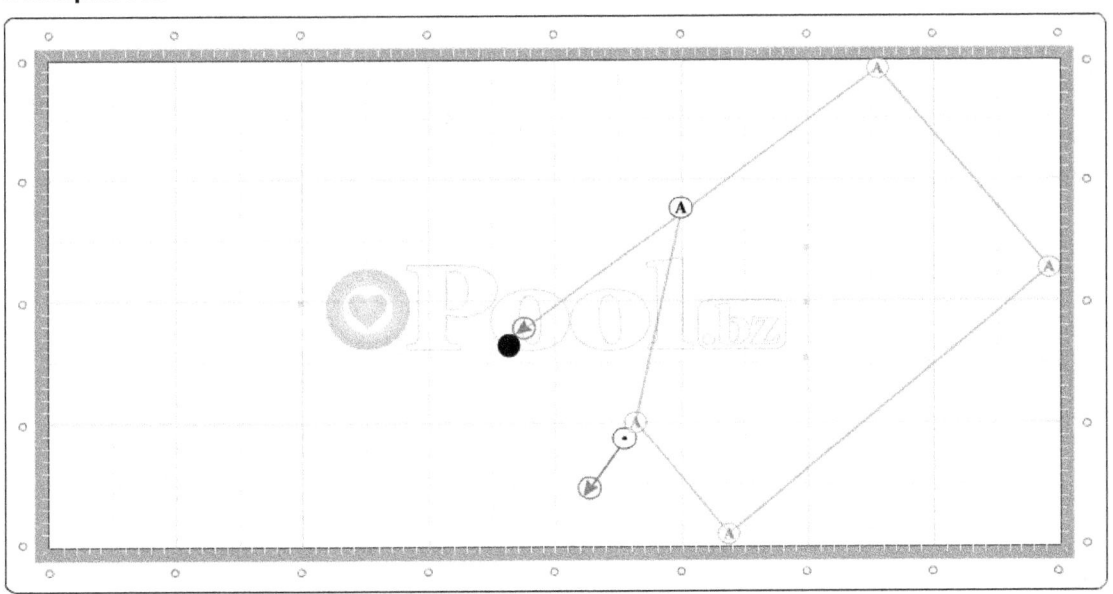

B:1b – Opstelling

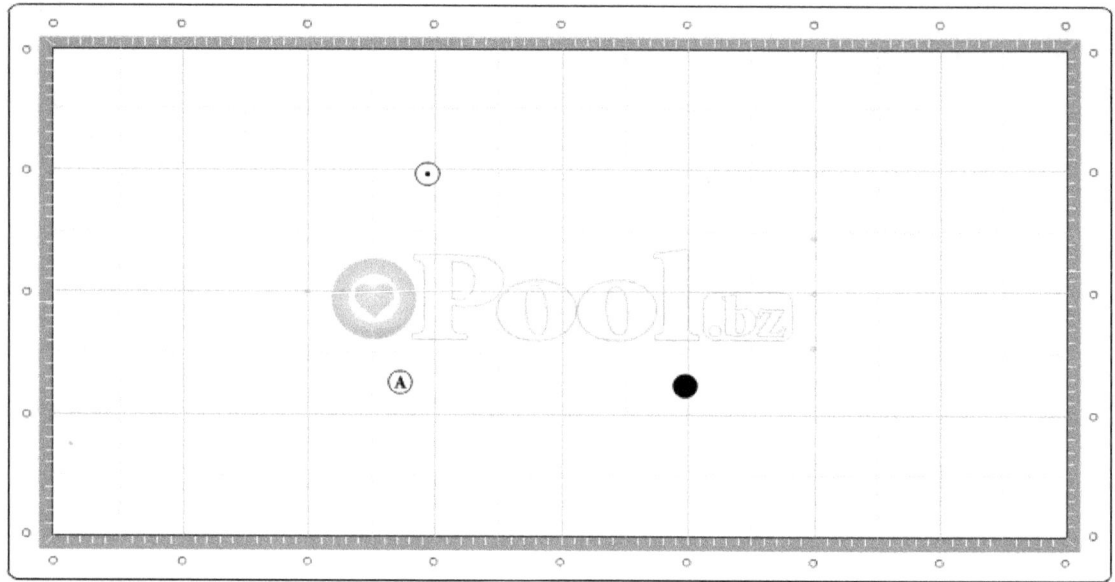

Opmerkingen en ideeën:

Schotpatroon

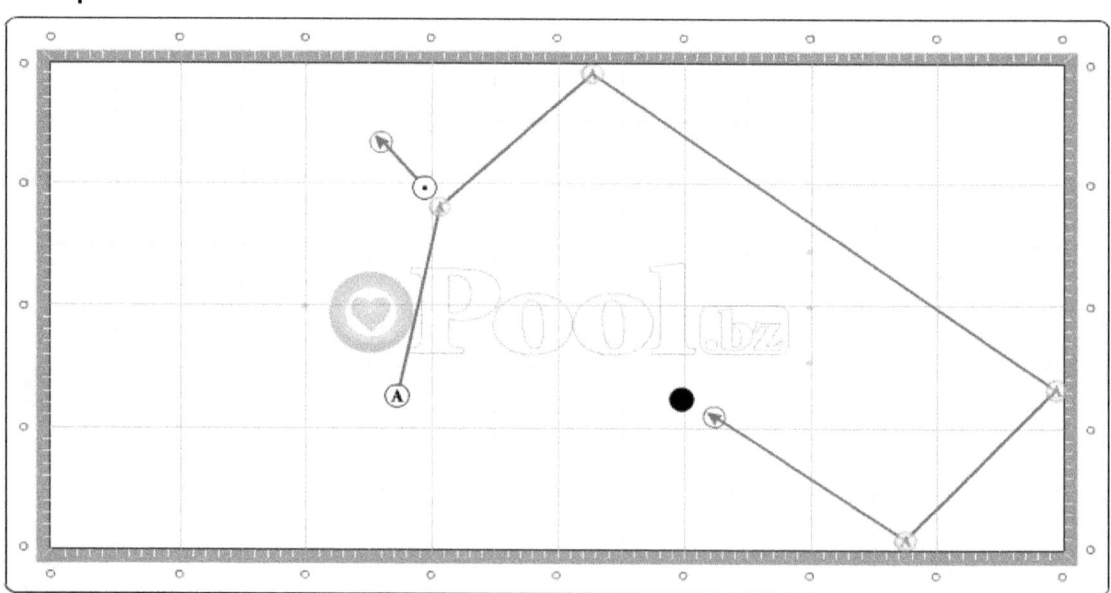

B:1c – Opstelling

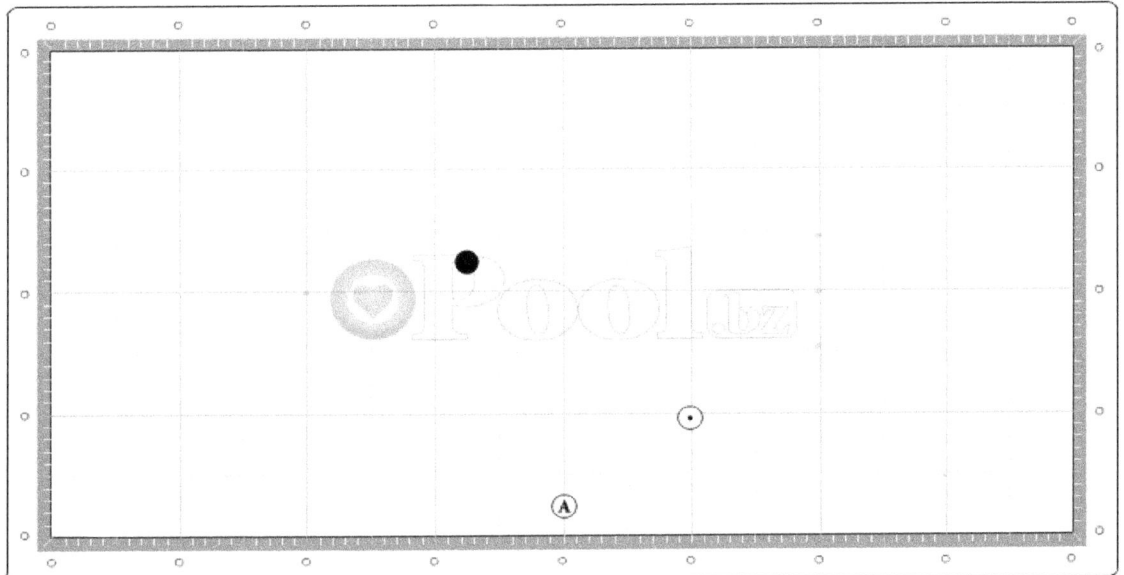

Opmerkingen en ideeën:

Schotpatroon

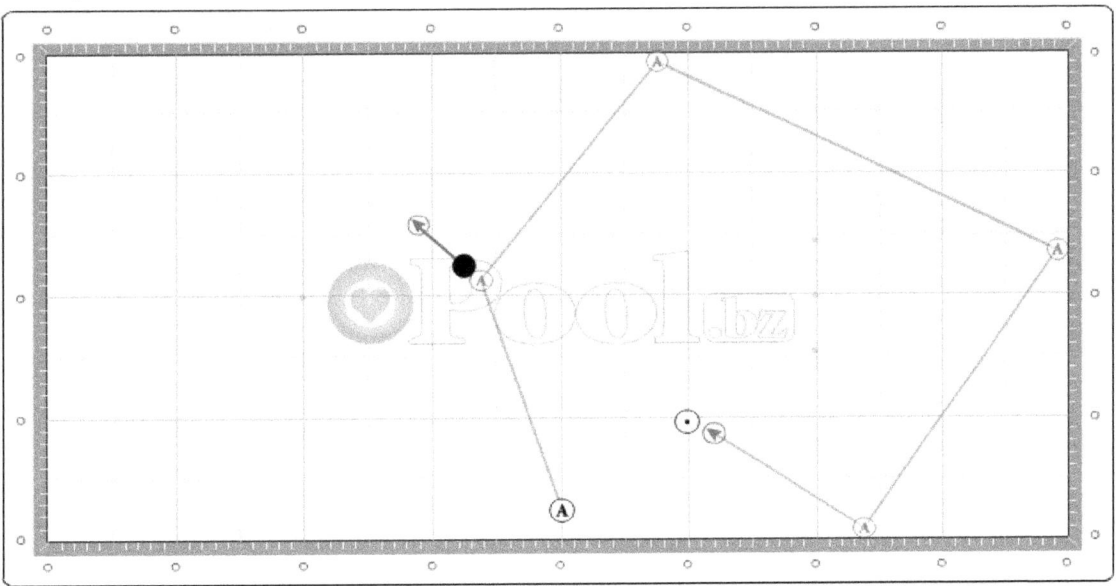

B:1d – Opstelling

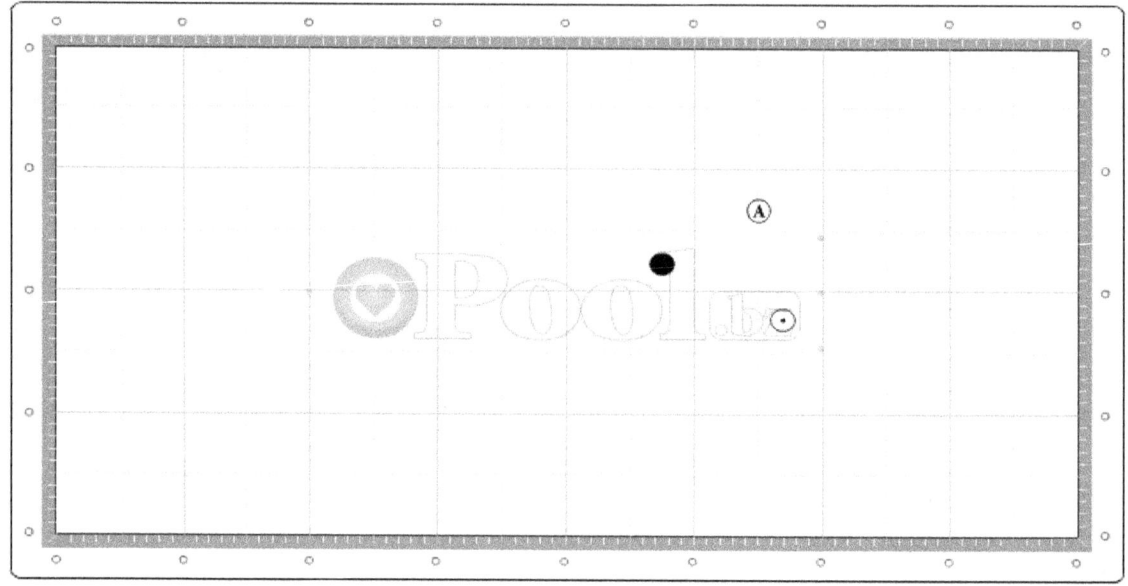

Opmerkingen en ideeën:

Schotpatroon

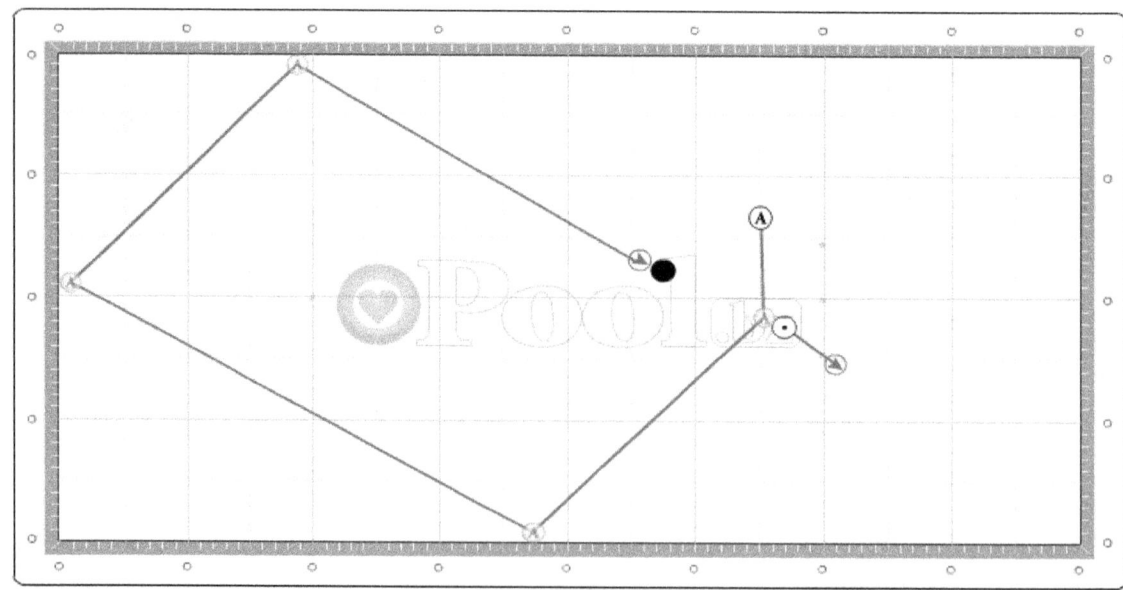

B: Groep 2

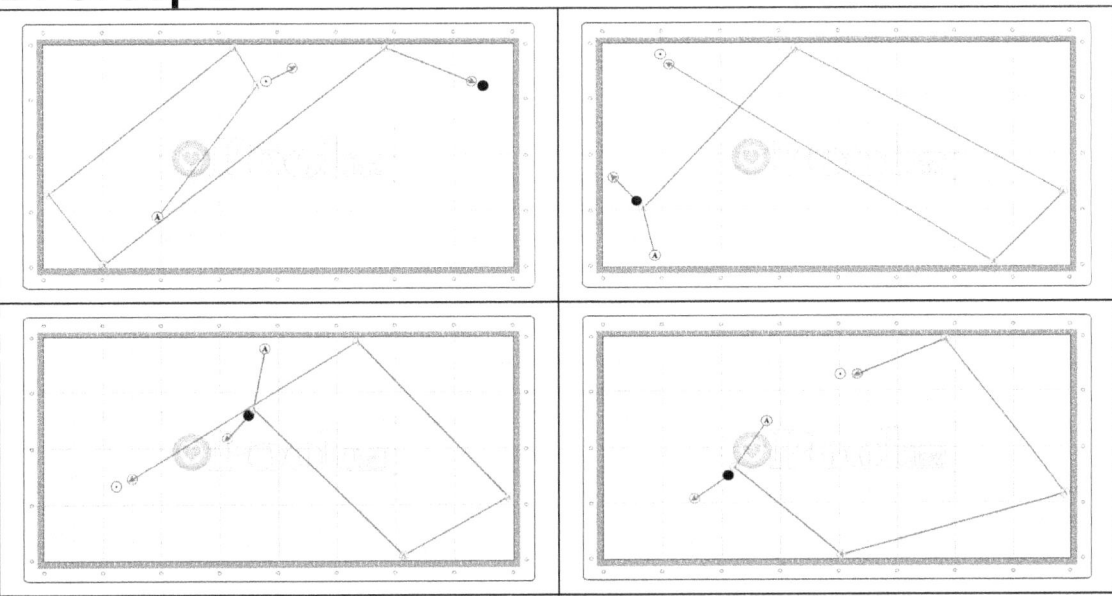

Analyse:

B:2a. _____

B:2b. _____

B:2c. _____

B:2d. _____

B:2a – Opstelling

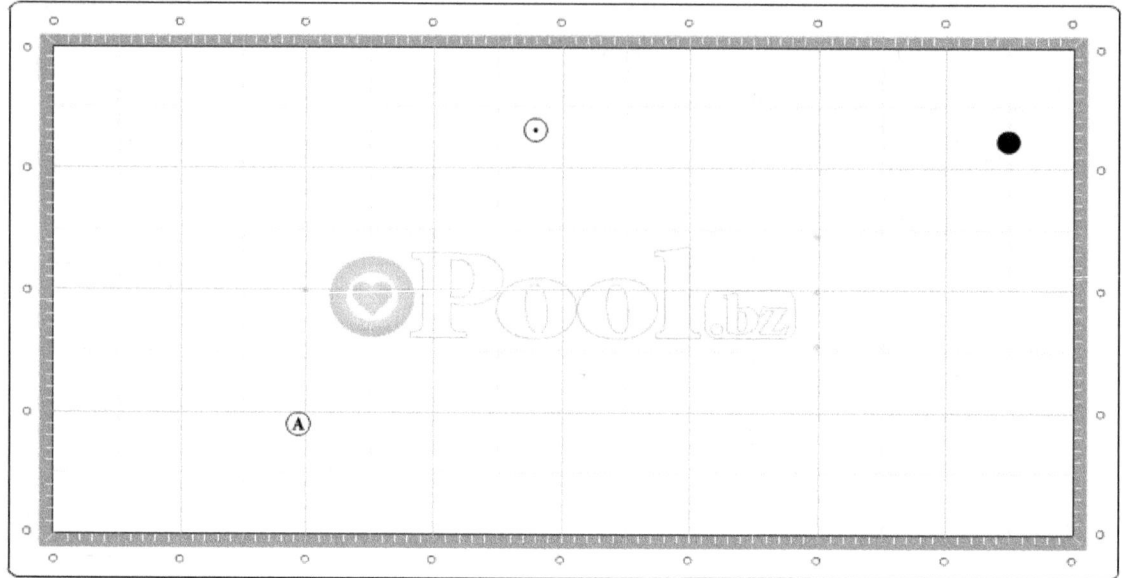

Opmerkingen en ideeën:

Schotpatroon

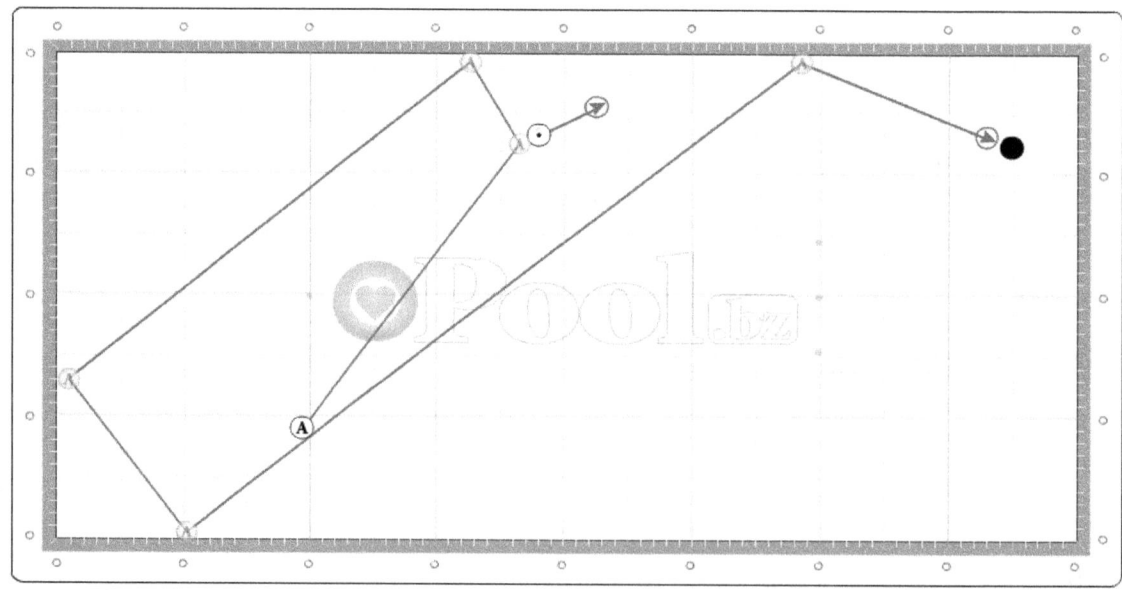

B:2b – Opstelling

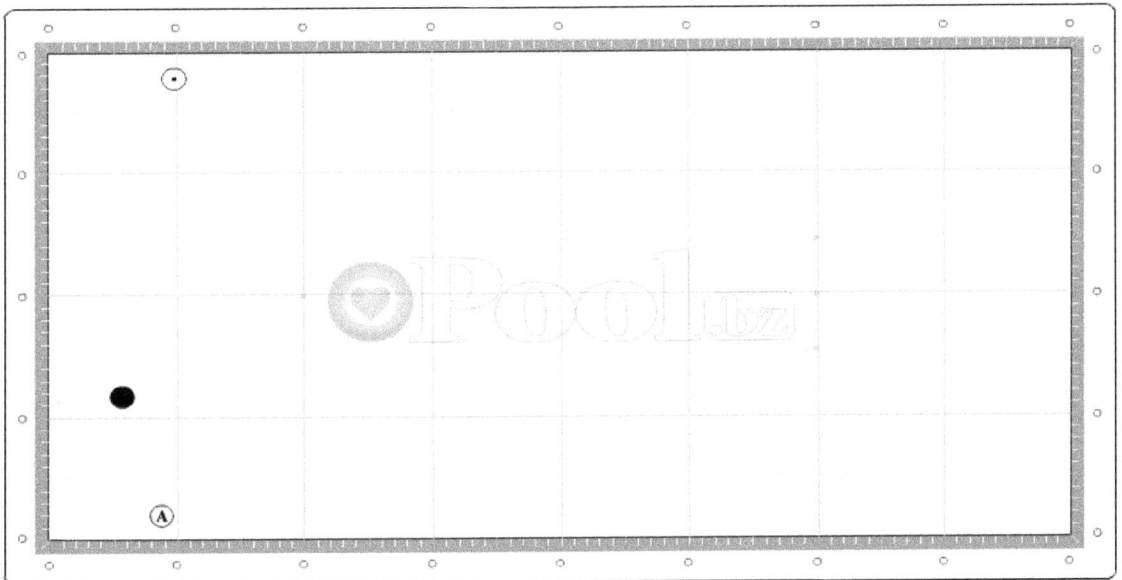

Opmerkingen en ideeën:

Schotpatroon

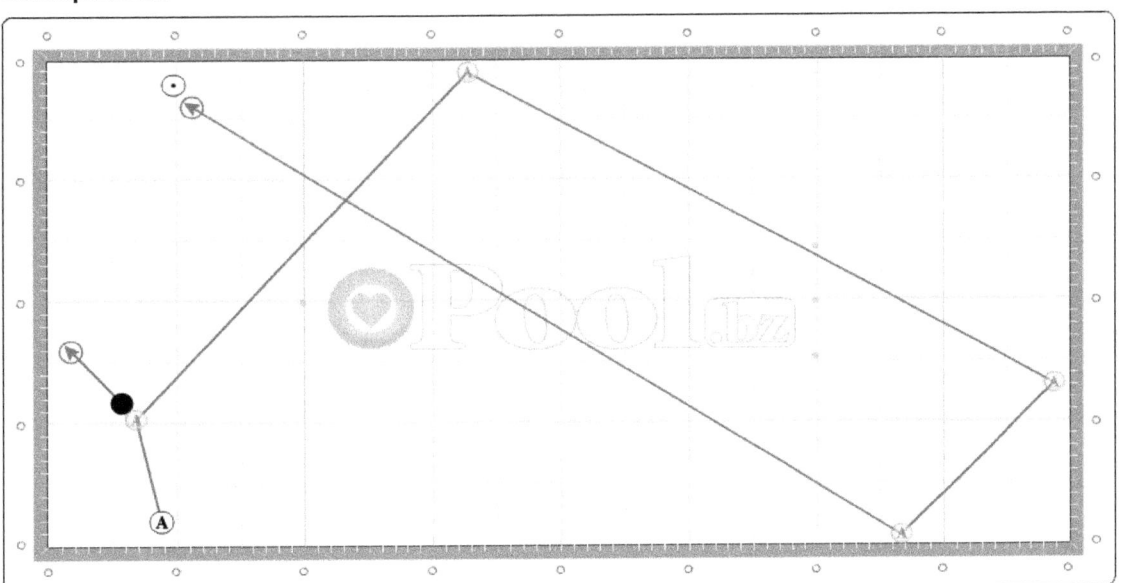

B:2c – Opstelling

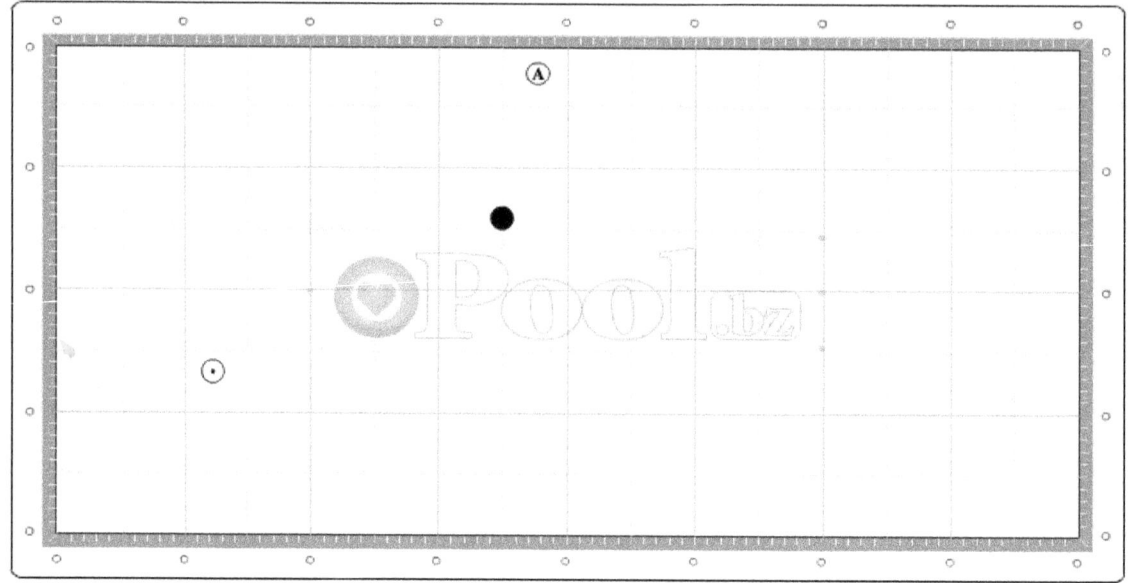

Opmerkingen en ideeën:

Schotpatroon

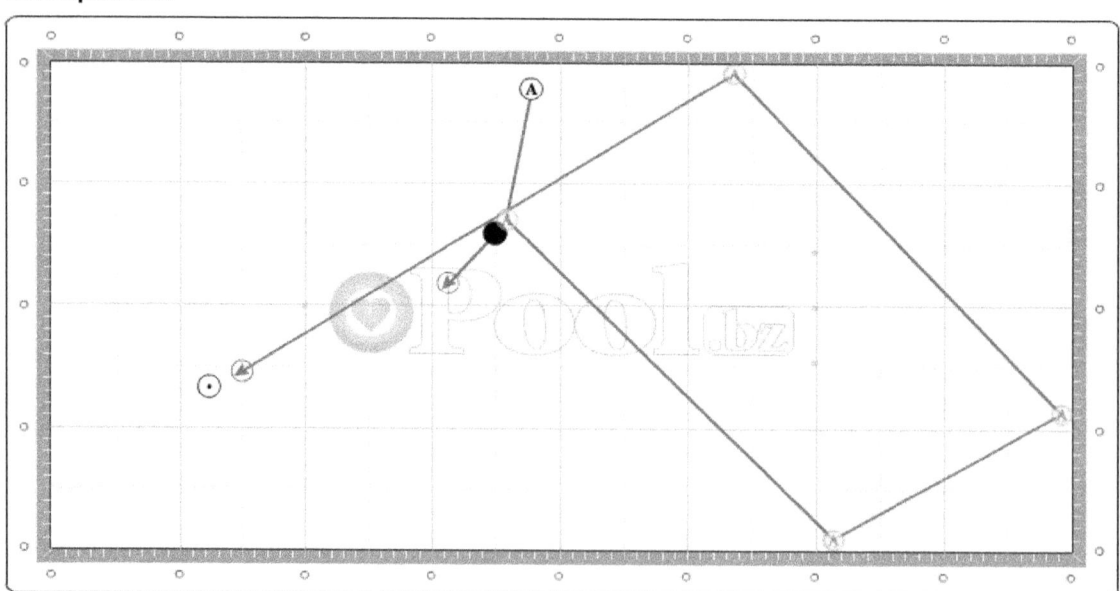

B:2d – Opstelling

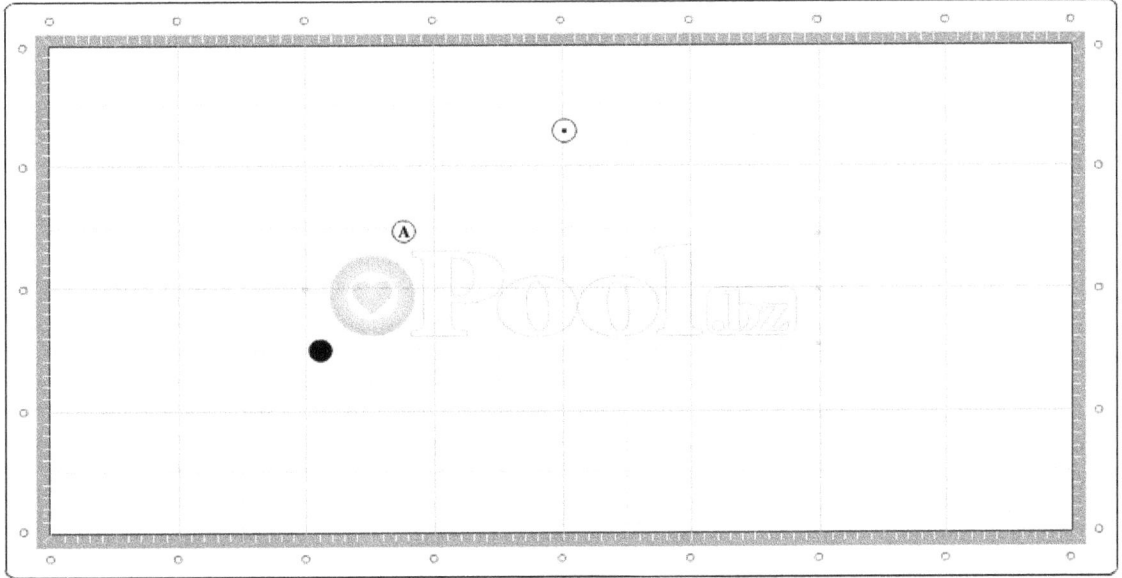

Opmerkingen en ideeën:

Schotpatroon

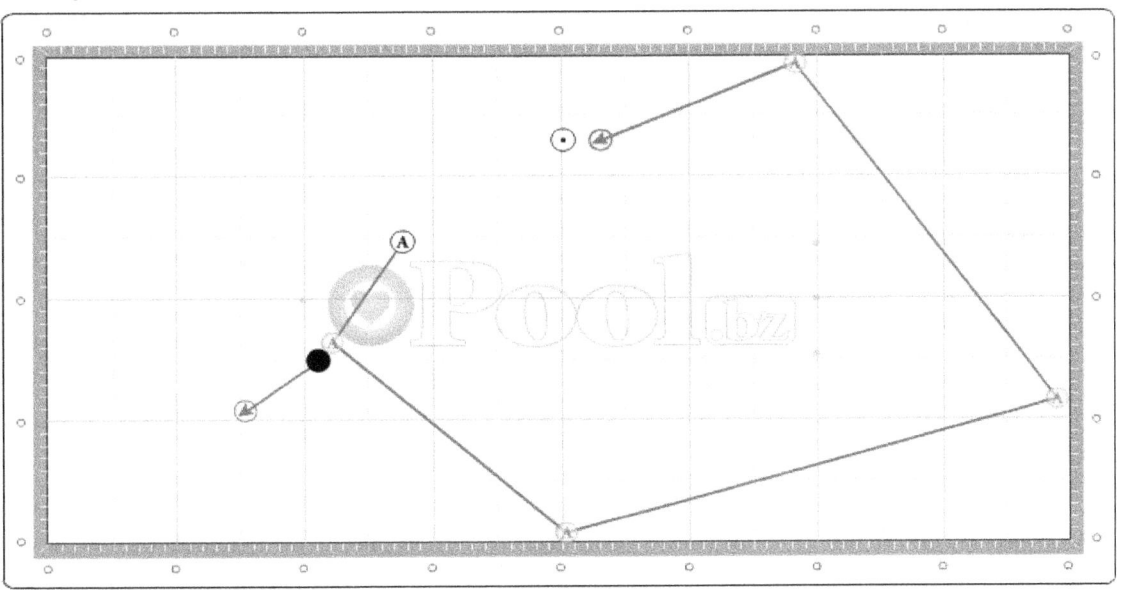

B: Groep 3

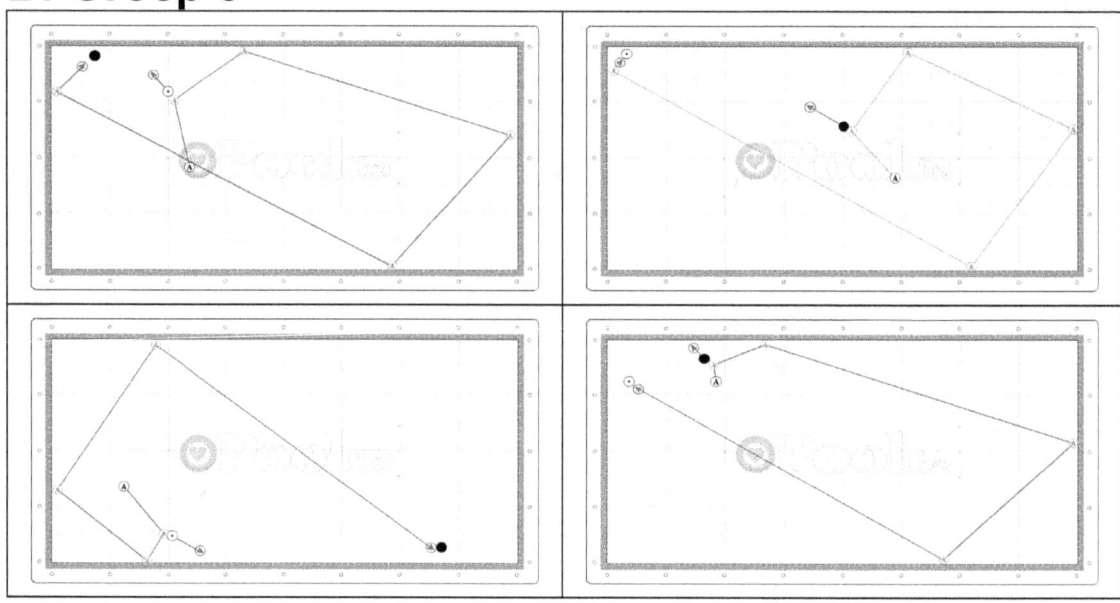

Analyse:

B:3a. _____

B:3b. _____

B:3c. _____

B:3d. _____

B:3a – Opstelling

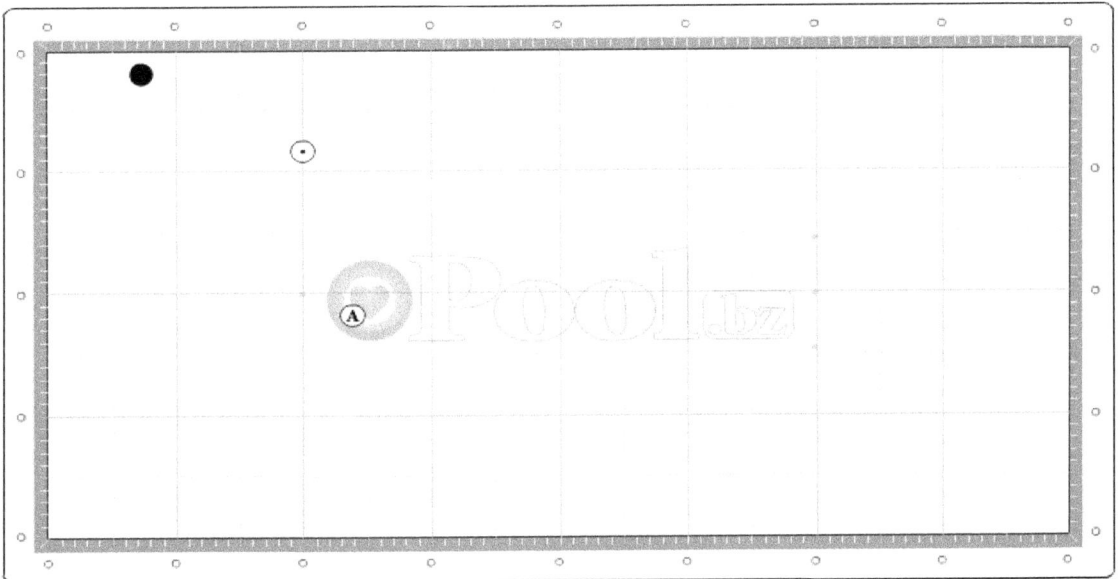

Opmerkingen en ideeën:

Schotpatroon

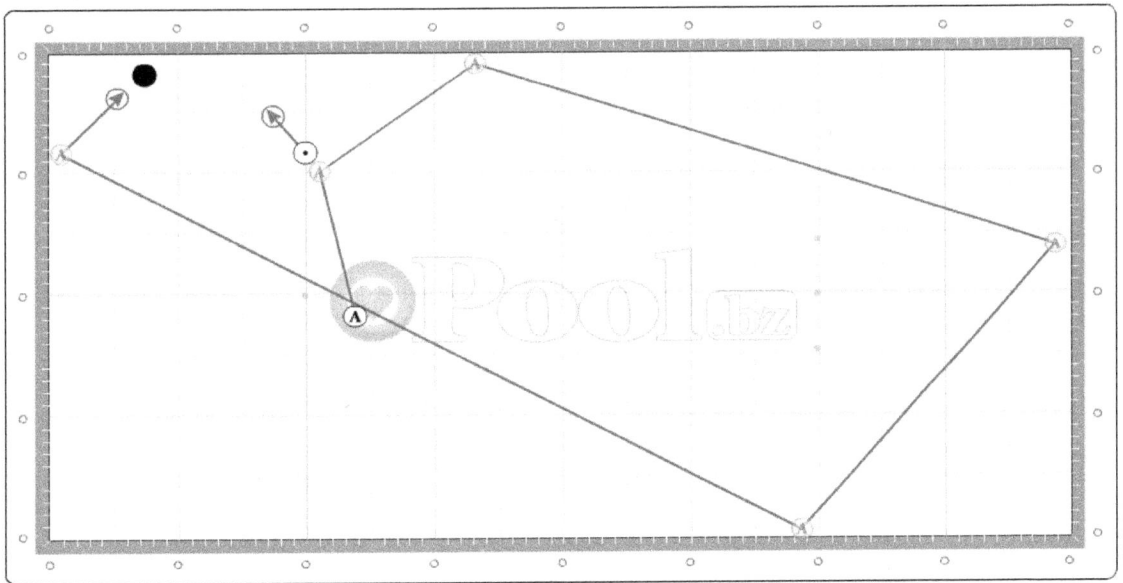

B:3b – Opstelling

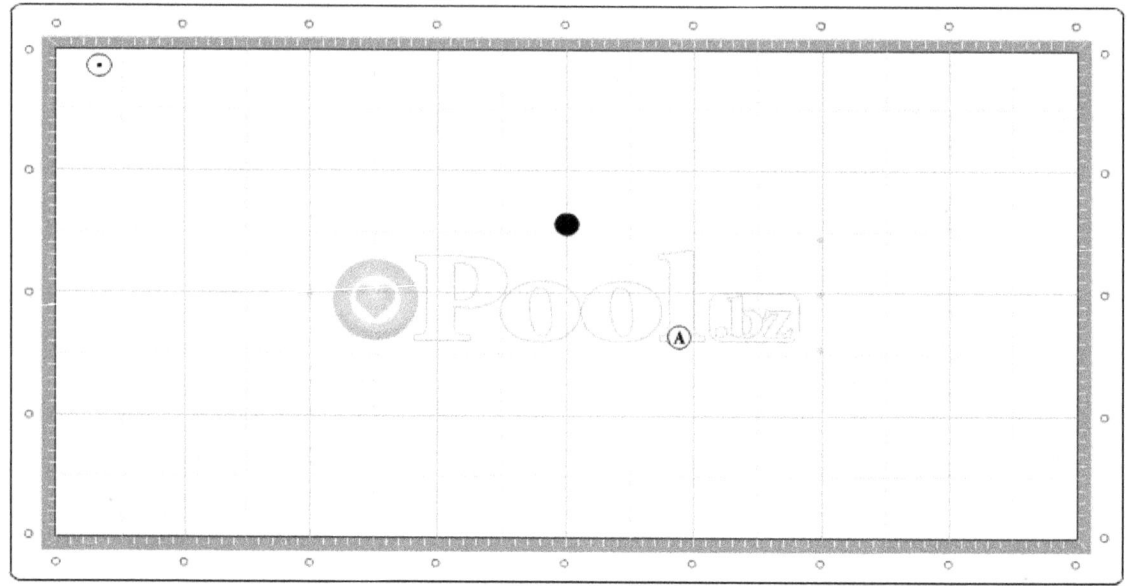

Opmerkingen en ideeën:

Schotpatroon

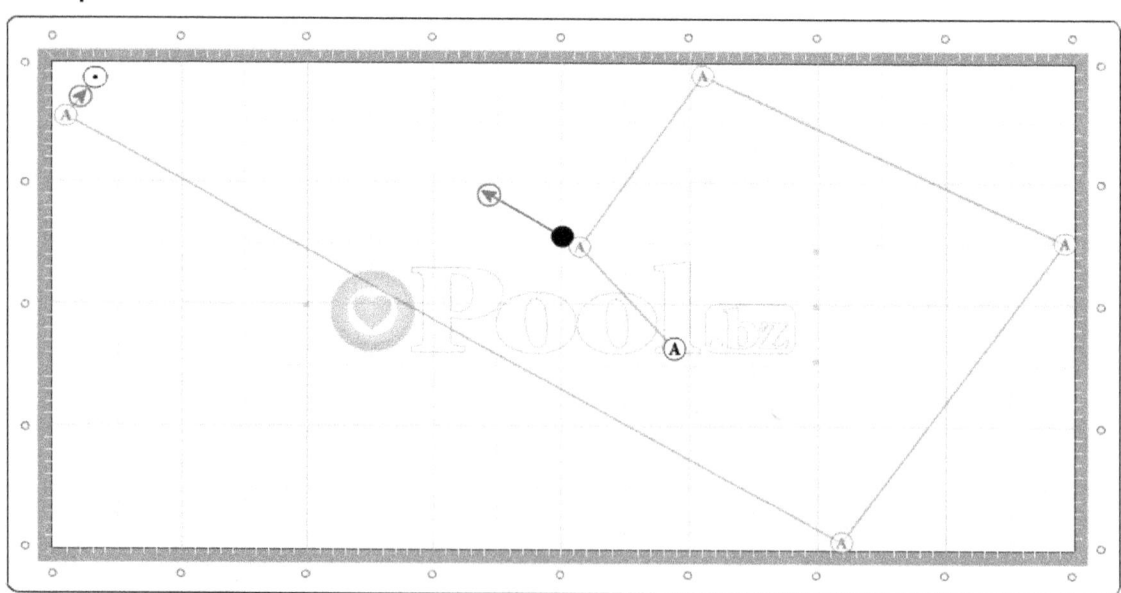

B:3c – Opstelling

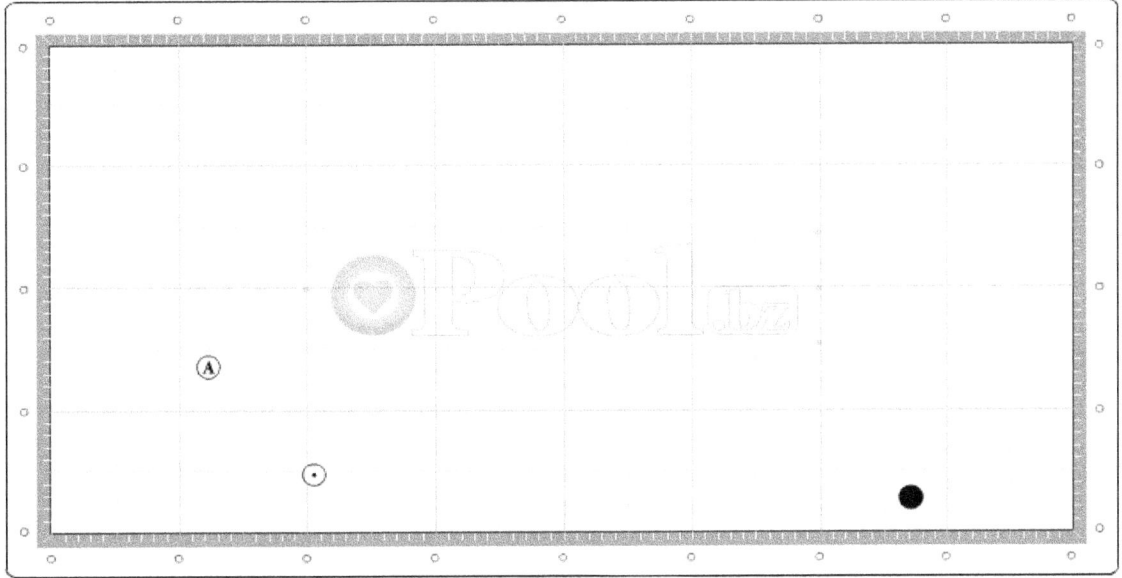

Opmerkingen en ideeën:

Schotpatroon

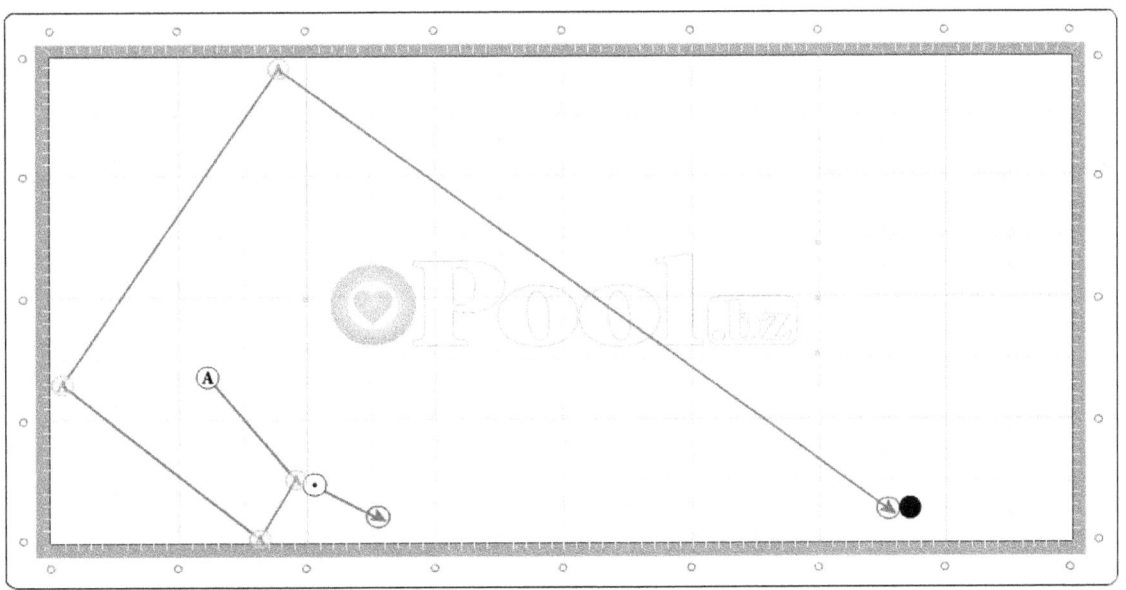

B:3d – Opstelling

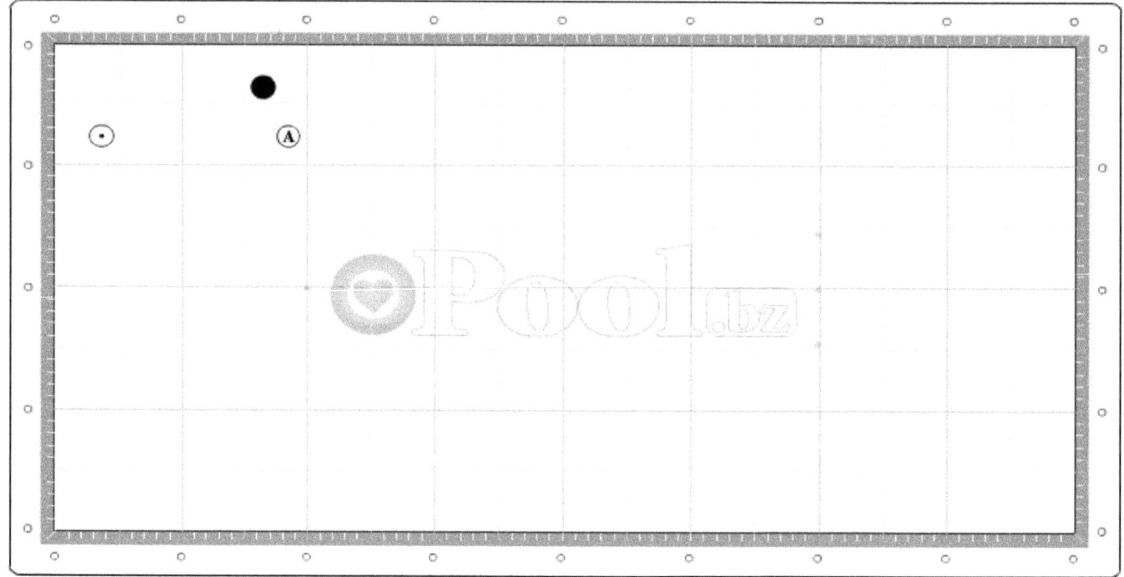

Opmerkingen en ideeën:

Schotpatroon

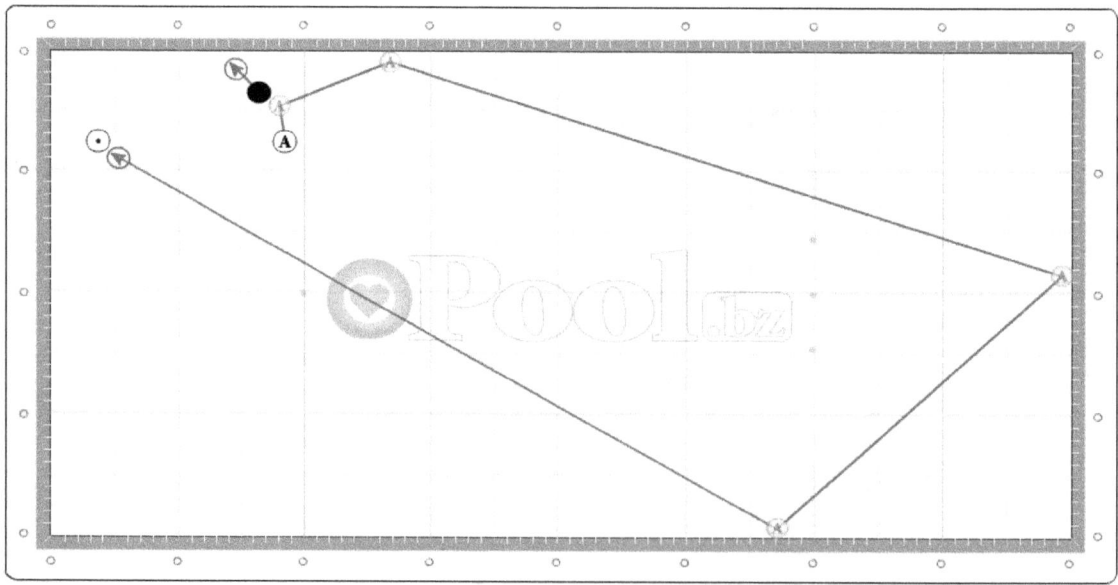

B: Groep 4

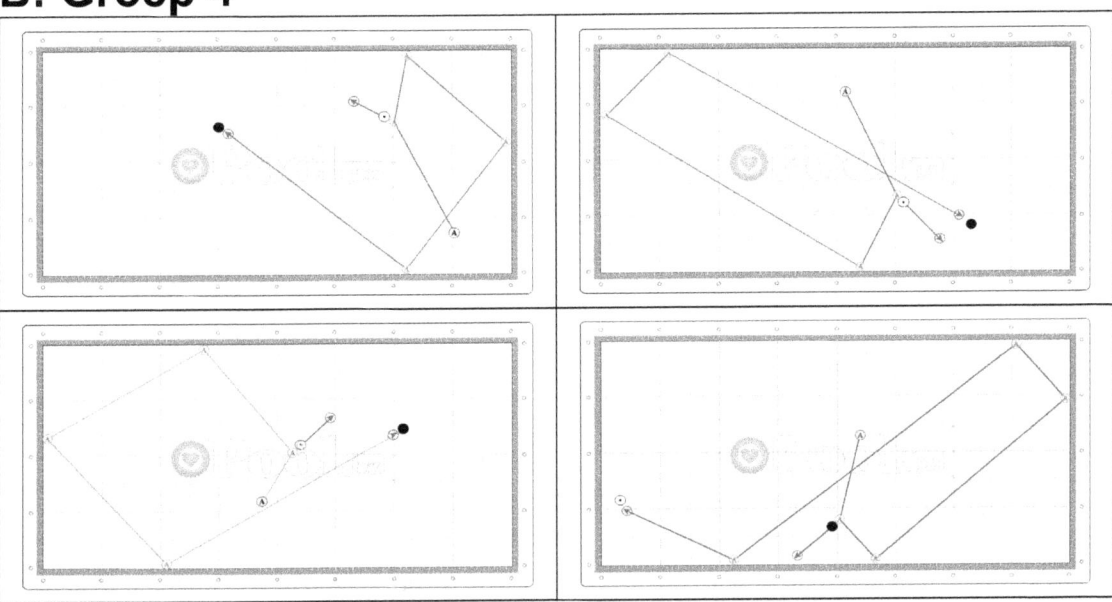

Analyse:

B:4a. _____

B:4b. _____

B:4c. _____

B:4d. _____

B:4a – Opstelling

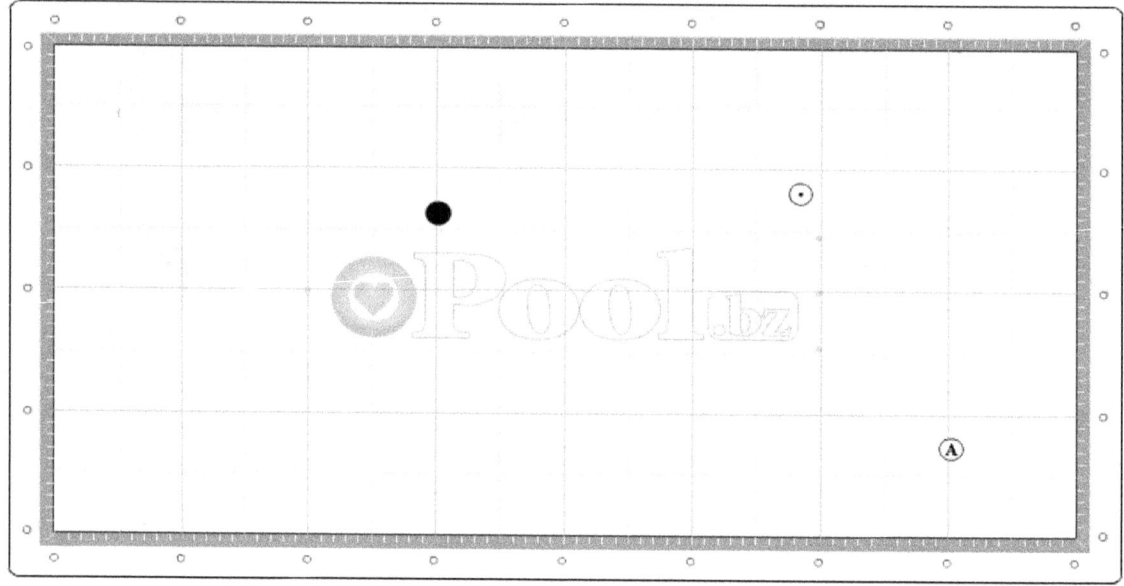

Opmerkingen en ideeën:

Schotpatroon

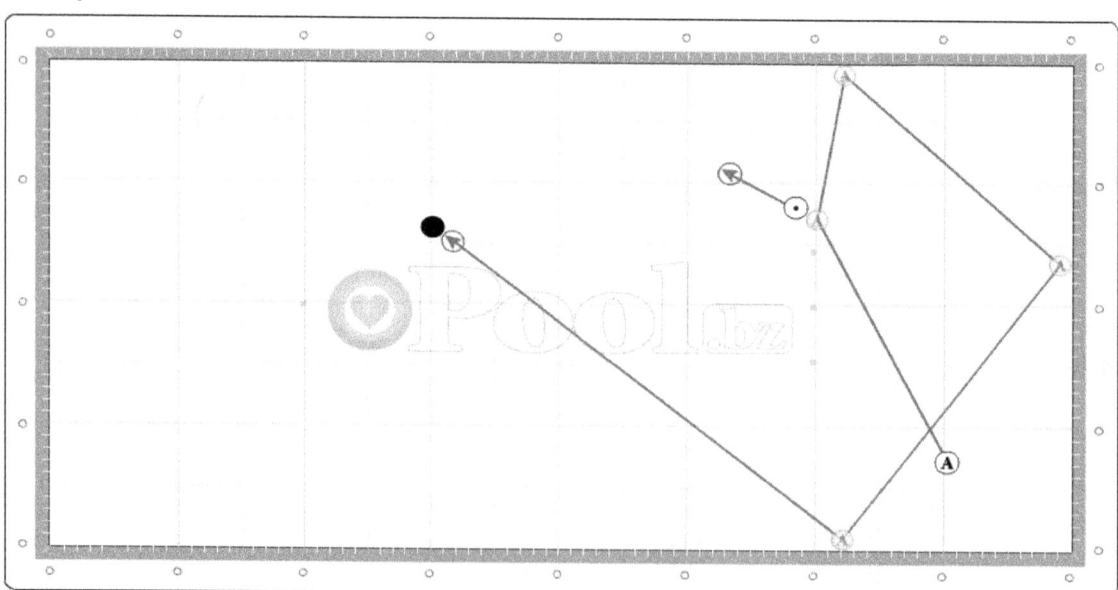

B:4b – Opstelling

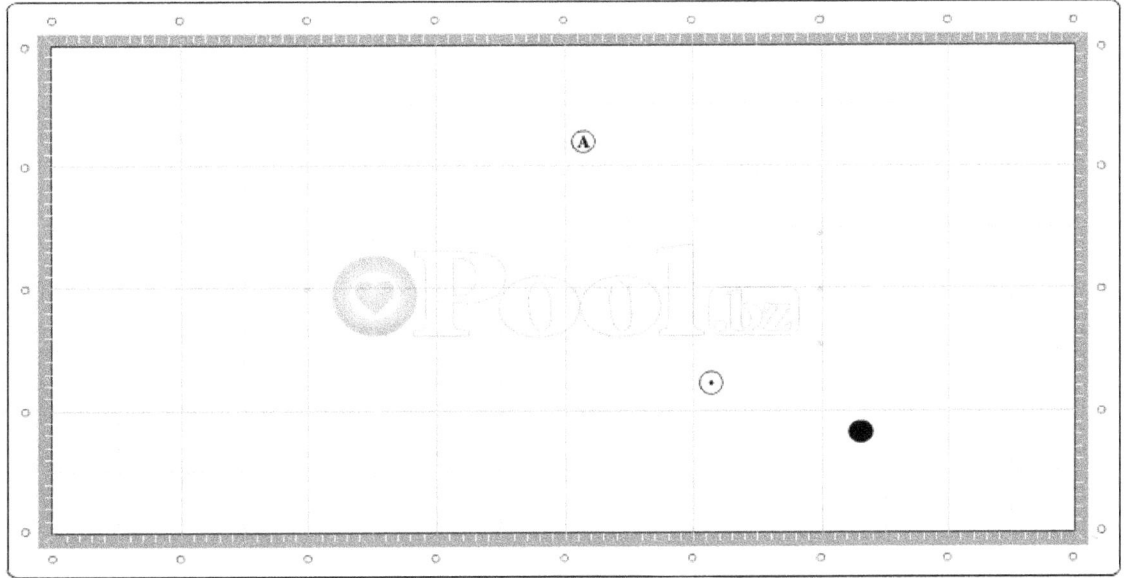

Opmerkingen en ideeën:

Schotpatroon

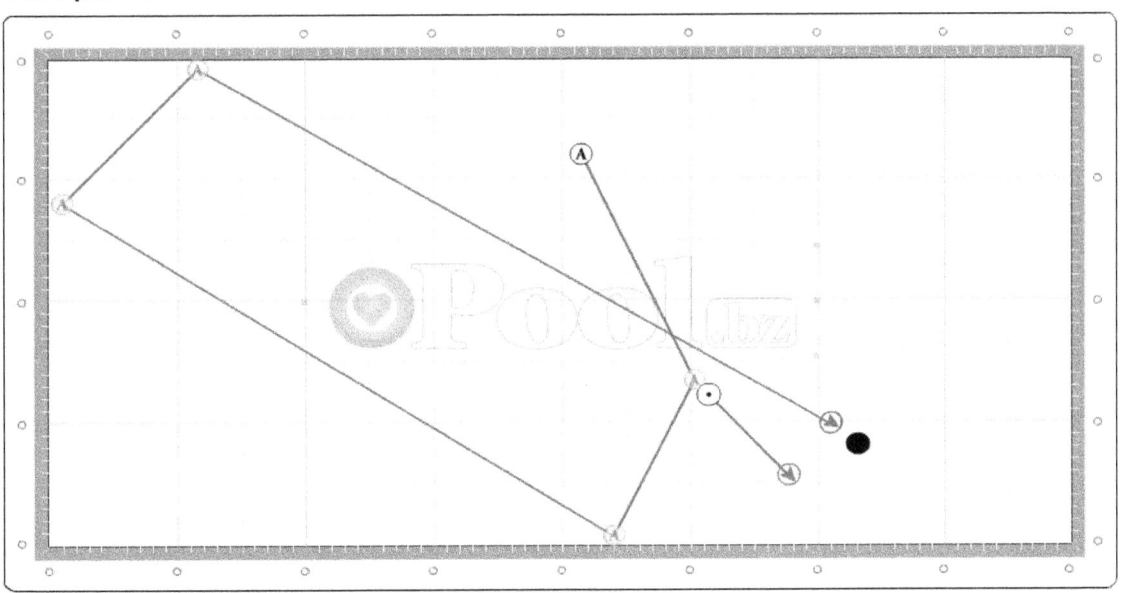

B:4c – Opstelling

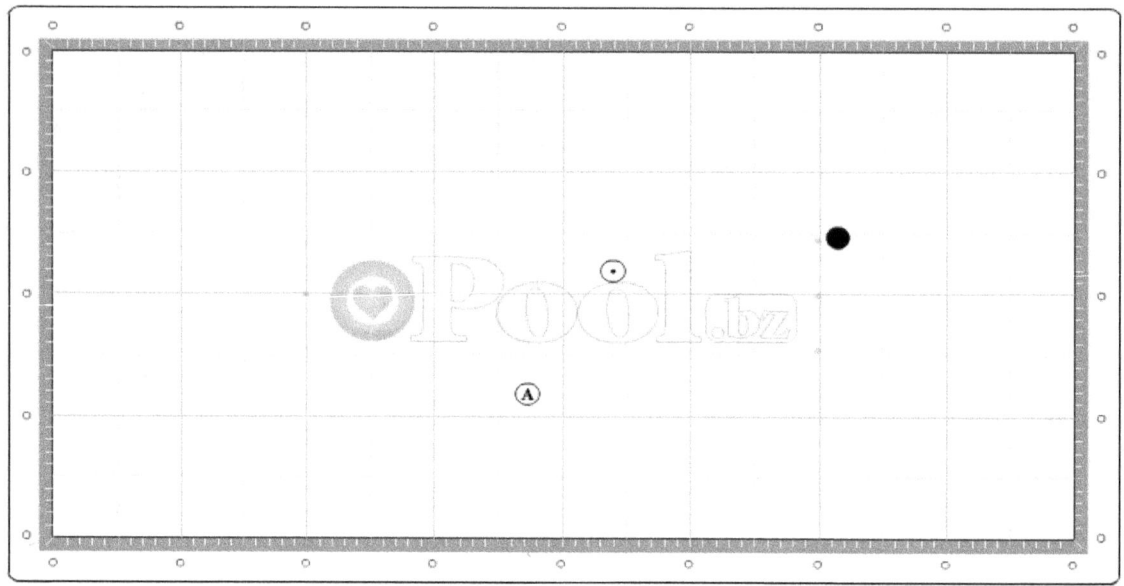

Opmerkingen en ideeën:

Schotpatroon

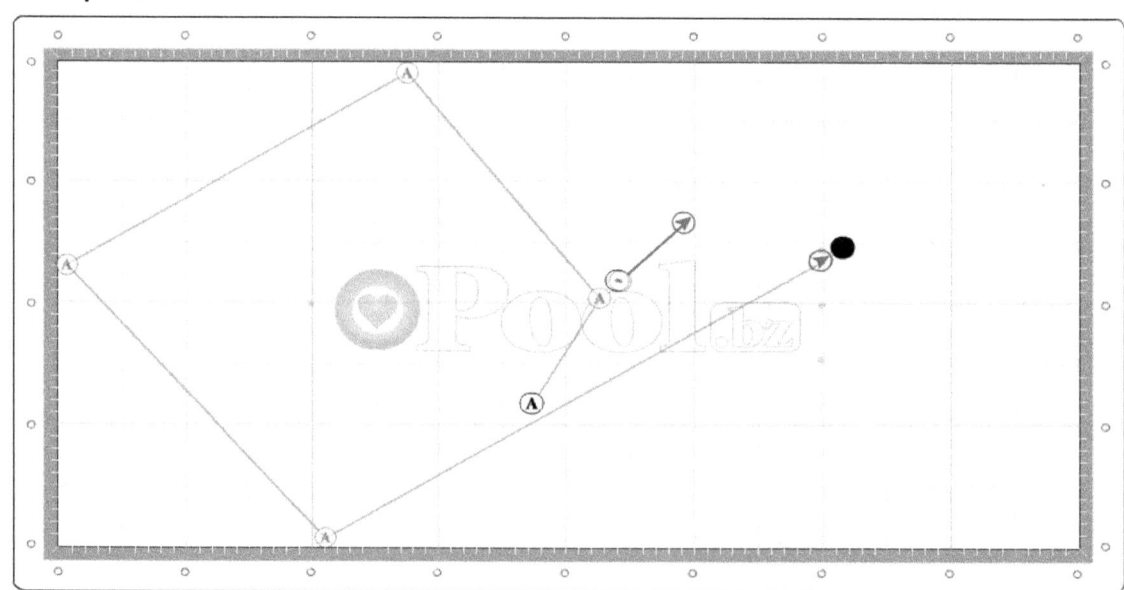

B:4d – Opstelling

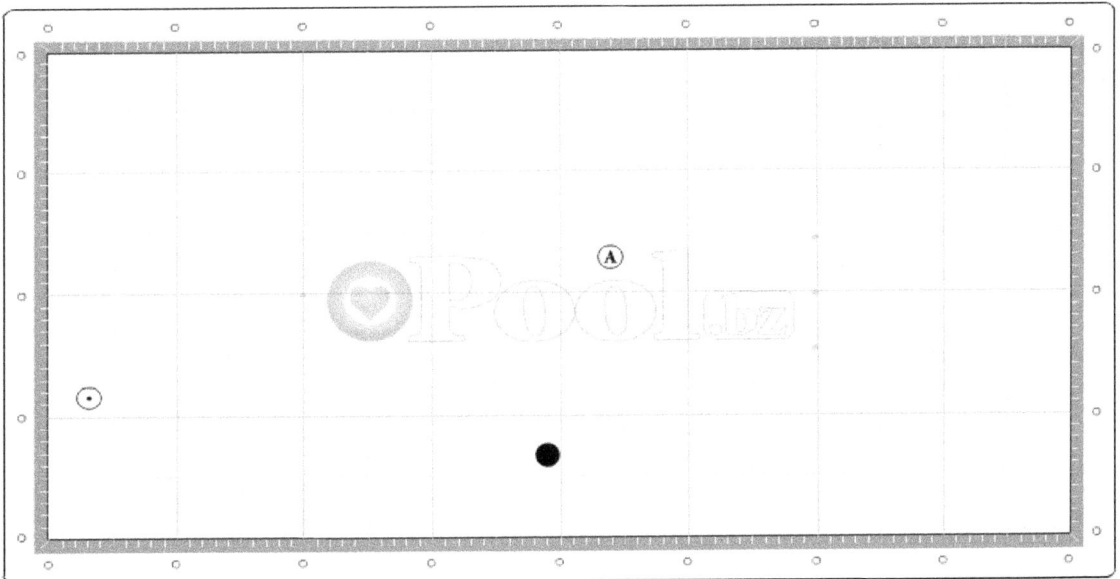

Opmerkingen en ideeën:

Schotpatroon

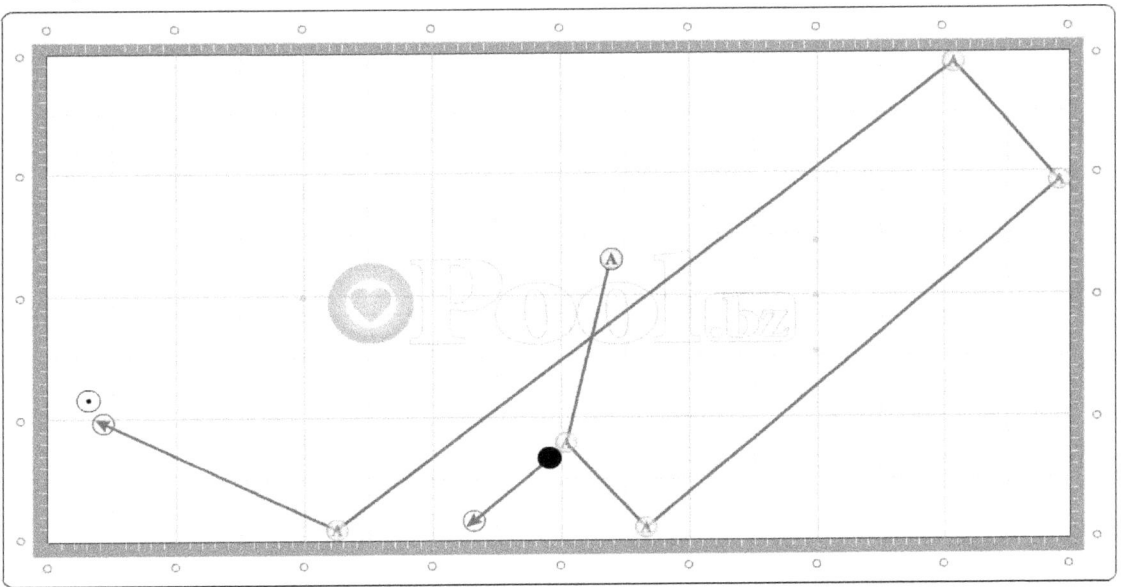

C: Verlengde poot

In deze situaties neemt de (CB) contact op met de eerste (OB) en start de standaard rond het wereldpatroon. De (CB) gaat naar de thuis hoek. Daarna komen er twee kussens uit de starthoek en in de tweede (OB).

Ⓐ (CB) (uw biljartbal) – ⊙ (OB) (tegenstander biljartbal) – ● (OB) (rode biljartbal)

C: Groep 1

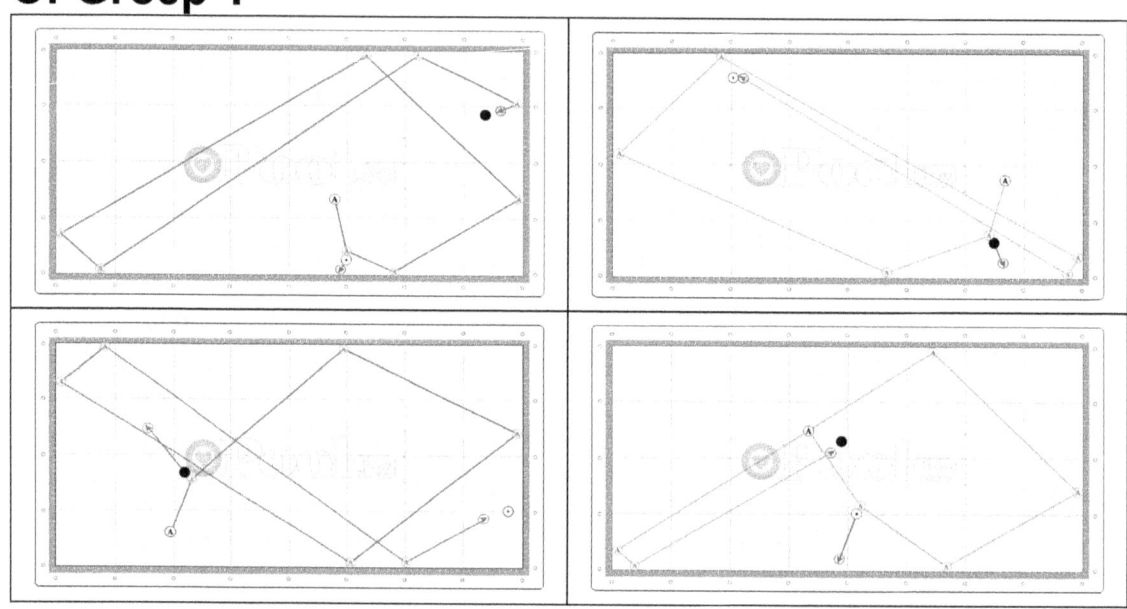

Analyse:

C:1a. _____

C:1b. _____

C:1c. _____

C:1d. _____

C:1a – Opstelling

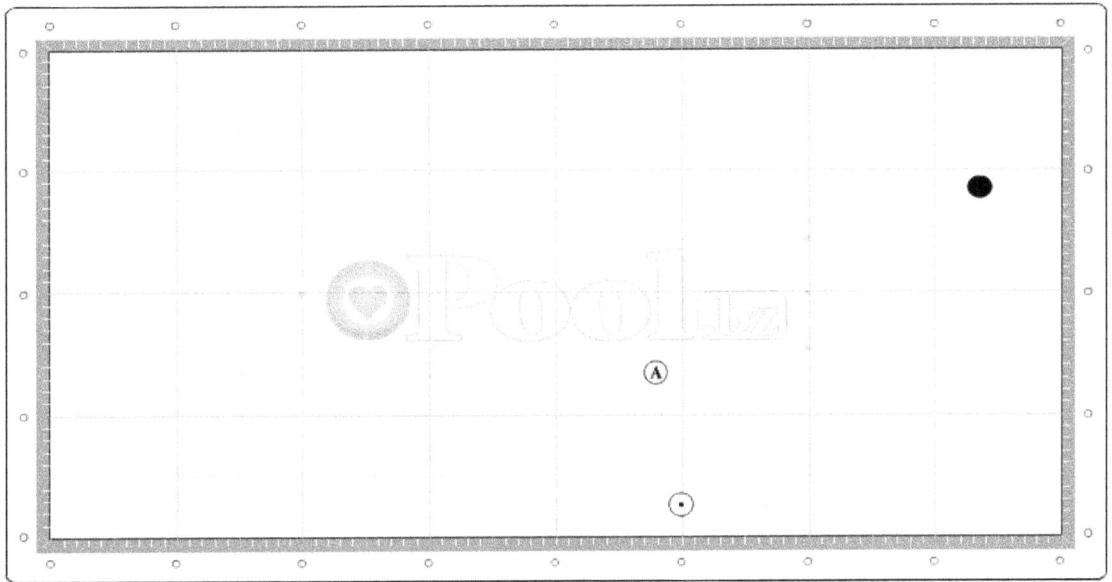

Opmerkingen en ideeën:

Schotpatroon

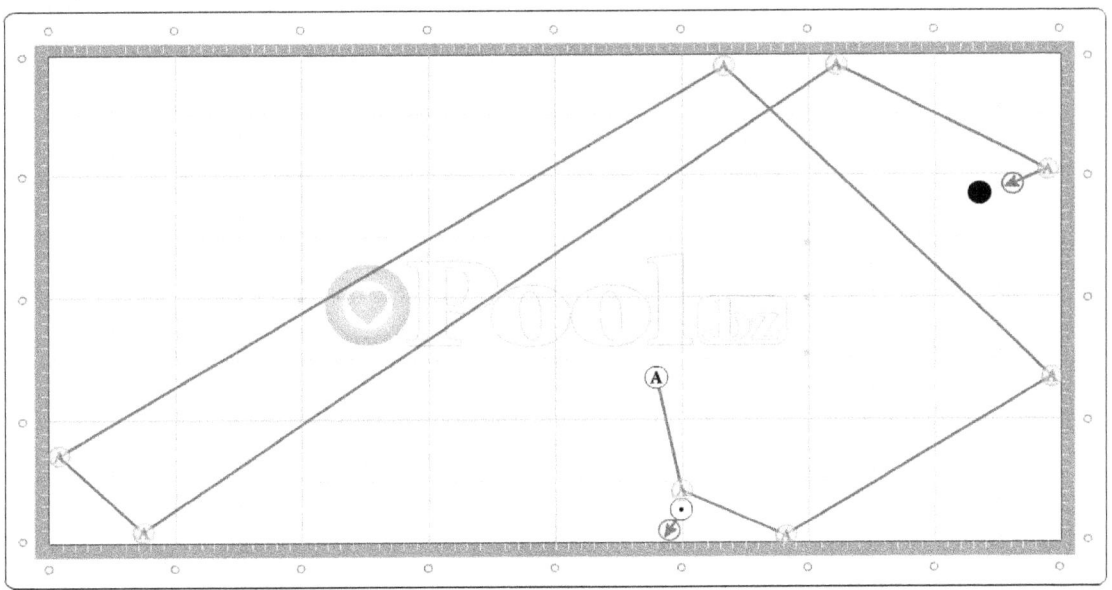

C:1b – Opstelling

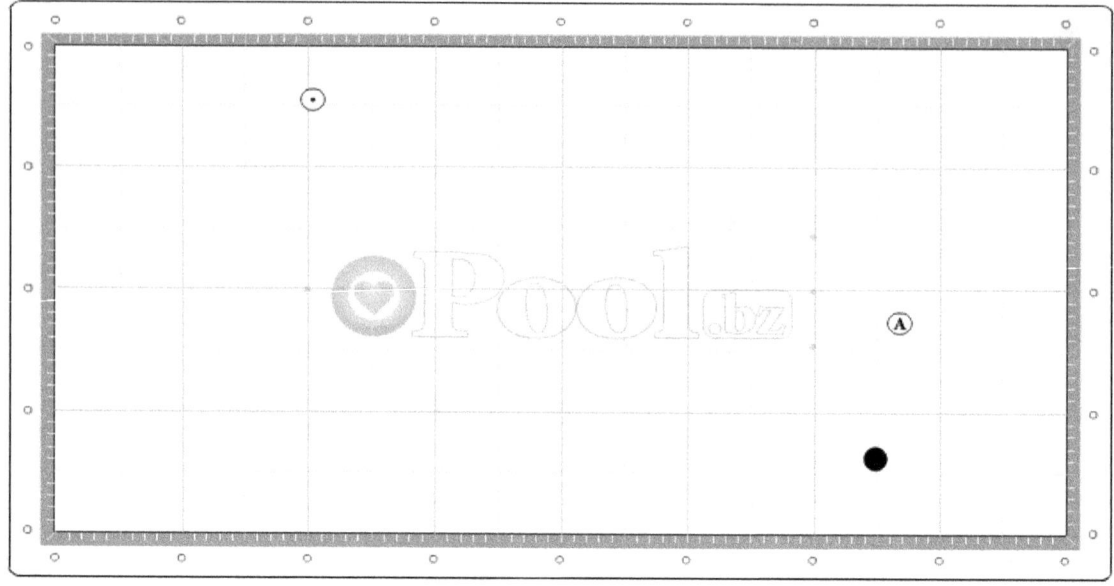

Opmerkingen en ideeën:

Schotpatroon

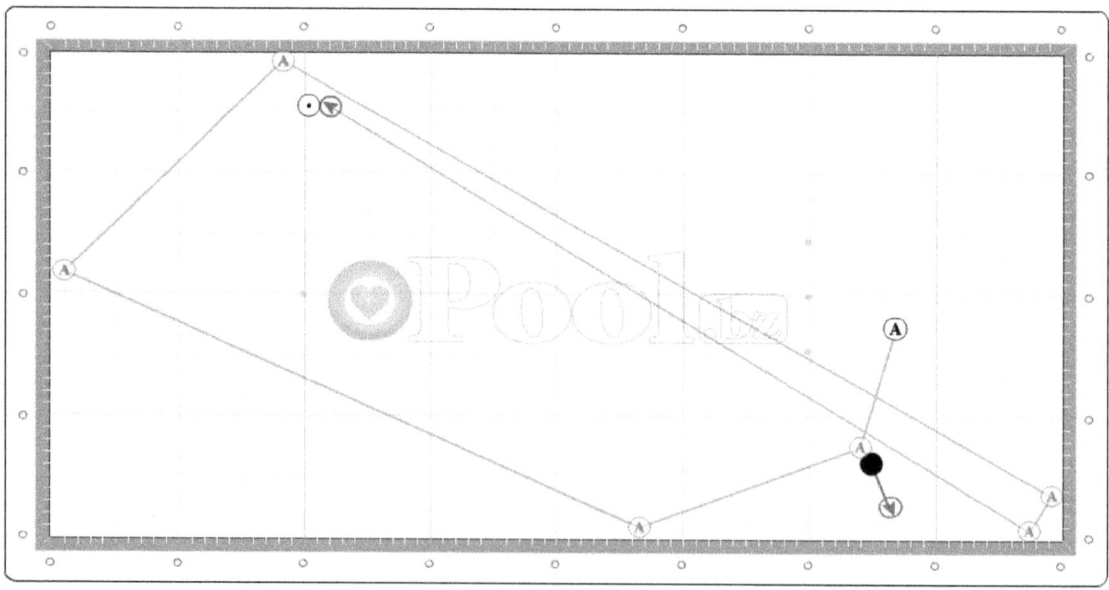

C:1c – Opstelling

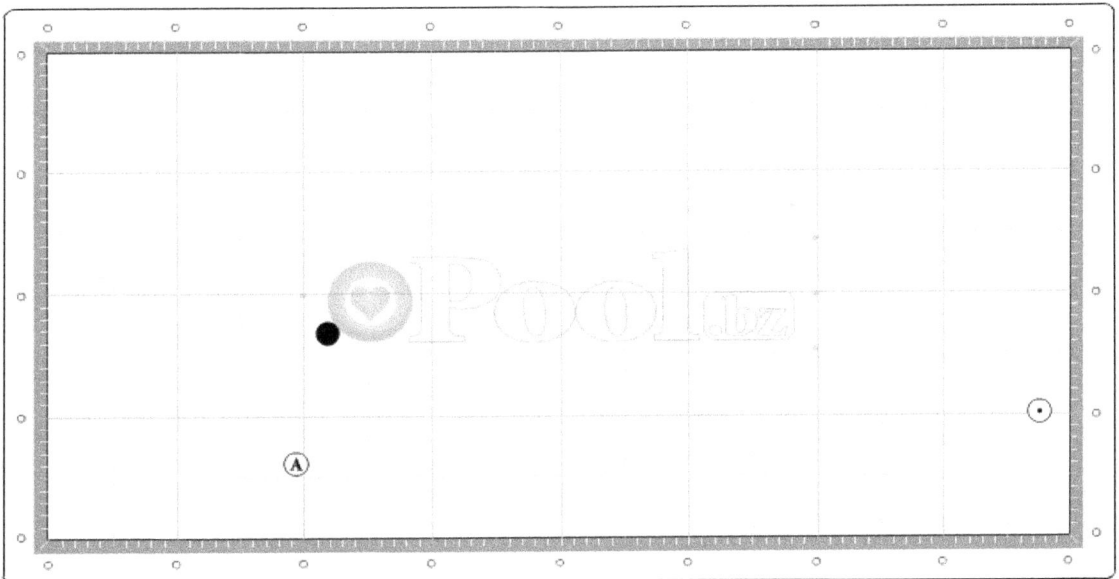

Opmerkingen en ideeën:

Schotpatroon

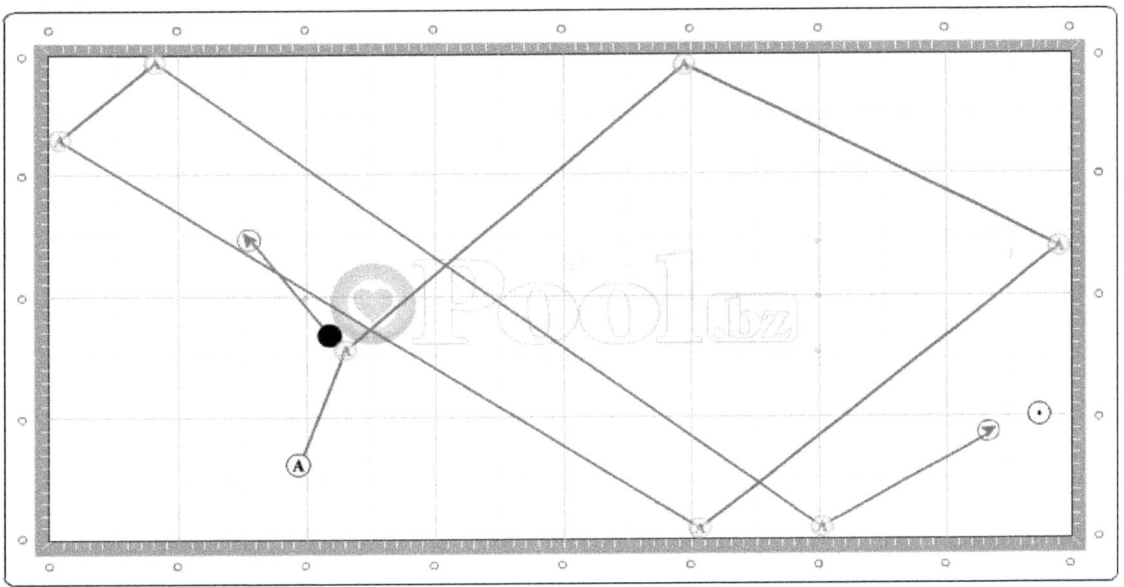

C:1d – Opstelling

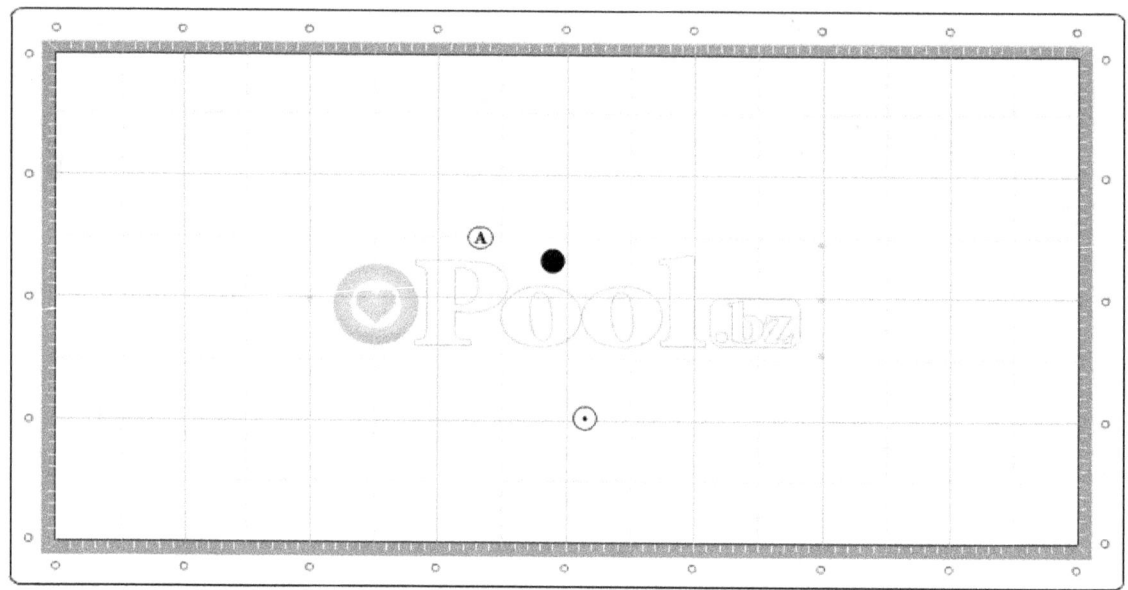

Opmerkingen en ideeën:

Schotpatroon

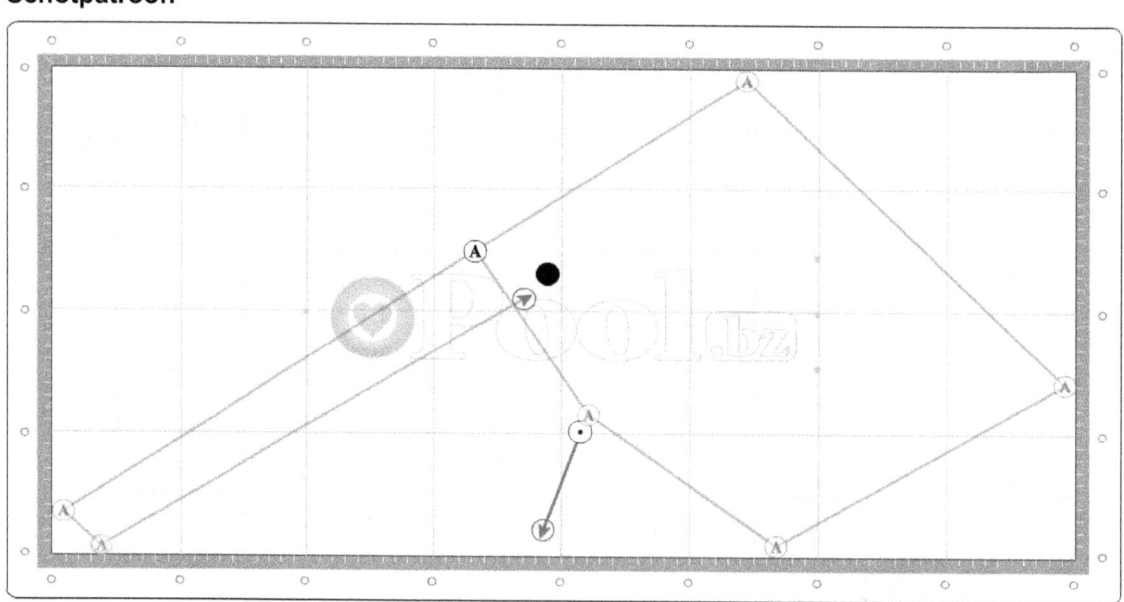

C: Groep 2

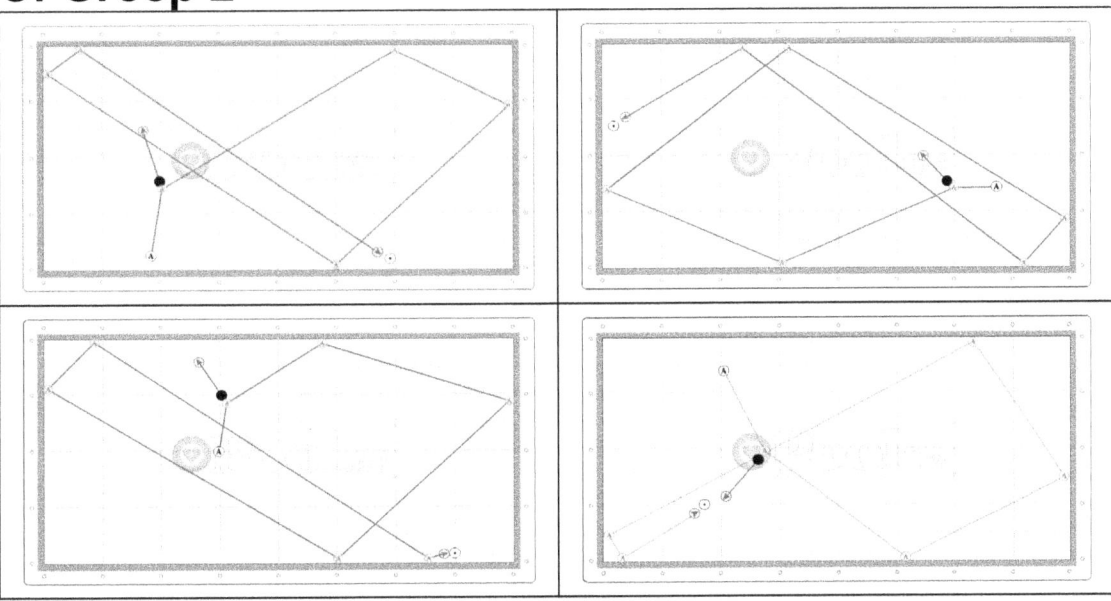

Analyse:

C:2a. _____

C:2b. _____

C:2c. _____

C:2d. _____

C:2a – Opstelling

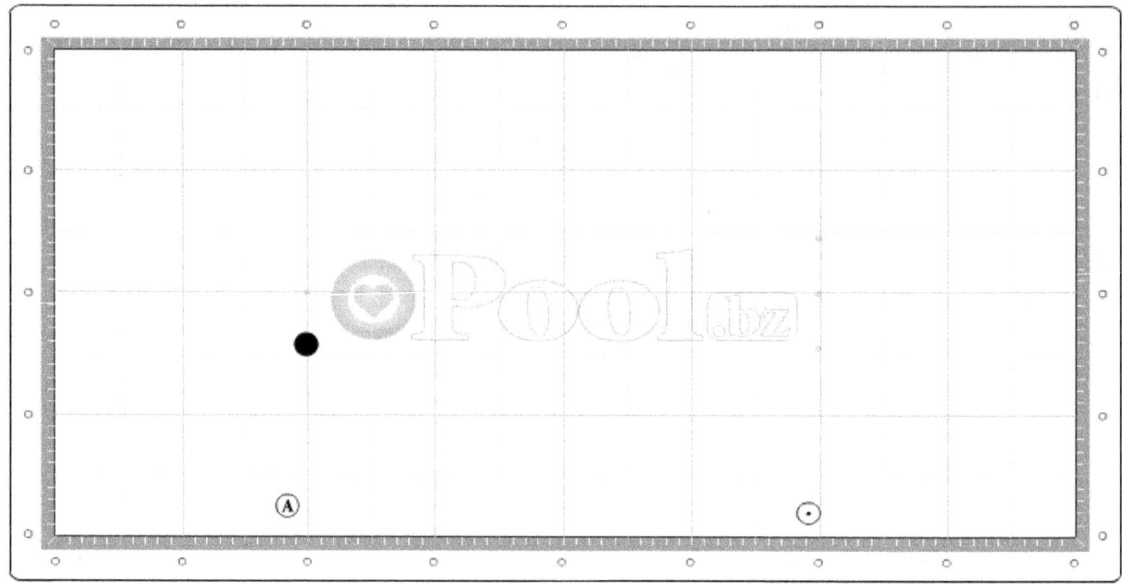

Opmerkingen en ideeën:

Schotpatroon

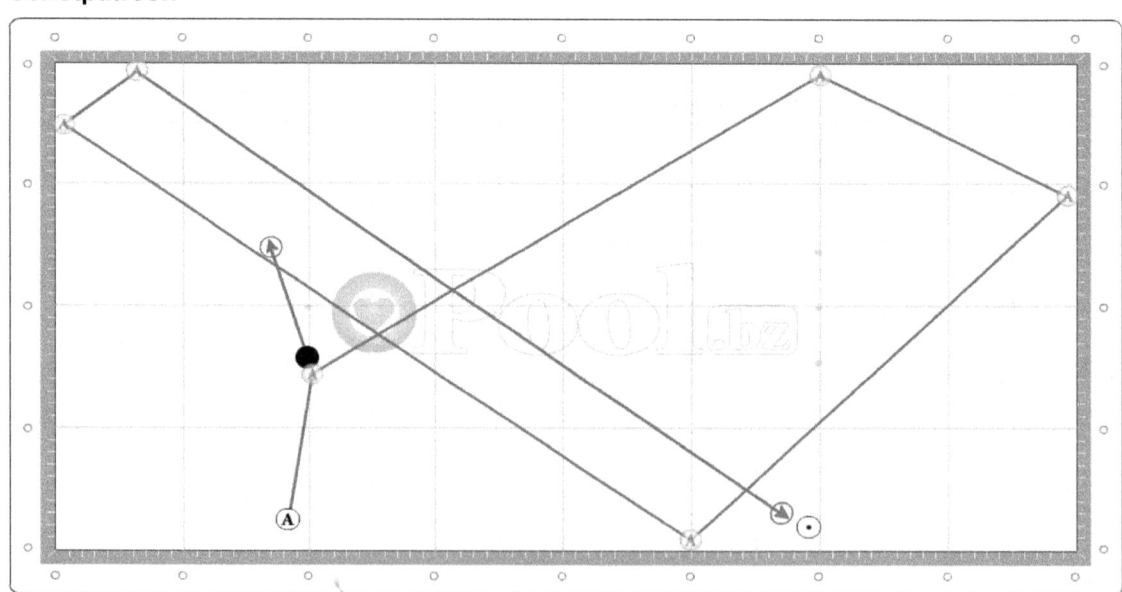

C:2b – Opstelling

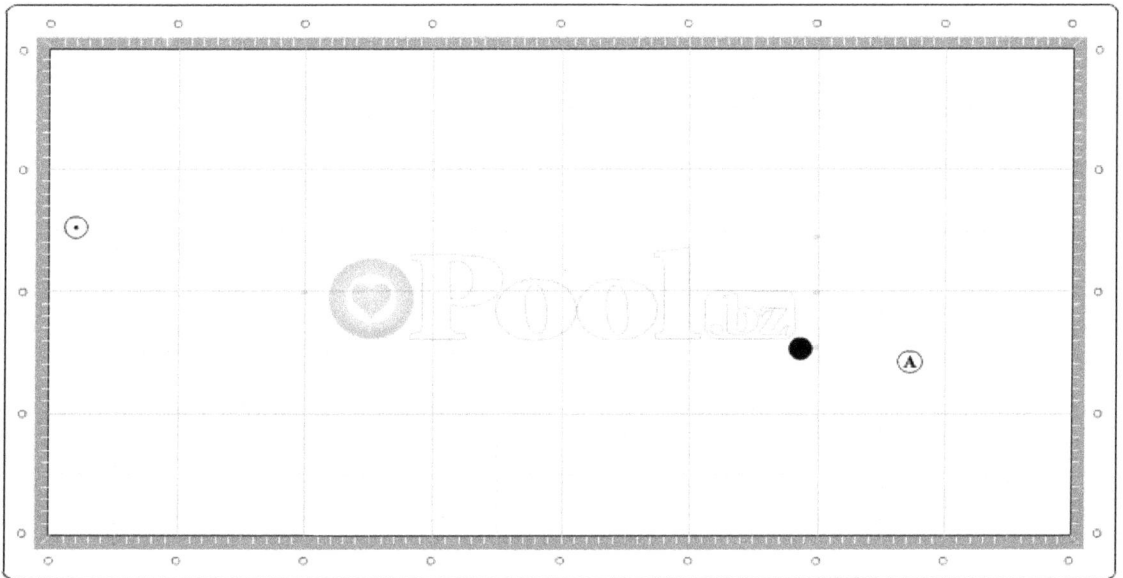

Opmerkingen en ideeën:

Schotpatroon

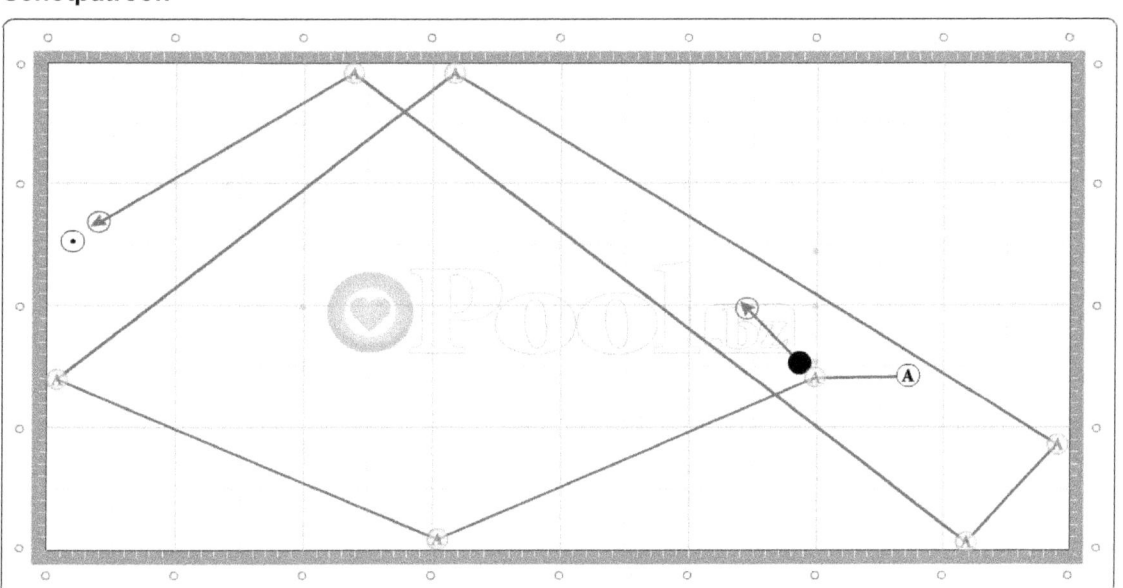

C:2c – Opstelling

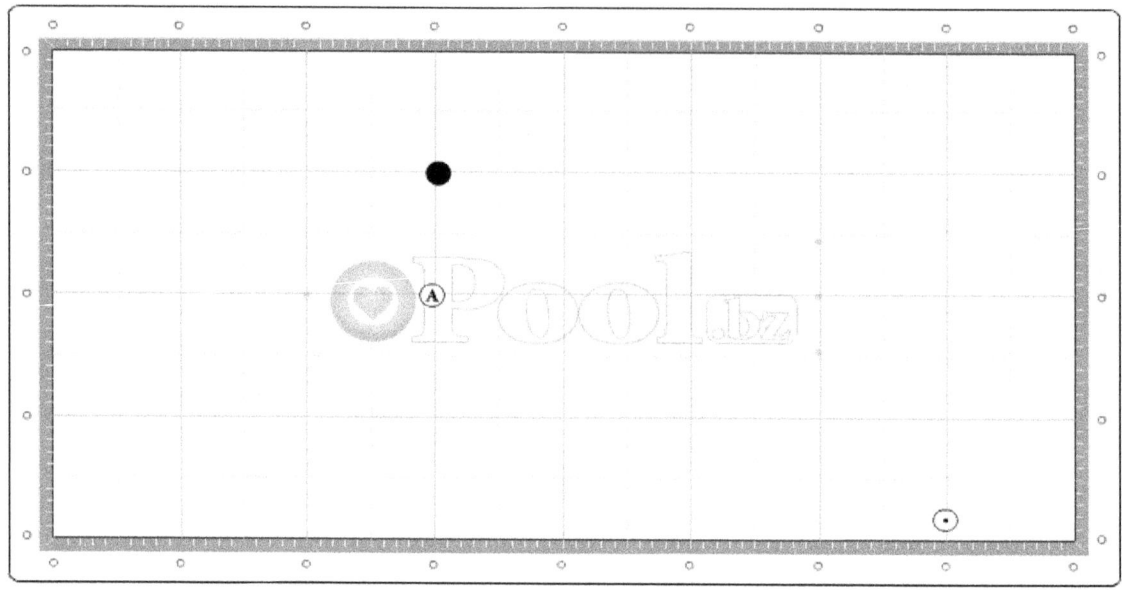

Opmerkingen en ideeën:

Schotpatroon

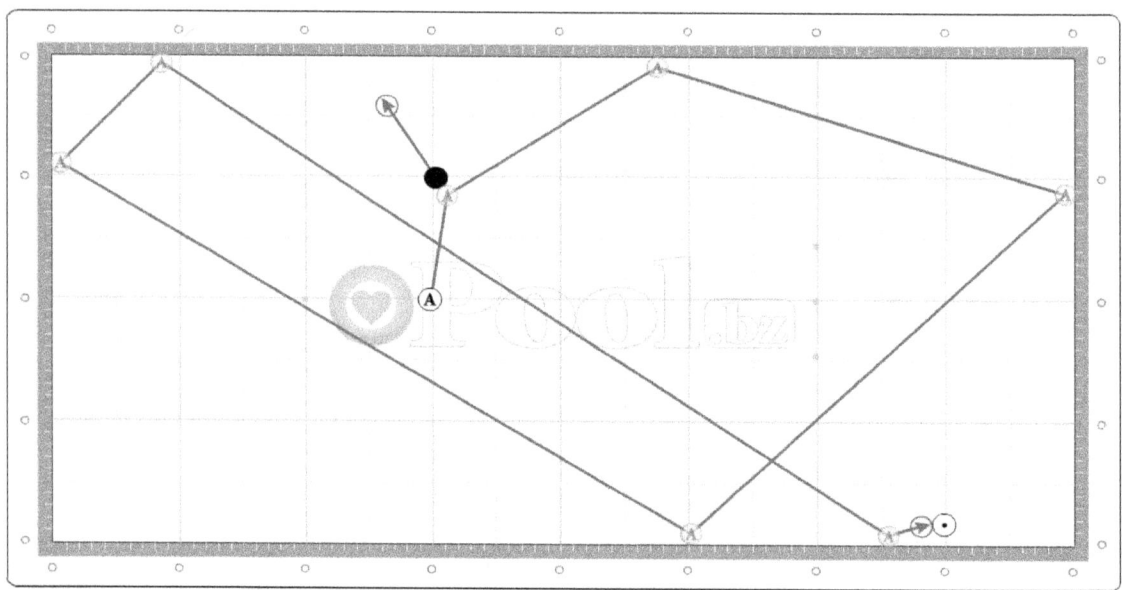

C:2d – Opstelling

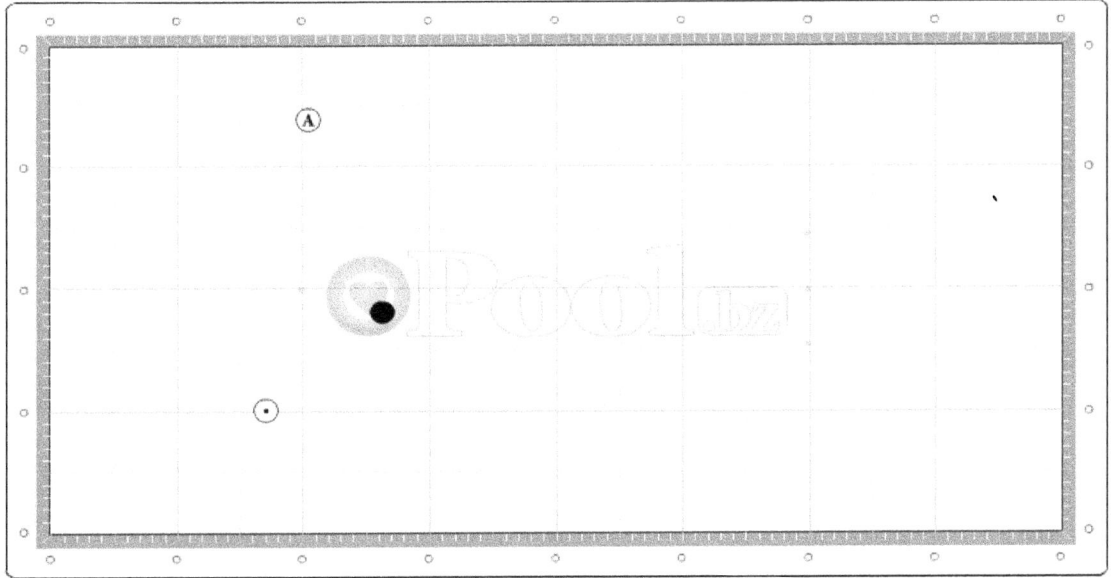

Opmerkingen en ideeën:

Schotpatroon

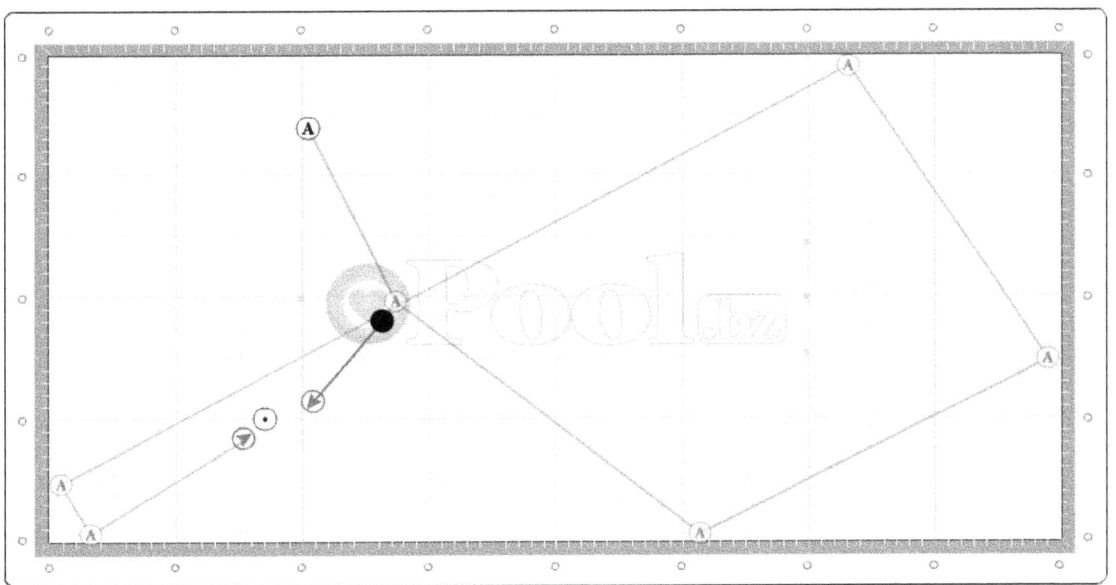

C: Groep 3

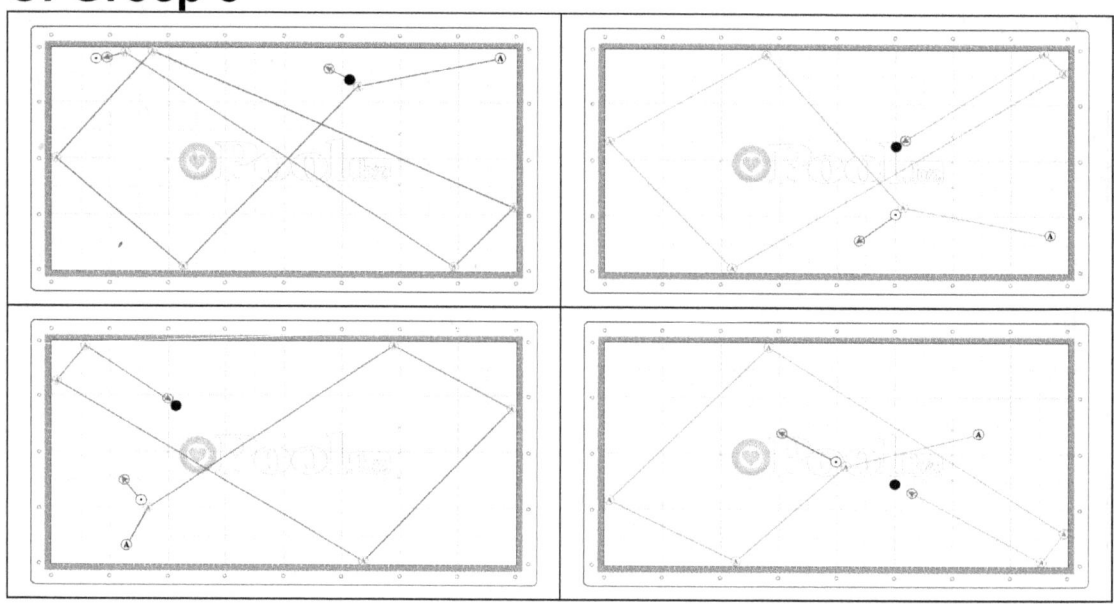

Analyse:

C:3a. _____

C:3b. _____

C:3c. _____

C:3d. _____

C:3a – Opstelling

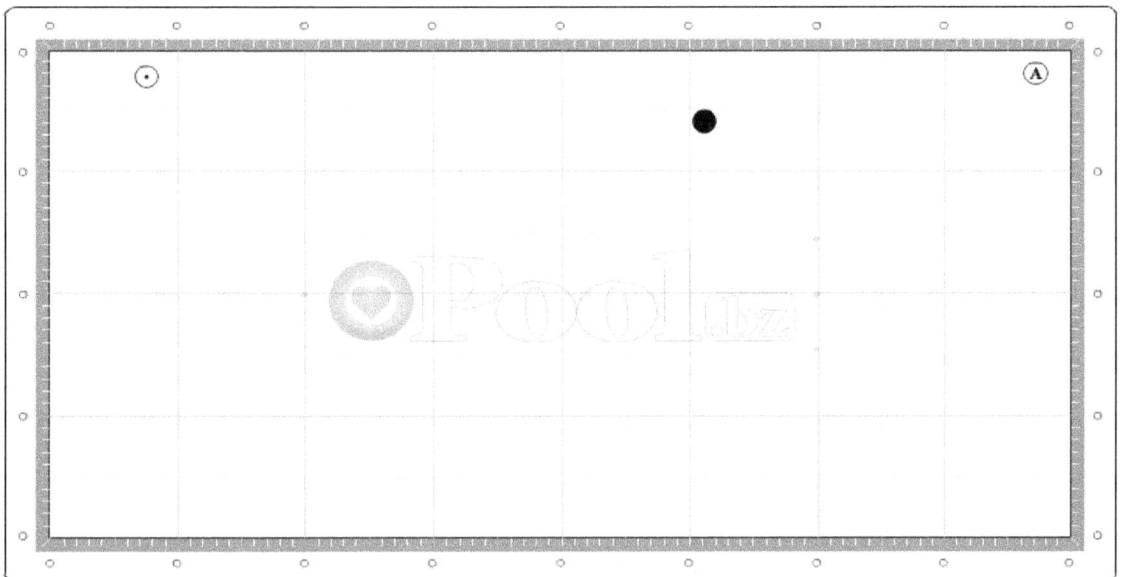

Opmerkingen en ideeën:

Schotpatroon

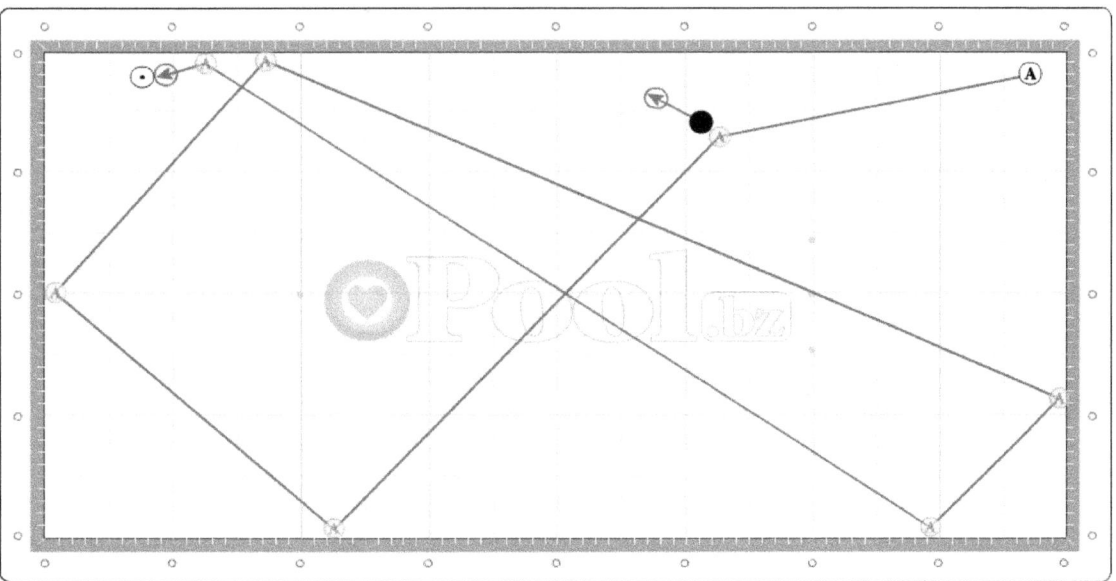

C:3b – Opstelling

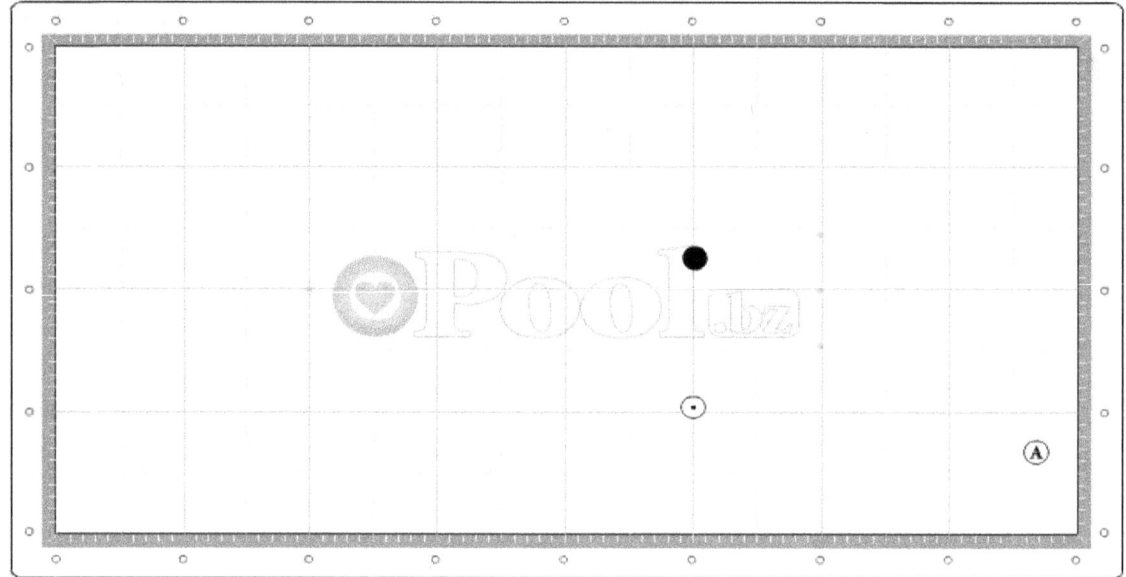

Opmerkingen en ideeën:

Schotpatroon

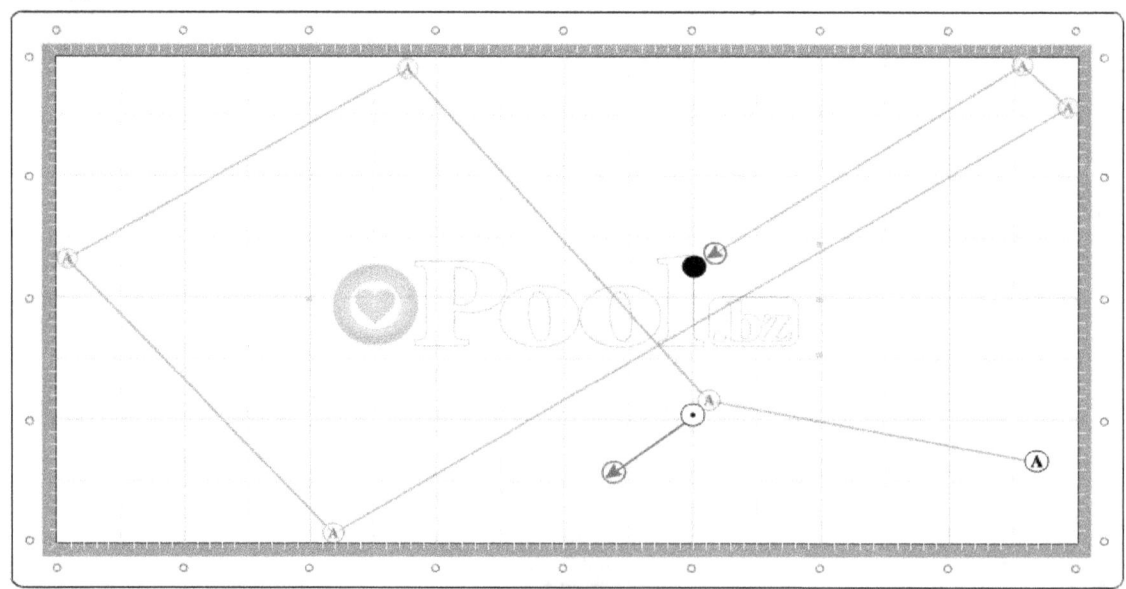

C:3c – Opstelling

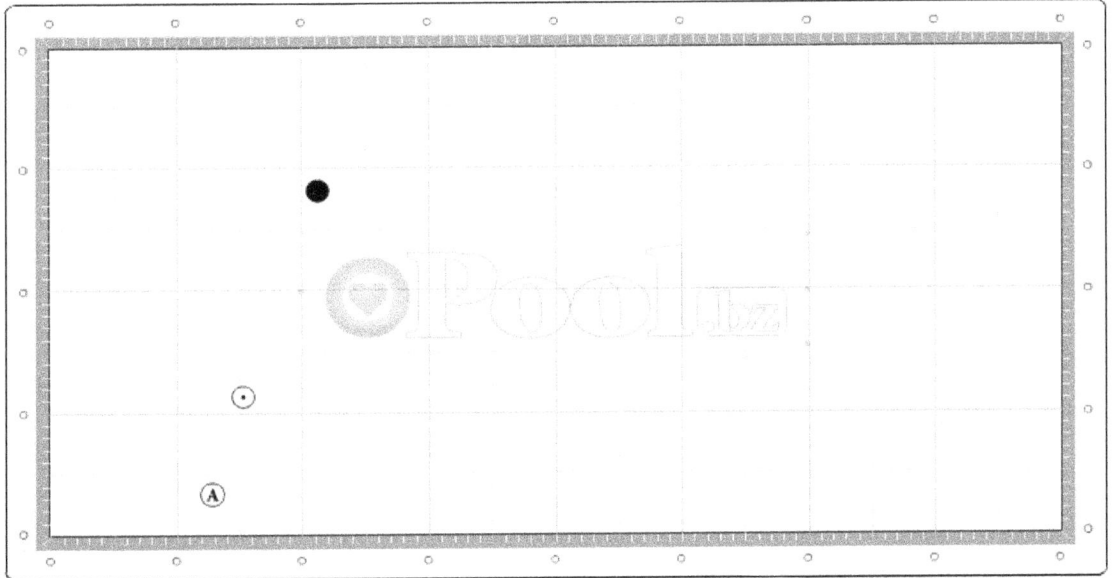

Opmerkingen en ideeën:

Schotpatroon

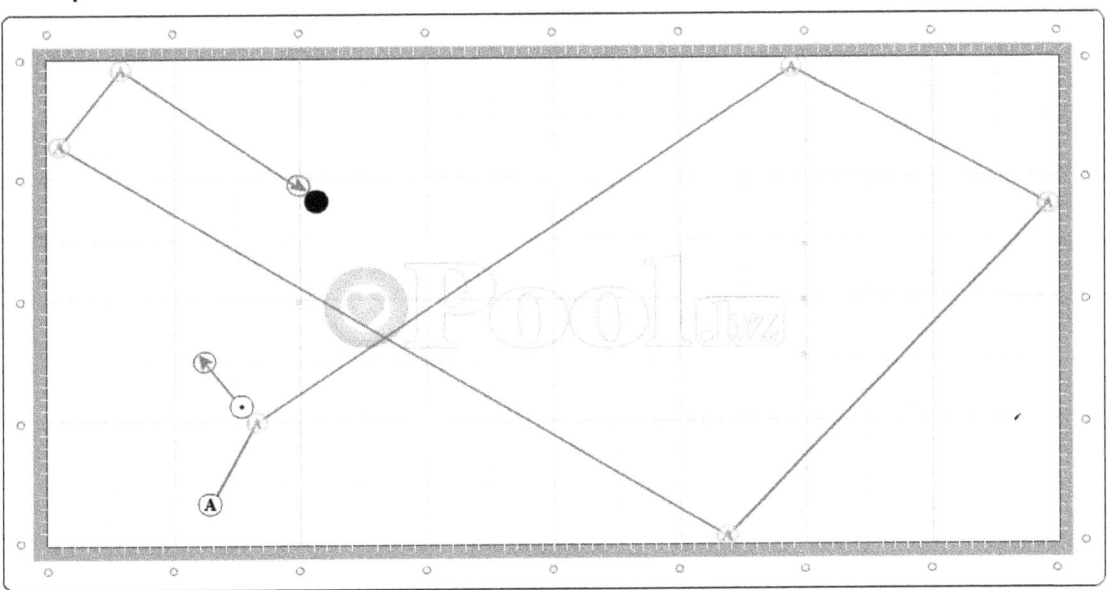

C:3d – Opstelling

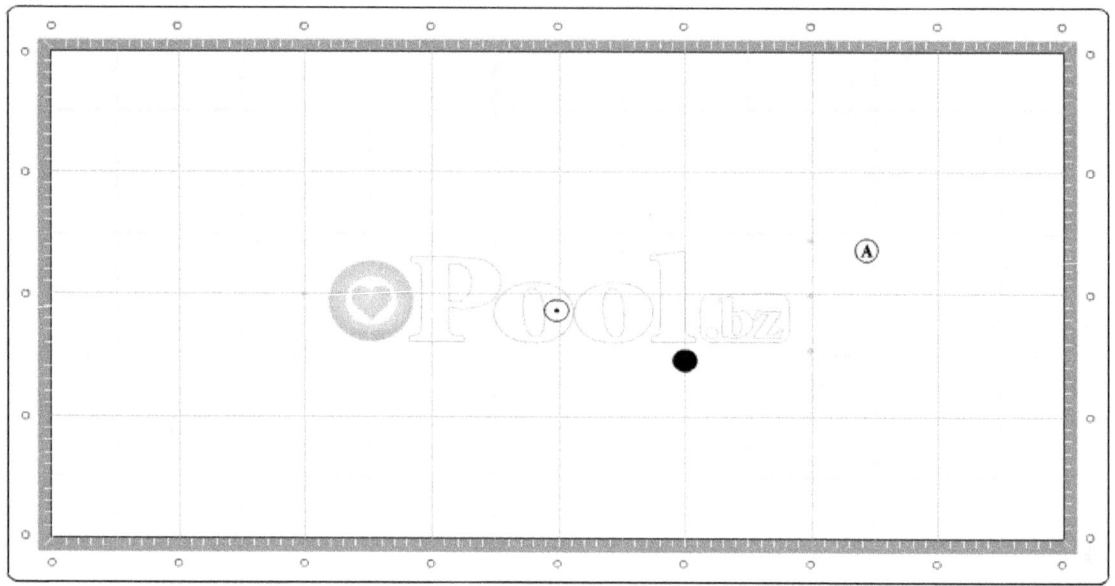

Opmerkingen en ideeën:

Schotpatroon

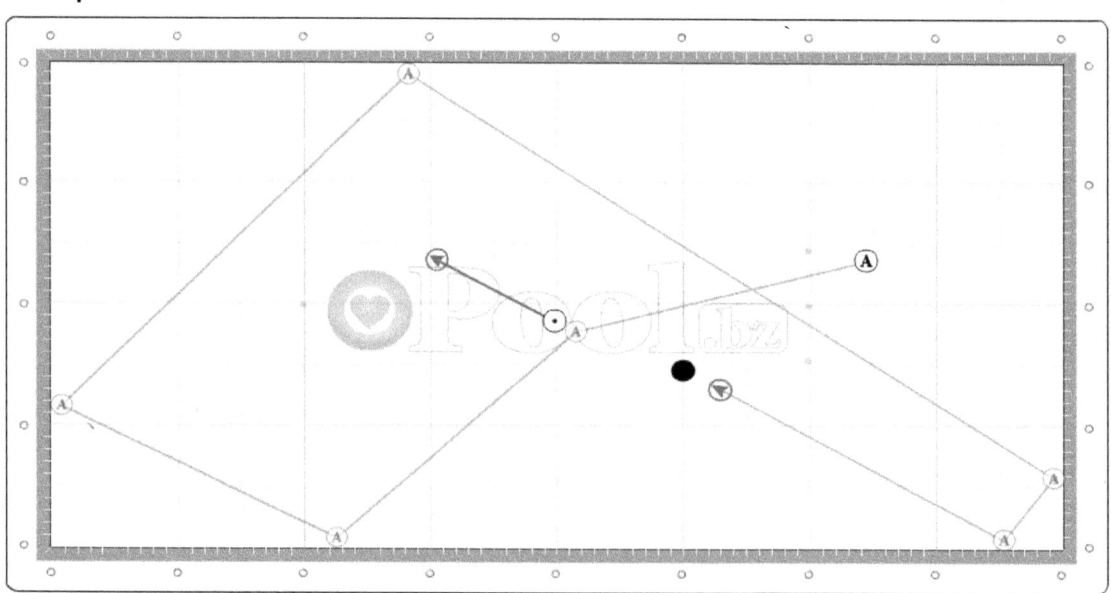

D: Grote bal in de thuishoek

De (CB) komt uit de eerste (OB) en volgt het basispatroon rond de wereld. Omdat de tweede (OB) in de hoek staat, is de doel-(OB) "groter".

Ⓐ (CB) (uw biljartbal) – ⊙ (OB) (tegenstander biljartbal) – ● (OB) (rode biljartbal)

D: Groep 1

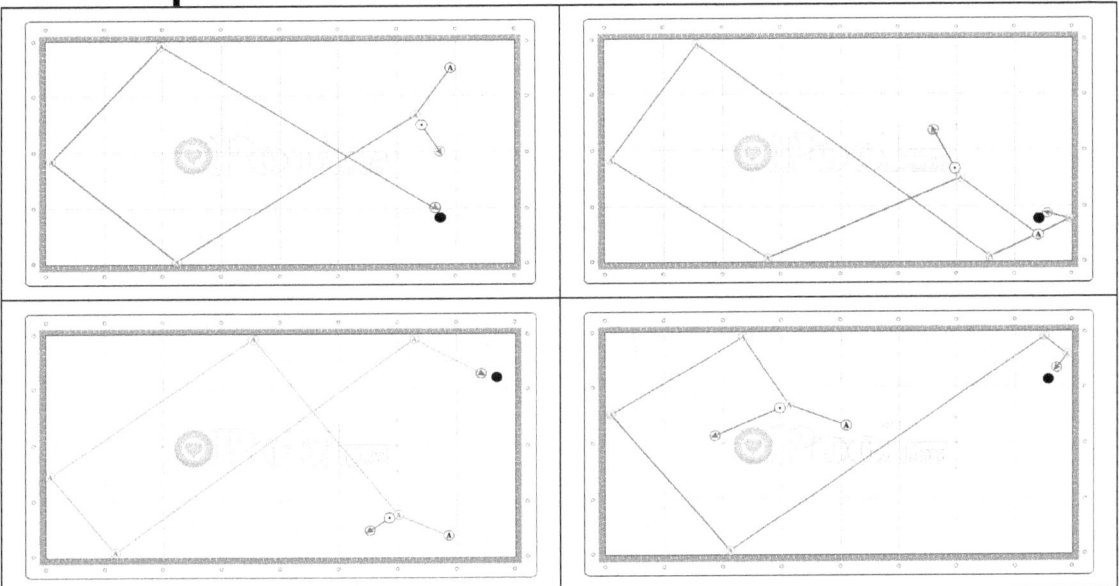

Analyse:

D:1a. _____

D:1b. _____

D:1c. _____

D:1d. _____

D:1a – Opstelling

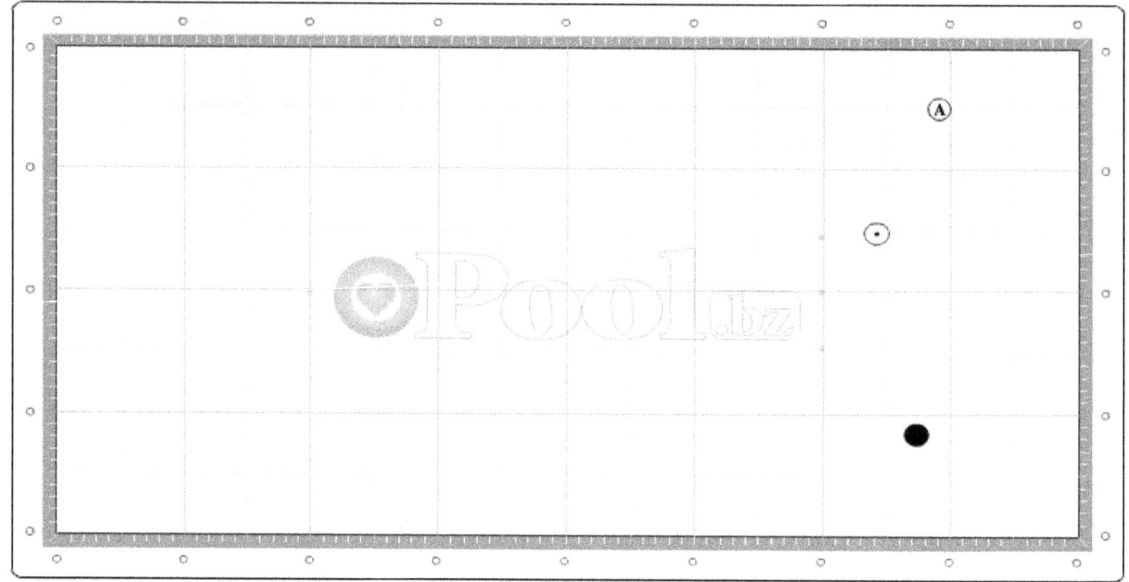

Opmerkingen en ideeën:

Schotpatroon

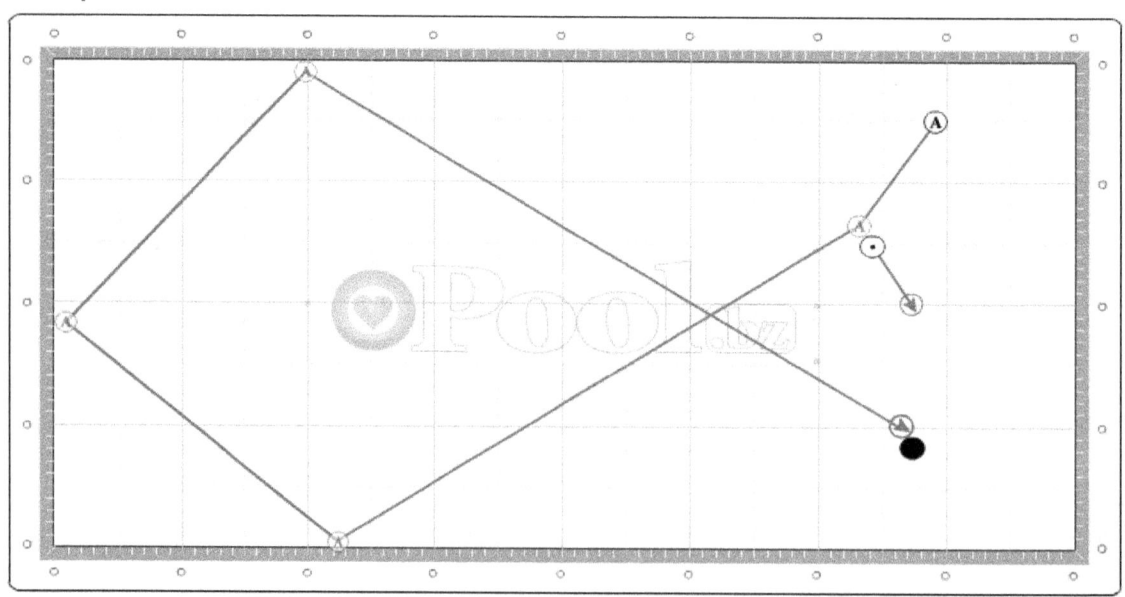

D:1b – Opstelling

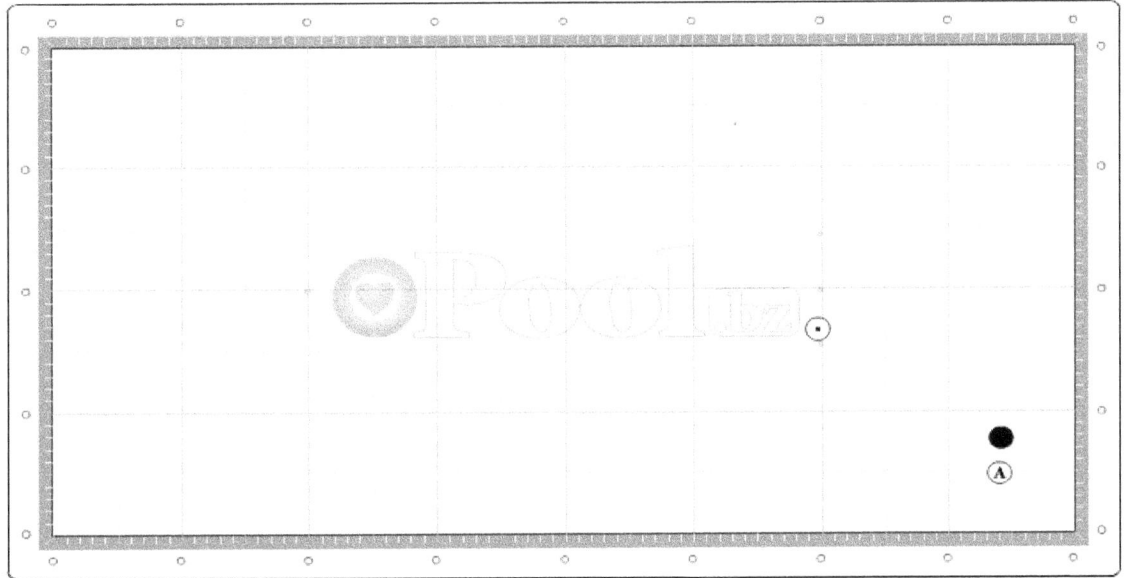

Opmerkingen en ideeën:

Schotpatroon

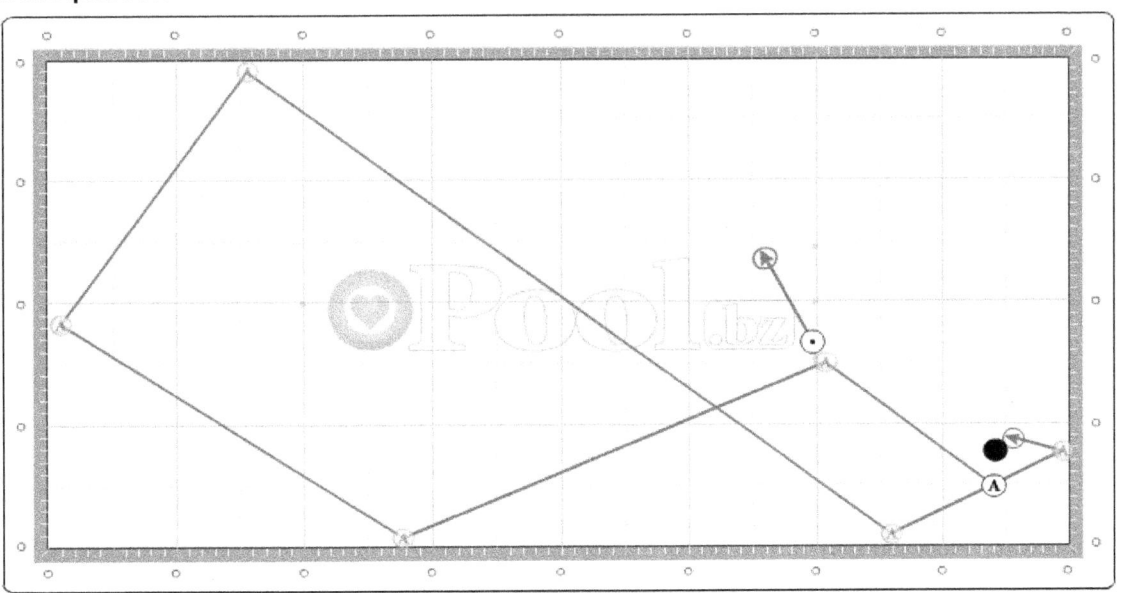

D:1c – Opstelling

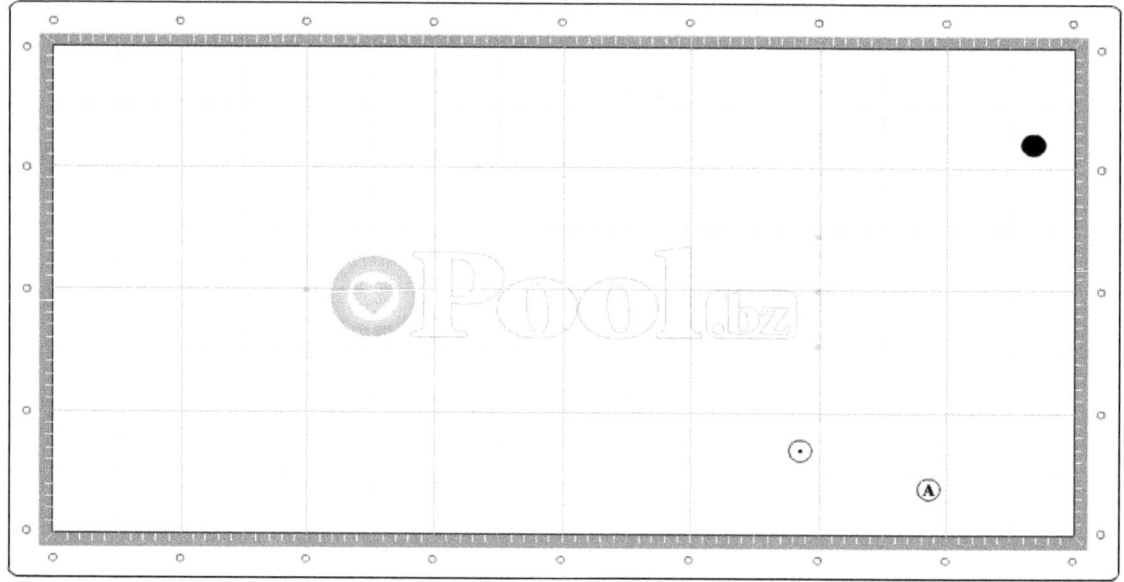

Opmerkingen en ideeën:

Schotpatroon

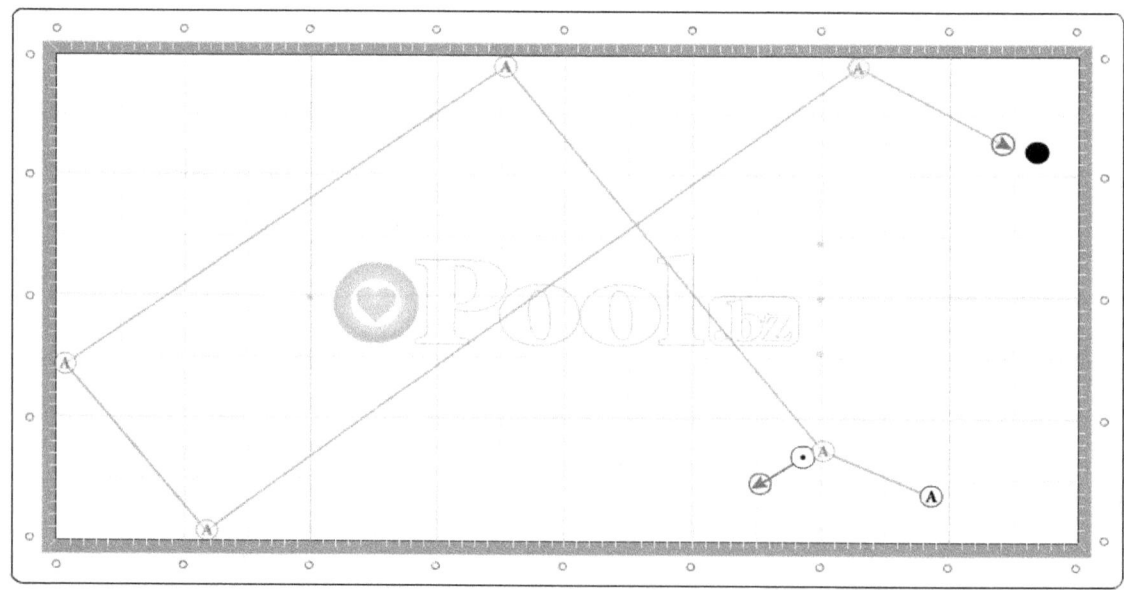

D:1d – Opstelling

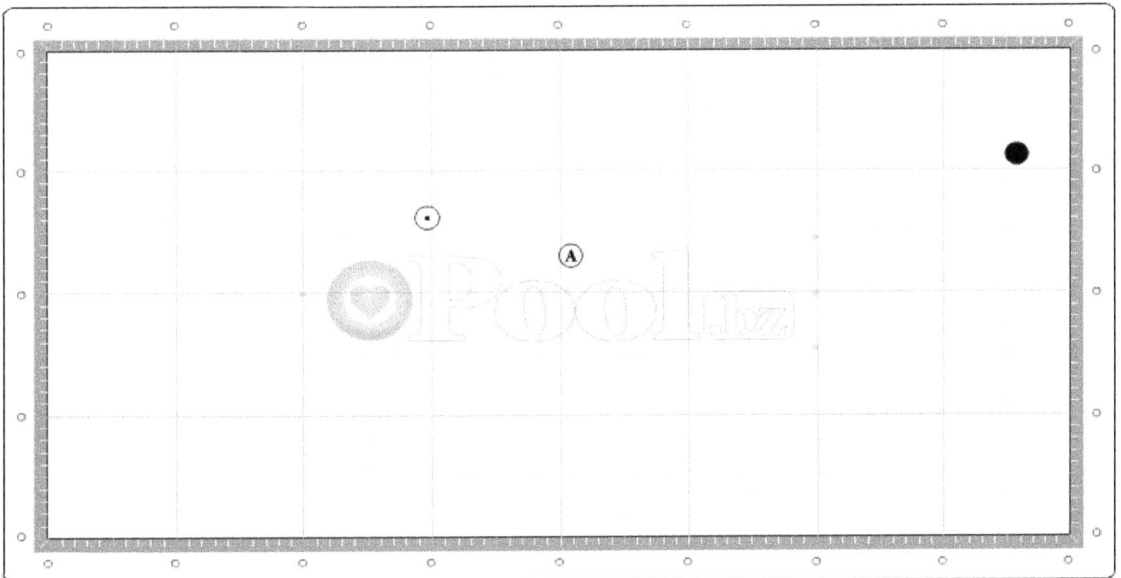

Opmerkingen en ideeën:

Schotpatroon

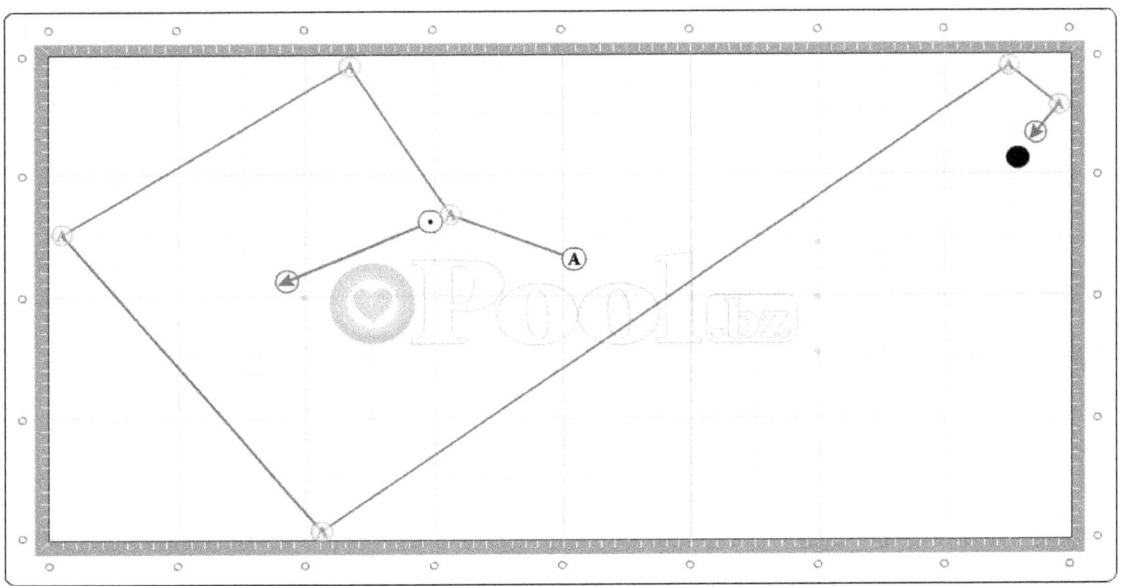

D: Groep 2

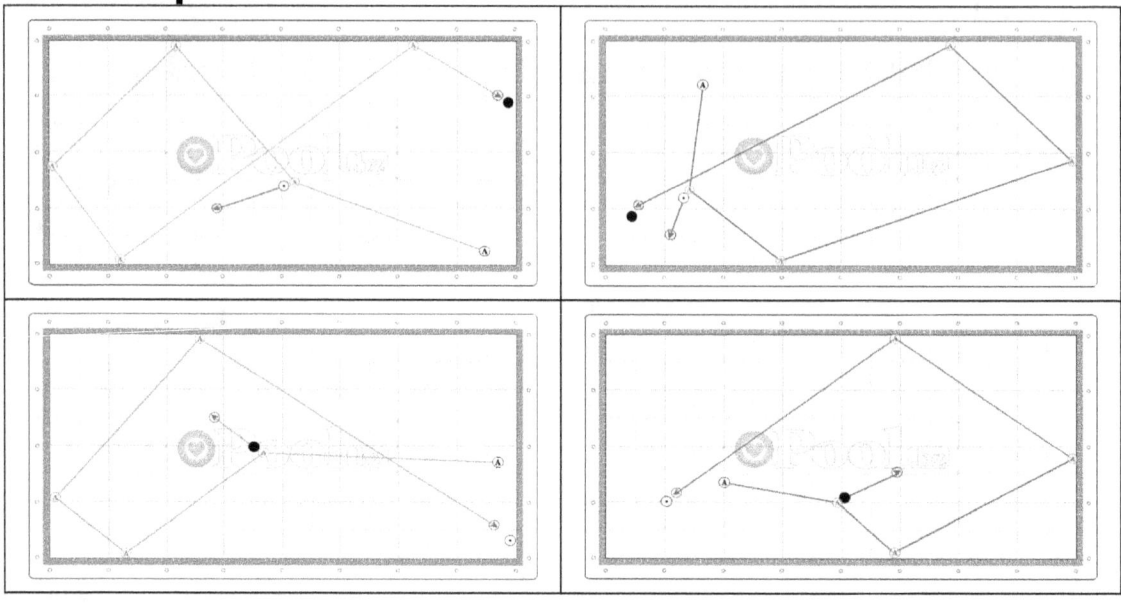

Analyse:

D:2a. _____

D:2b. _____

D:2c. _____

D:2d. _____

D:2a – Opstelling

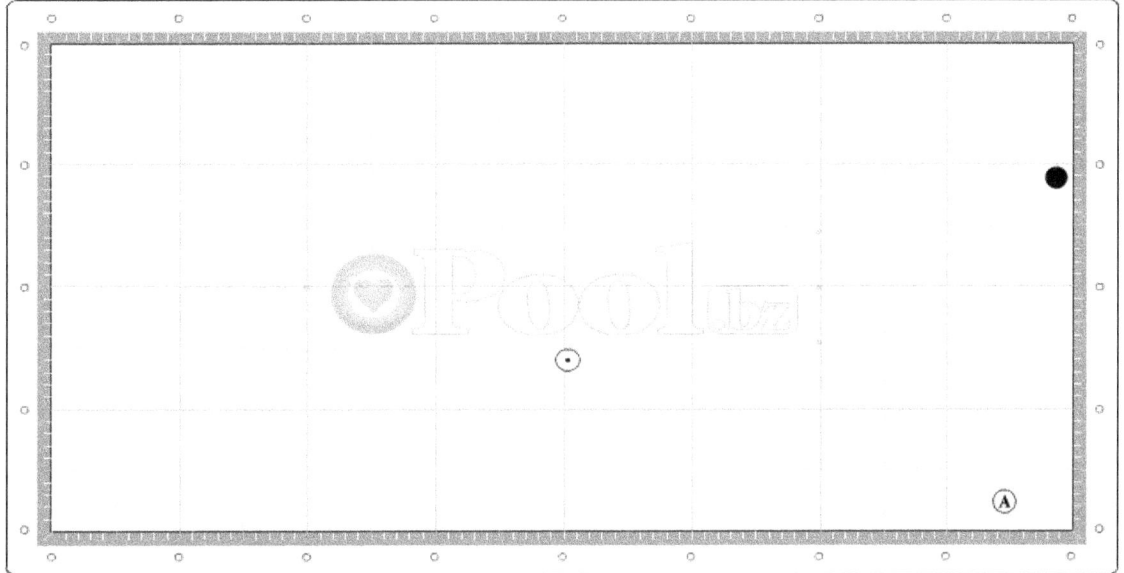

Opmerkingen en ideeën:

Schotpatroon

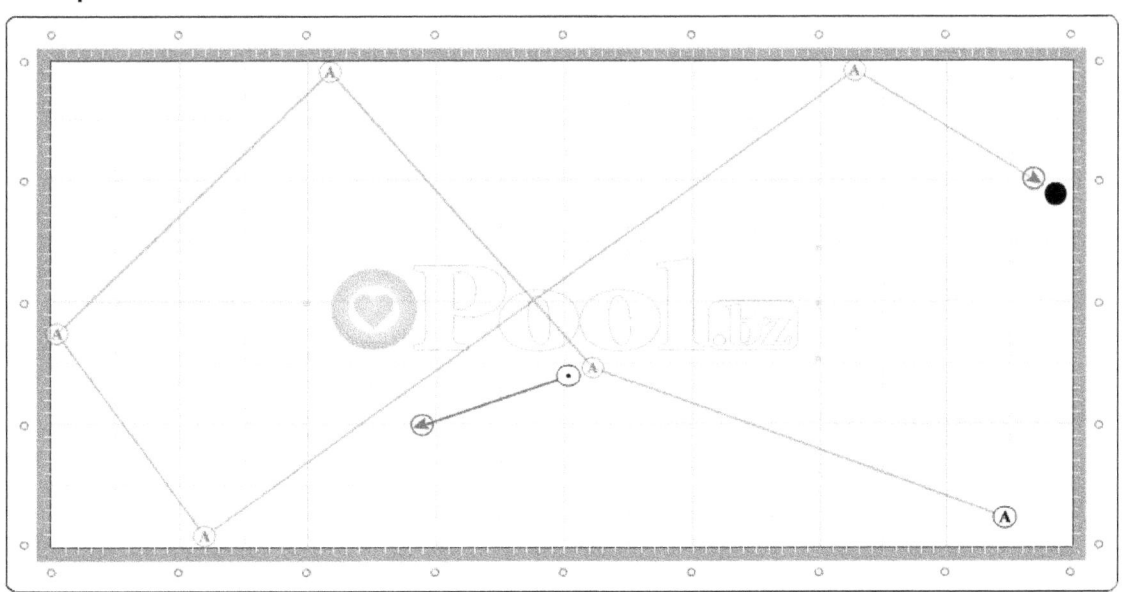

D:2b – Opstelling

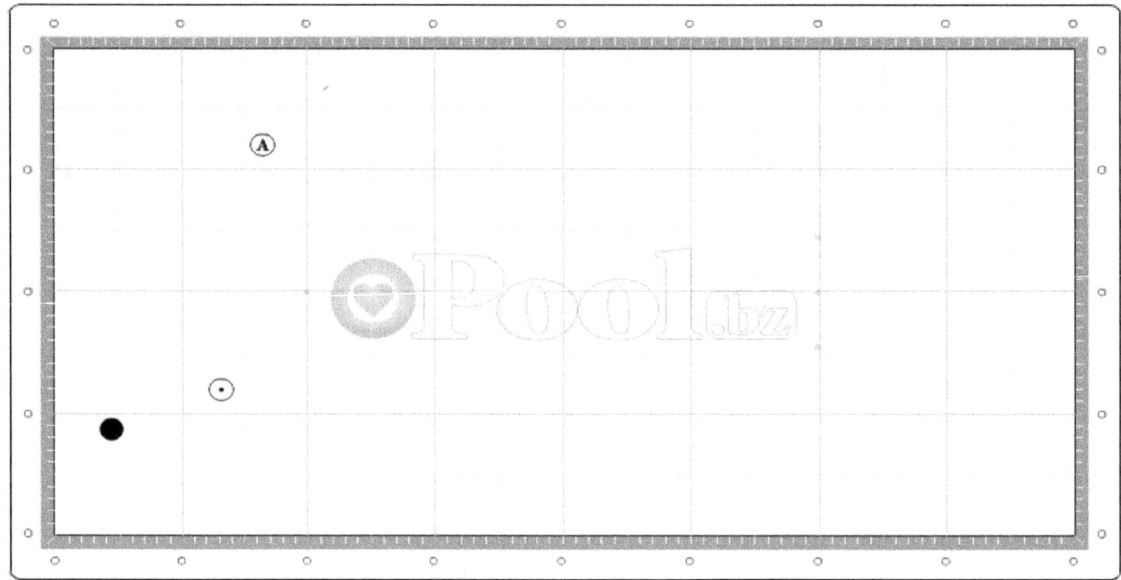

Opmerkingen en ideeën:

Schotpatroon

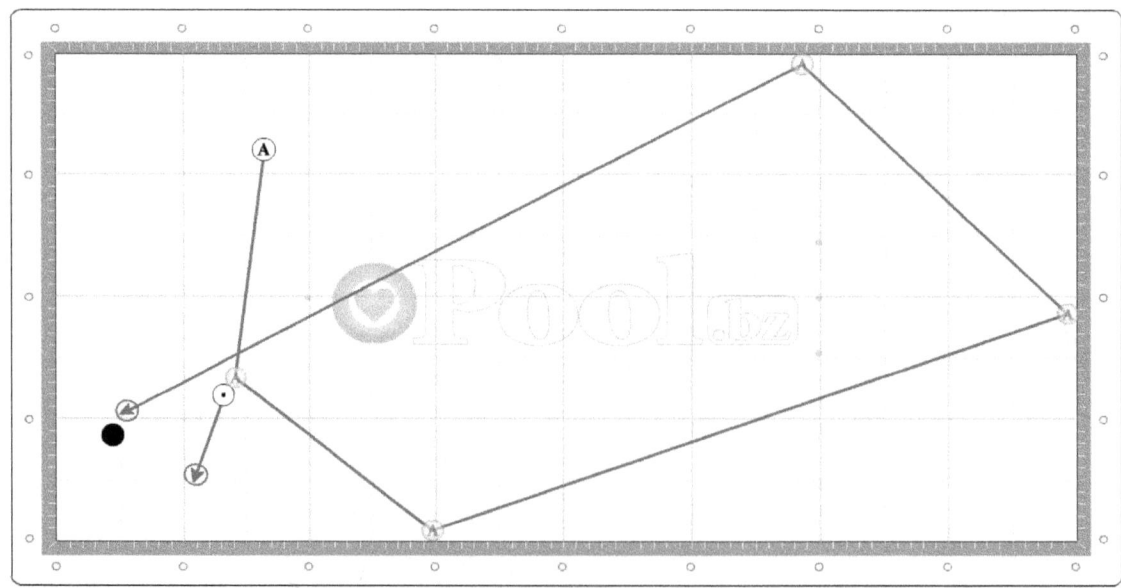

D:2c – Opstelling

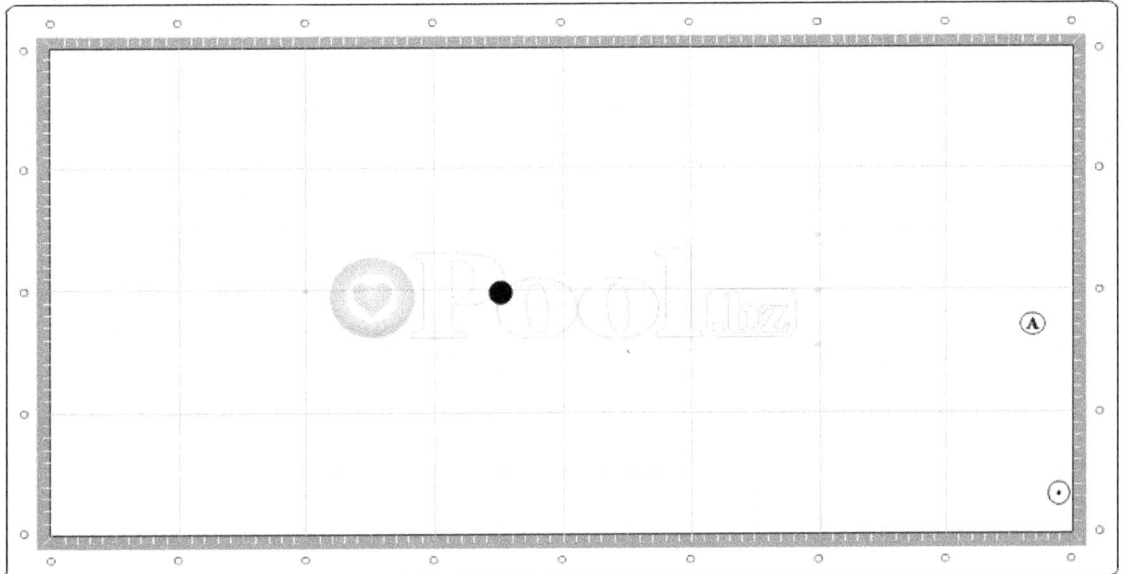

Opmerkingen en ideeën:

Schotpatroon

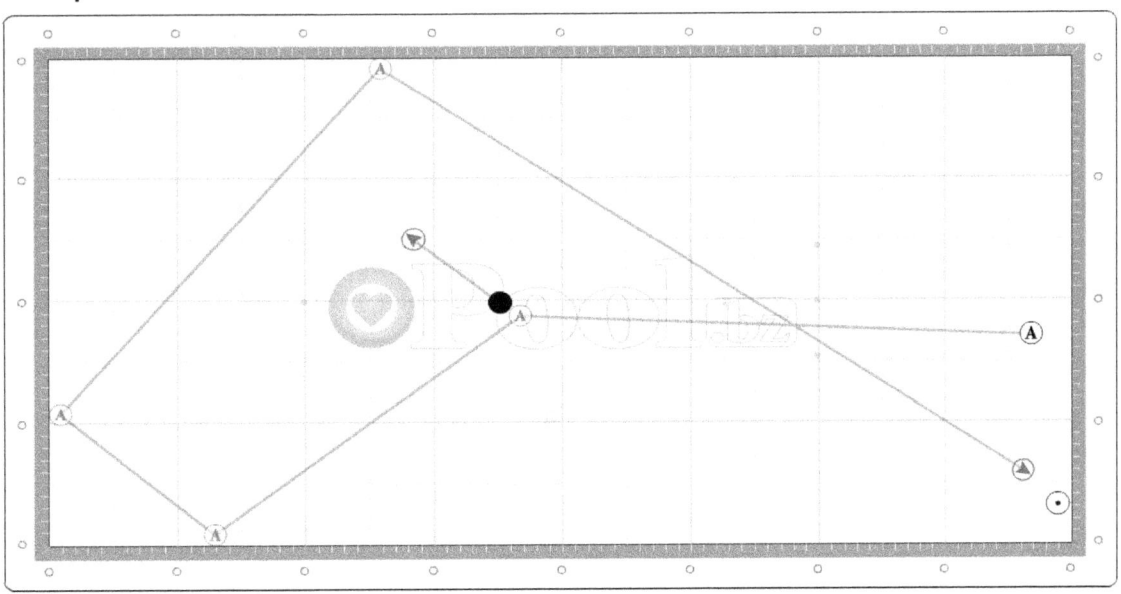

D:2d – Opstelling

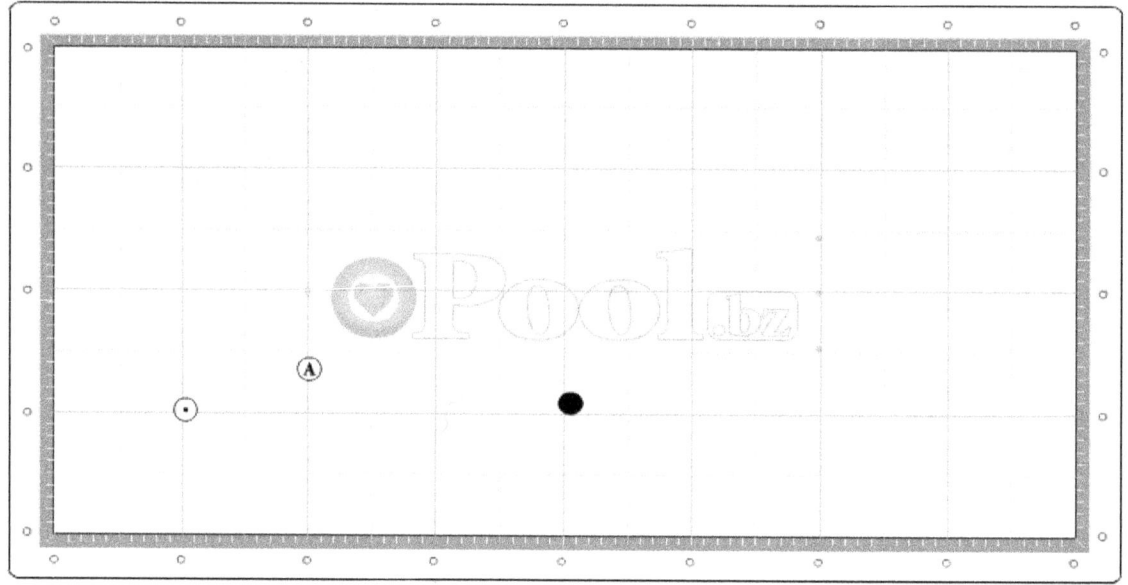

Opmerkingen en ideeën:

Schotpatroon

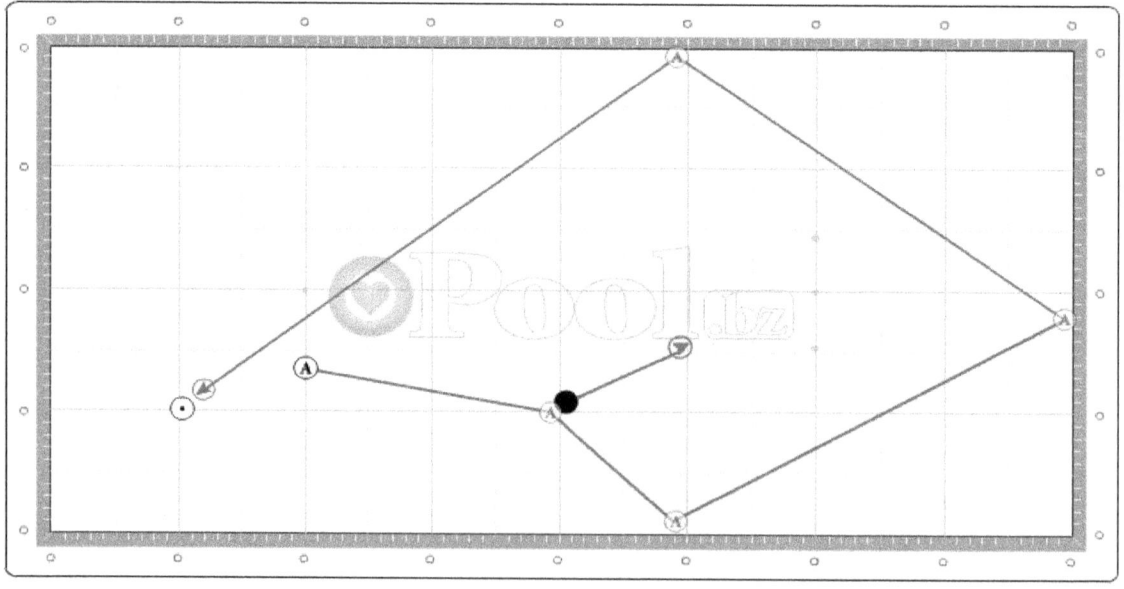

D

D: Groep 3

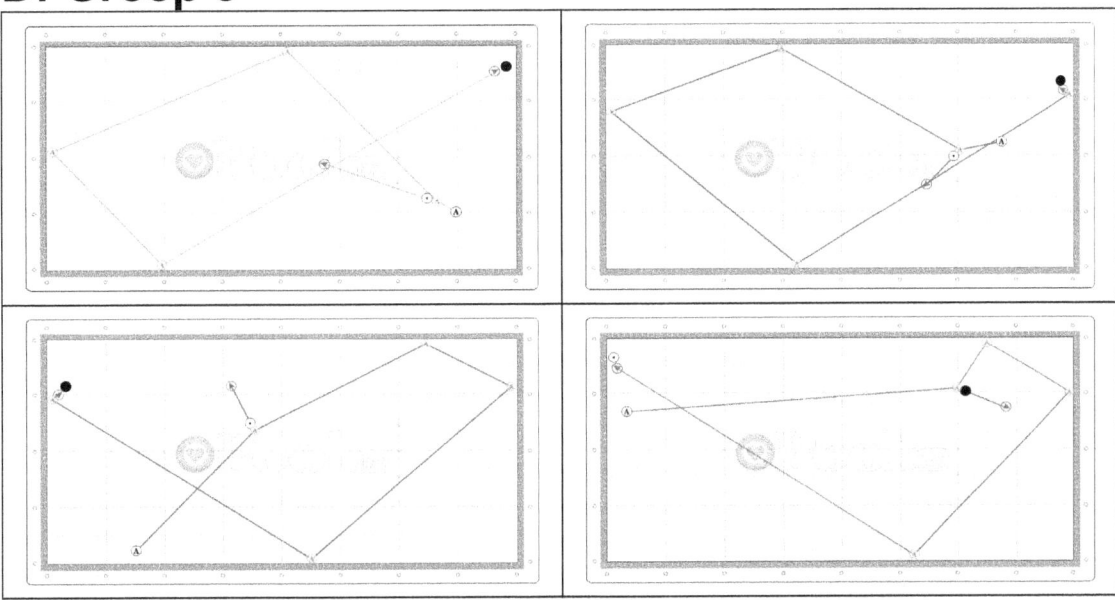

Analyse:

D:3a. _____

D:3b. _____

D:3c. _____

D:3d. _____

D:3a – Opstelling

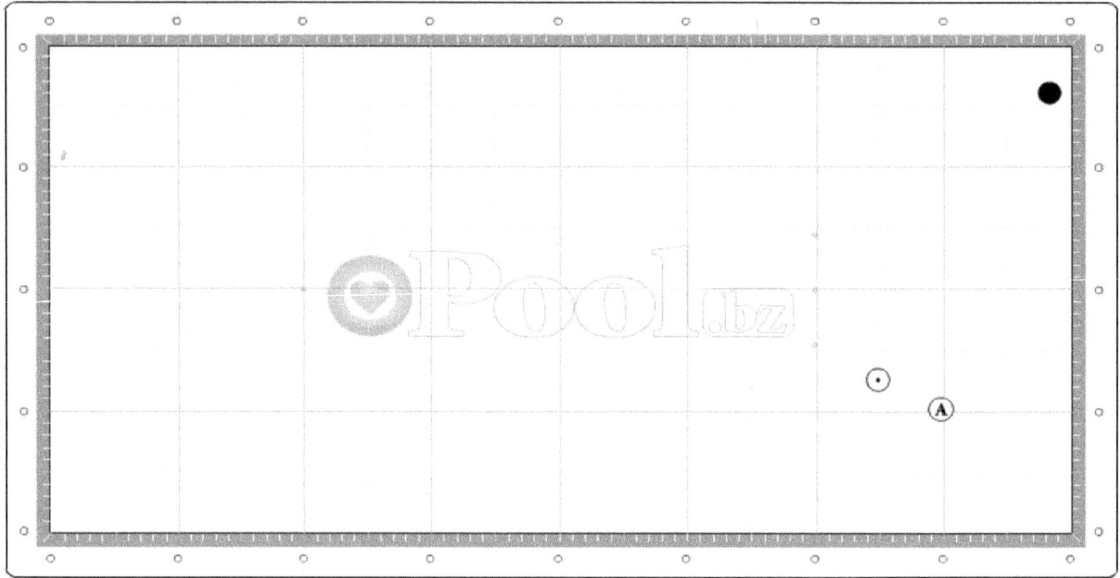

Opmerkingen en ideeën:

Schotpatroon

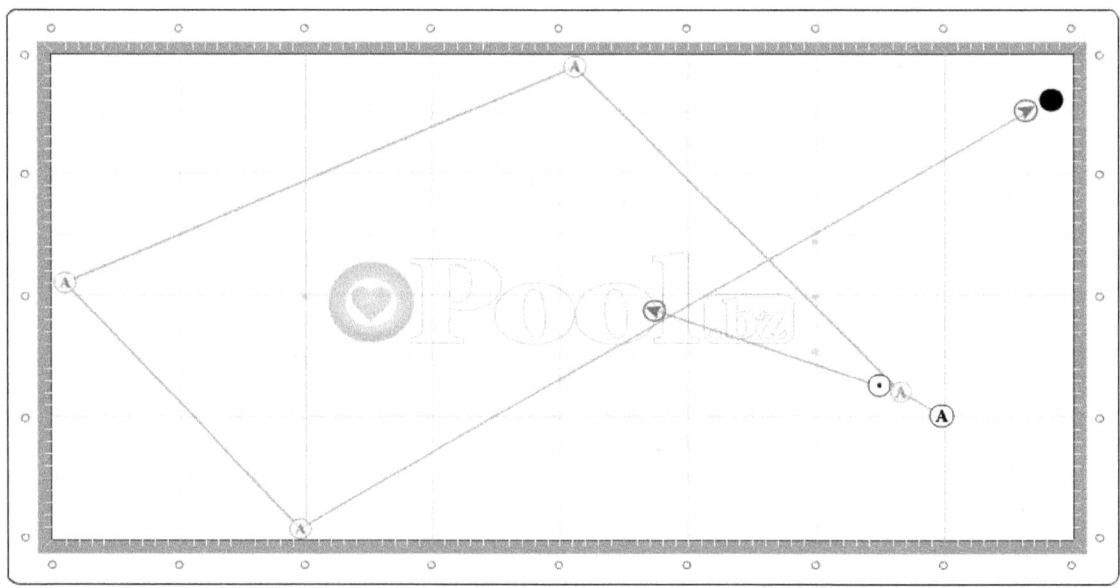

D:3b – Opstelling

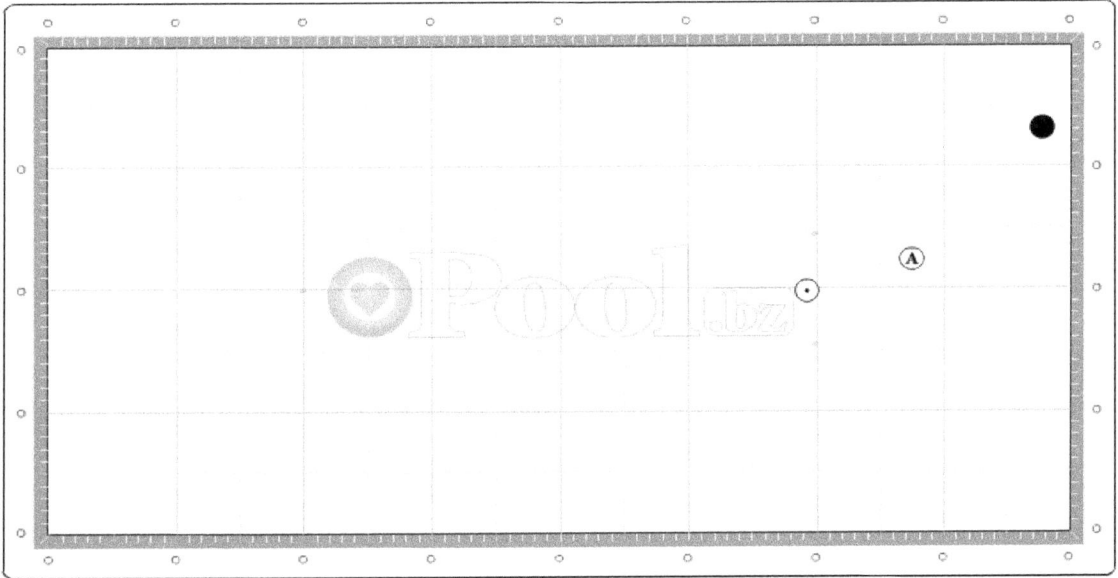

Opmerkingen en ideeën:

Schotpatroon

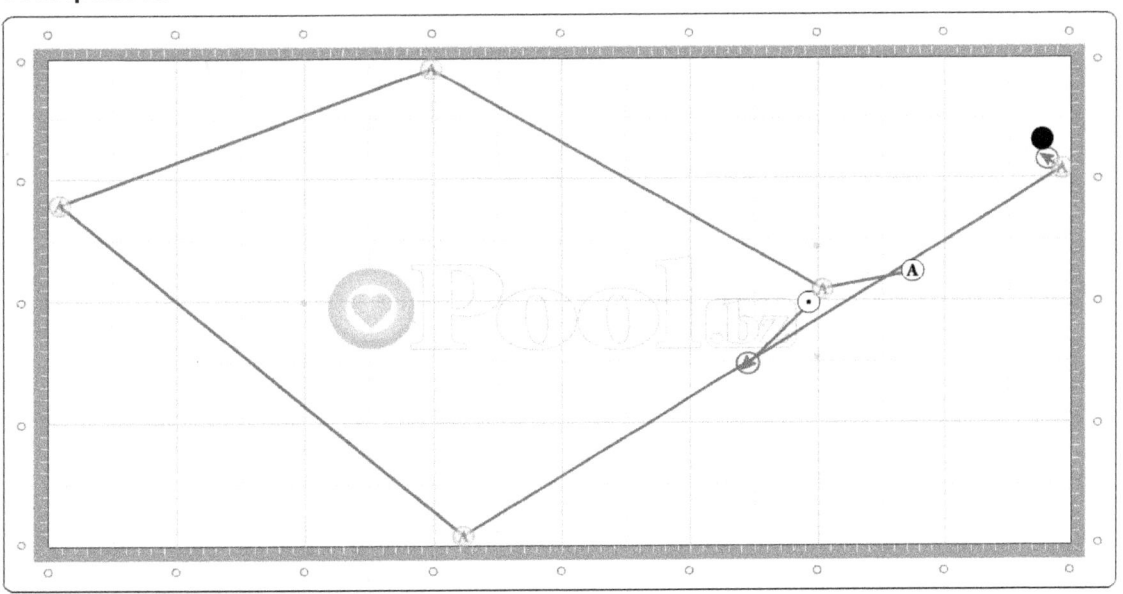

D:3c – Opstelling

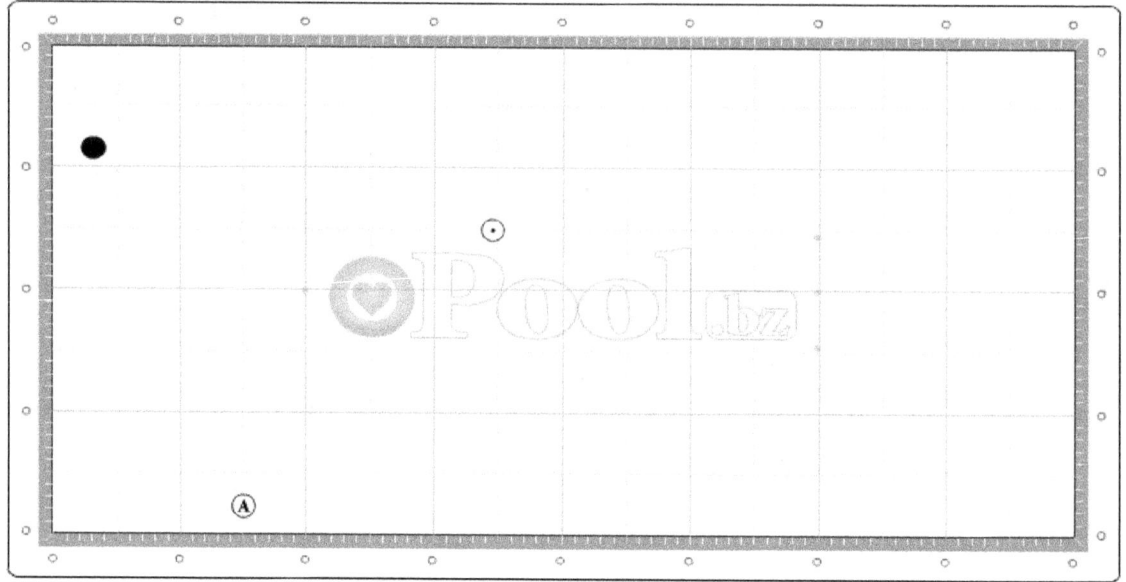

Opmerkingen en ideeën:

Schotpatroon

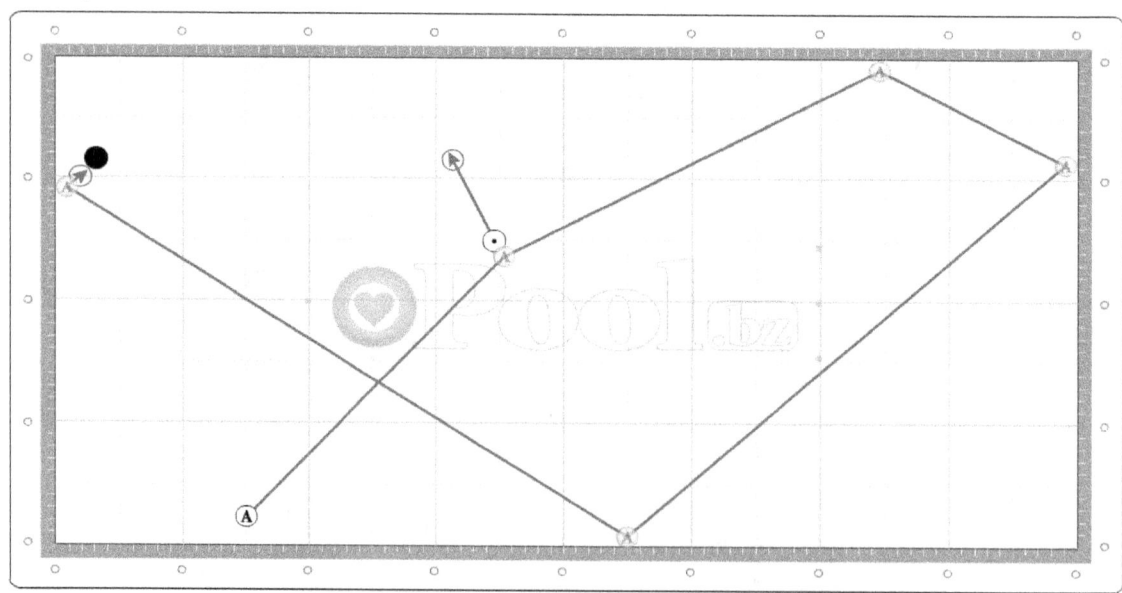

D:3d – Opstelling

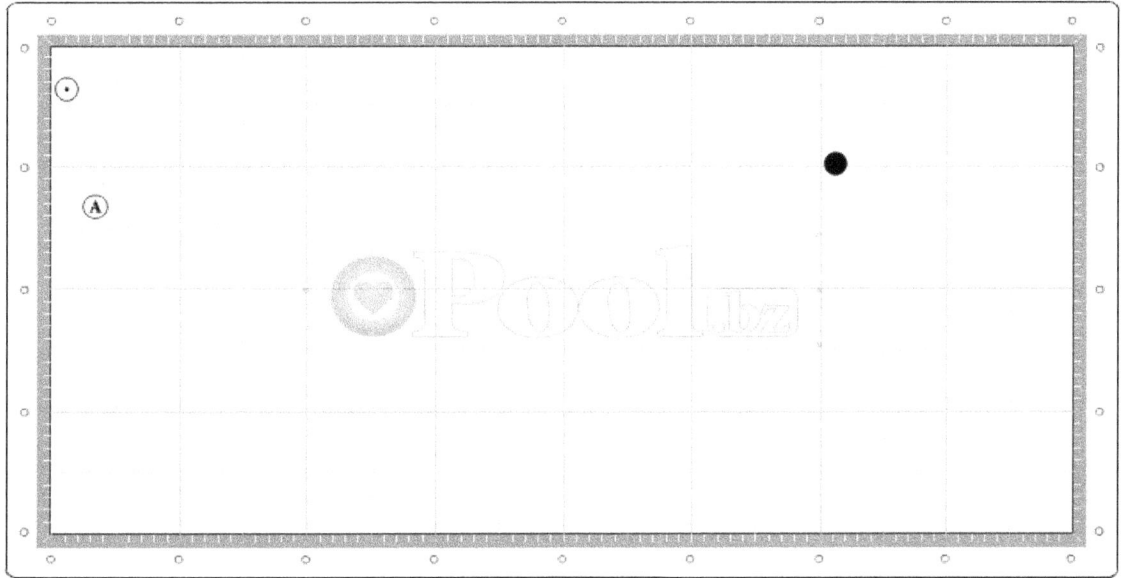

Opmerkingen en ideeën:

Schotpatroon

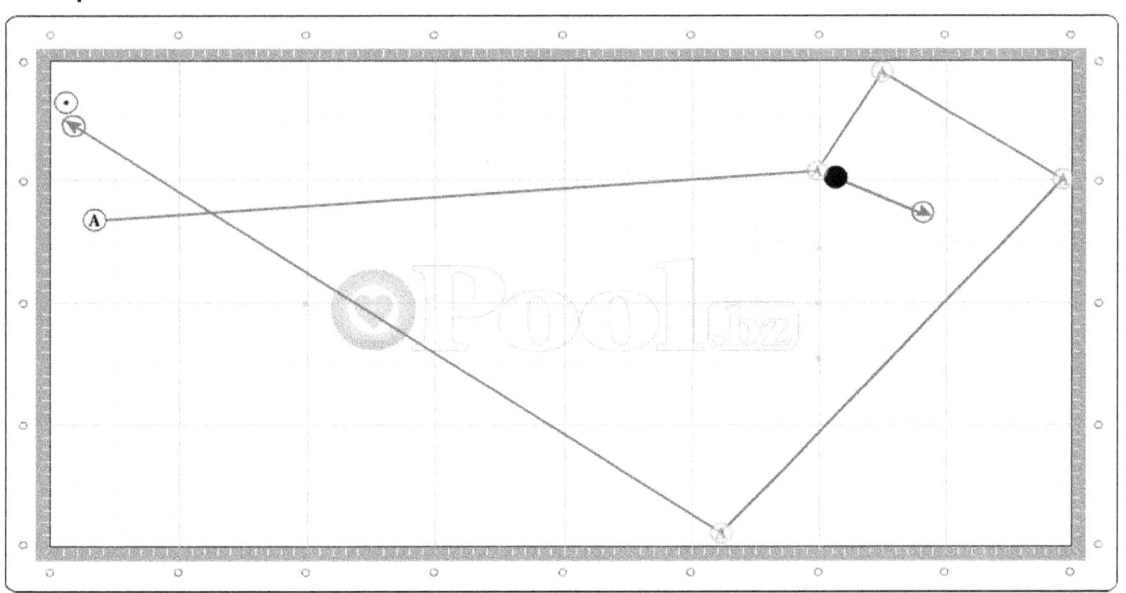

D: Groep 4

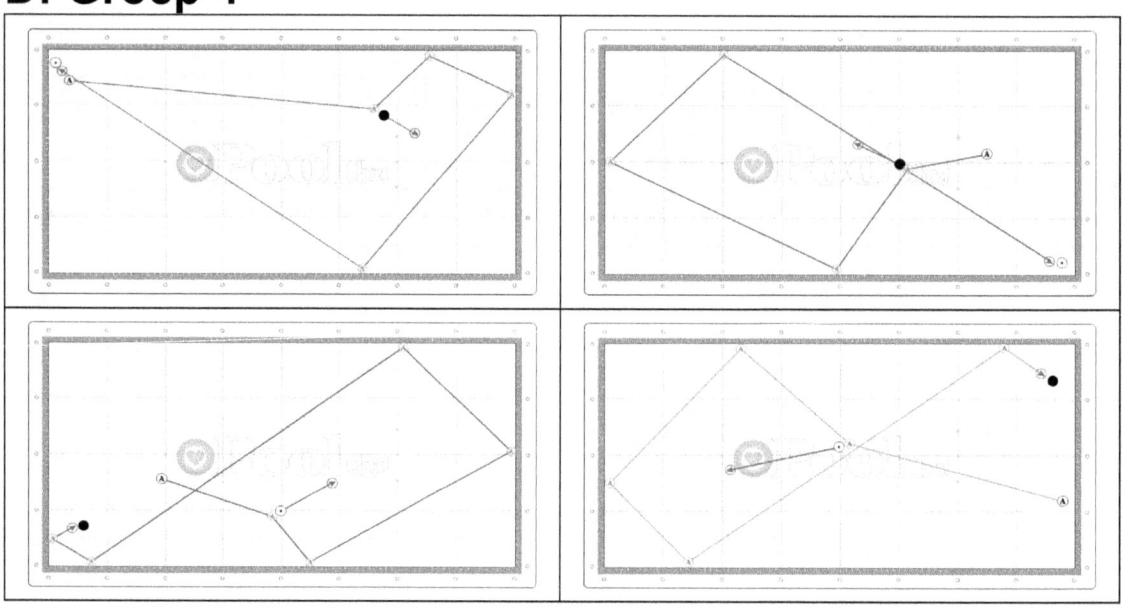

Analyse:

D:4a. _____

D:4b. _____

D:4c. _____

D:4d. _____

D:4a – Opstelling

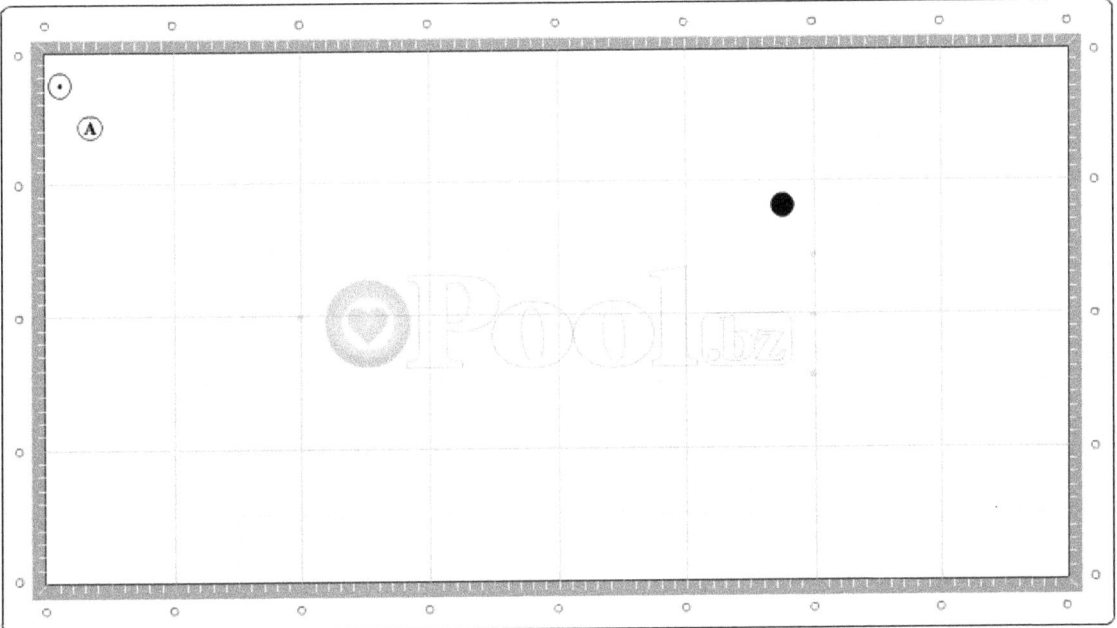

Opmerkingen en ideeën:

Schotpatroon

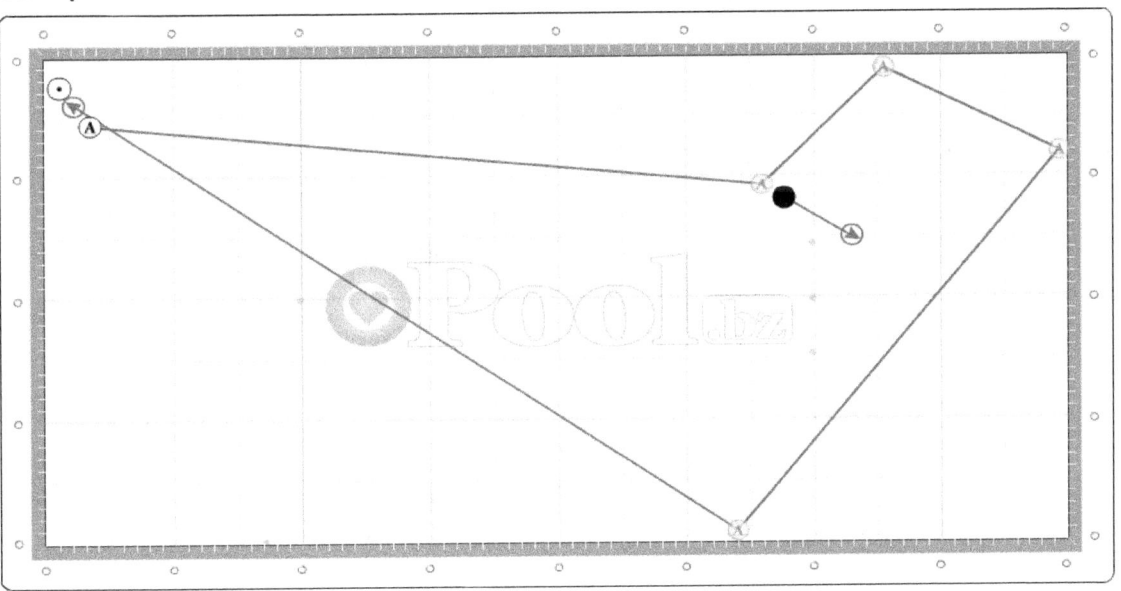

D:4b – Opstelling

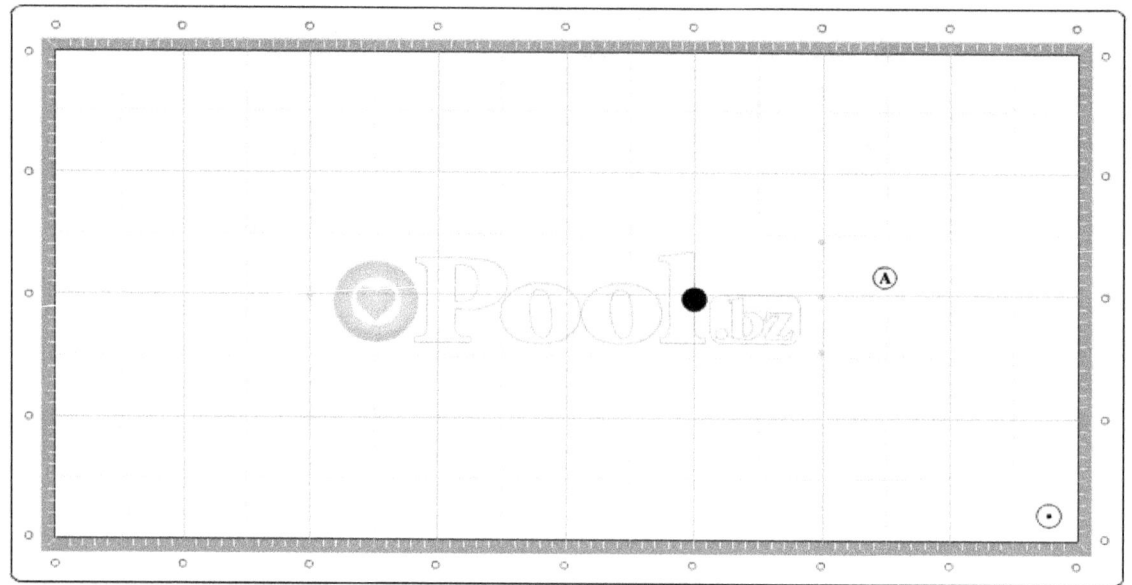

Opmerkingen en ideeën:

Schotpatroon

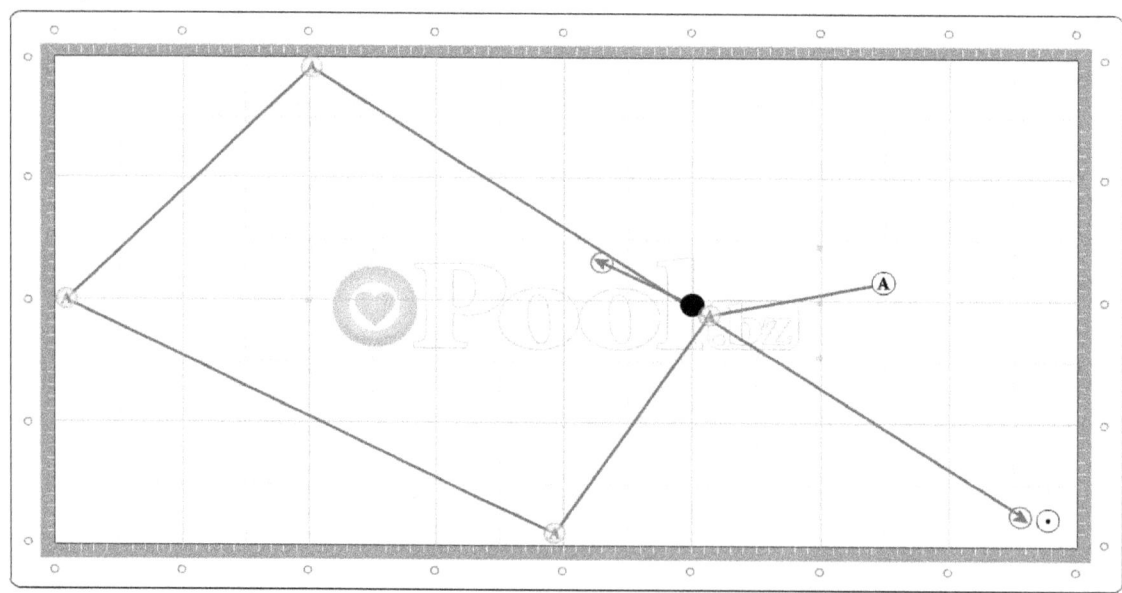

D:4c – Opstelling

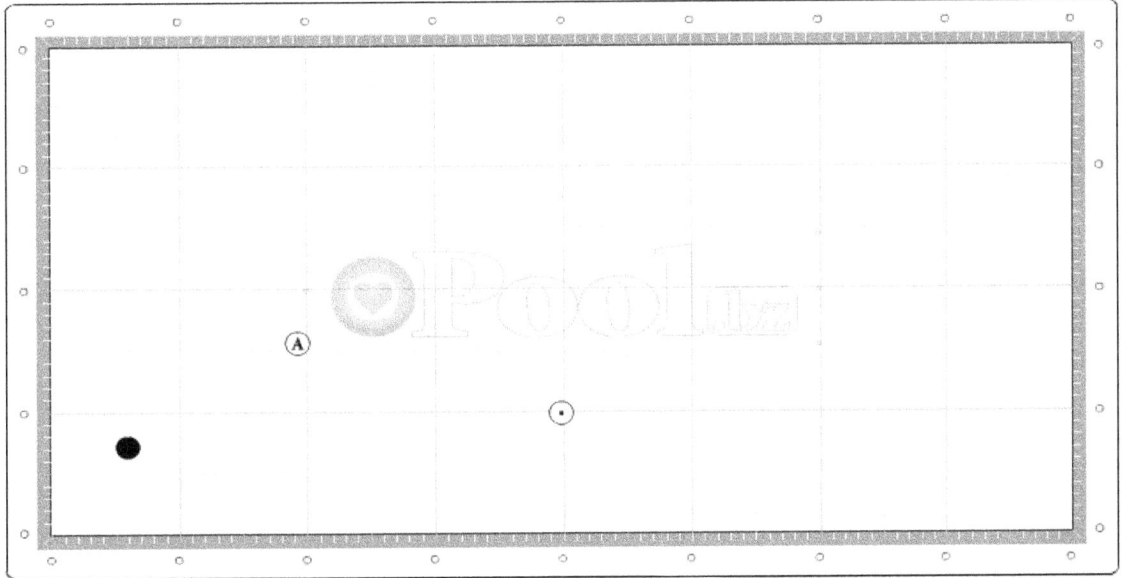

Opmerkingen en ideeën:

Schotpatroon

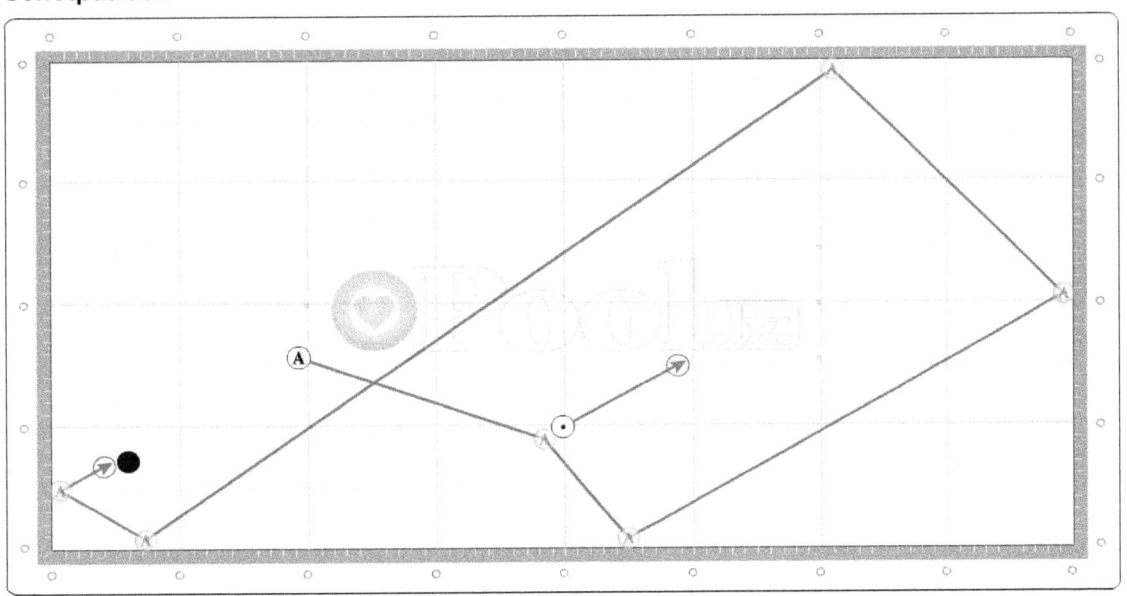

D:4d – Opstelling

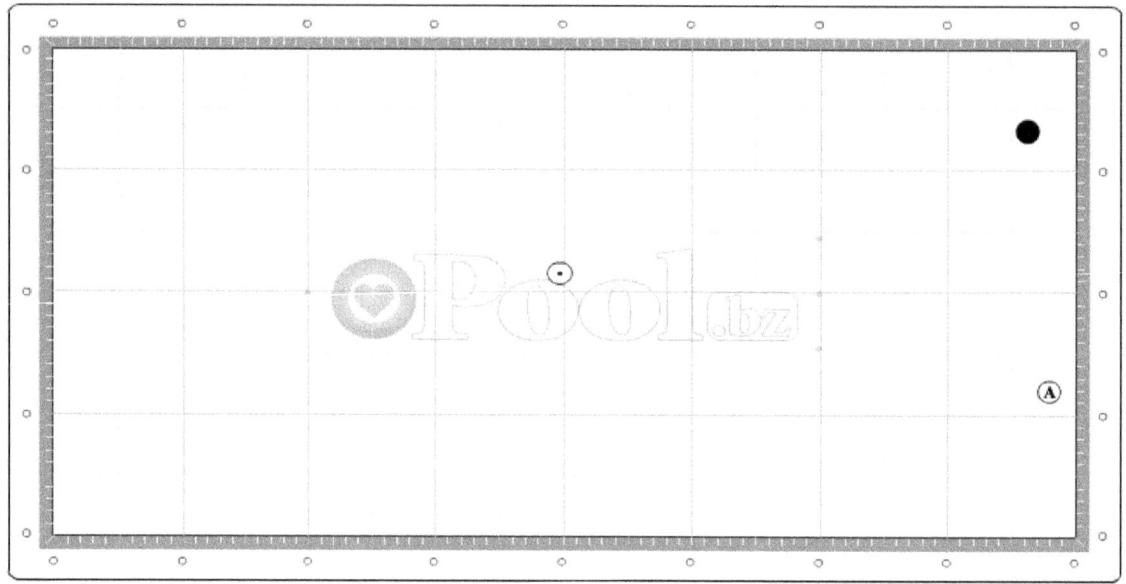

Opmerkingen en ideeën:

Schotpatroon

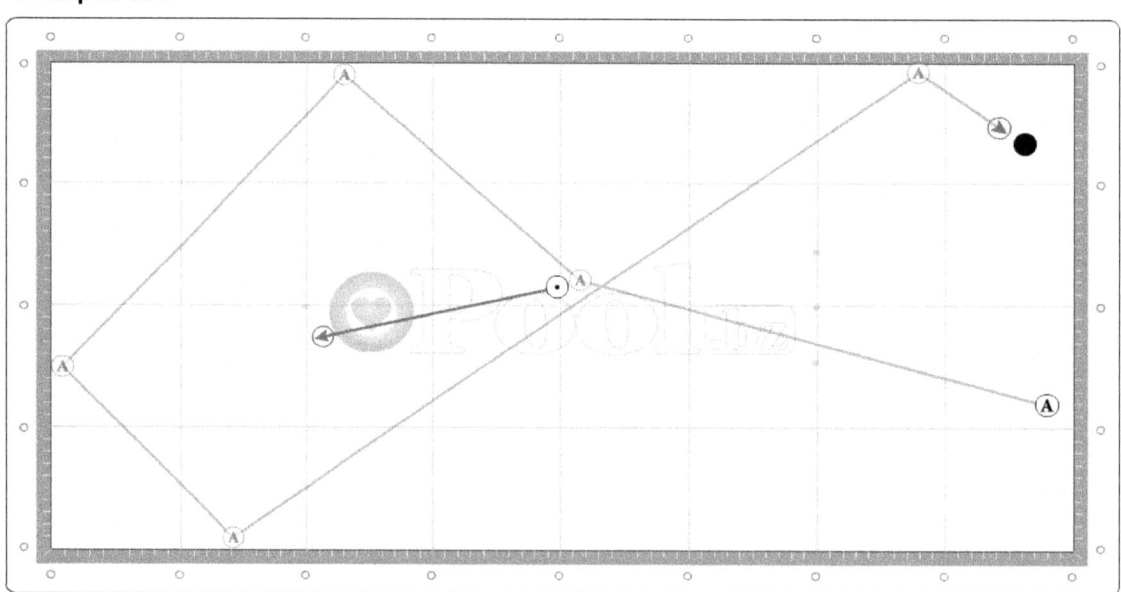

D: Groep 5

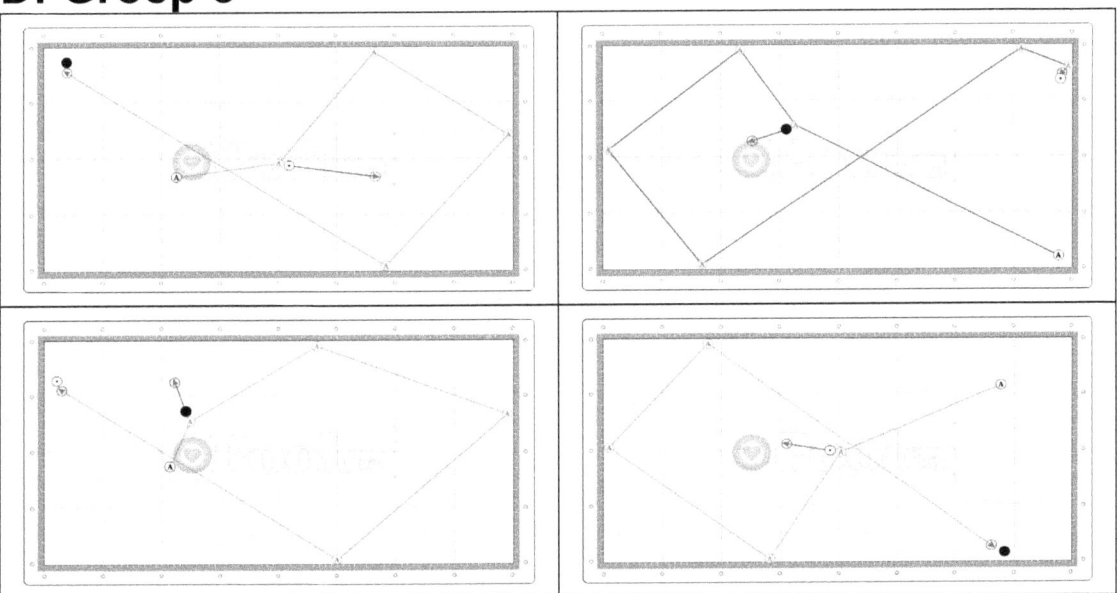

Analyse:

D:5a. _____

D:5b. _____

D:5c. _____

D:5d. _____

D:5a – Opstelling

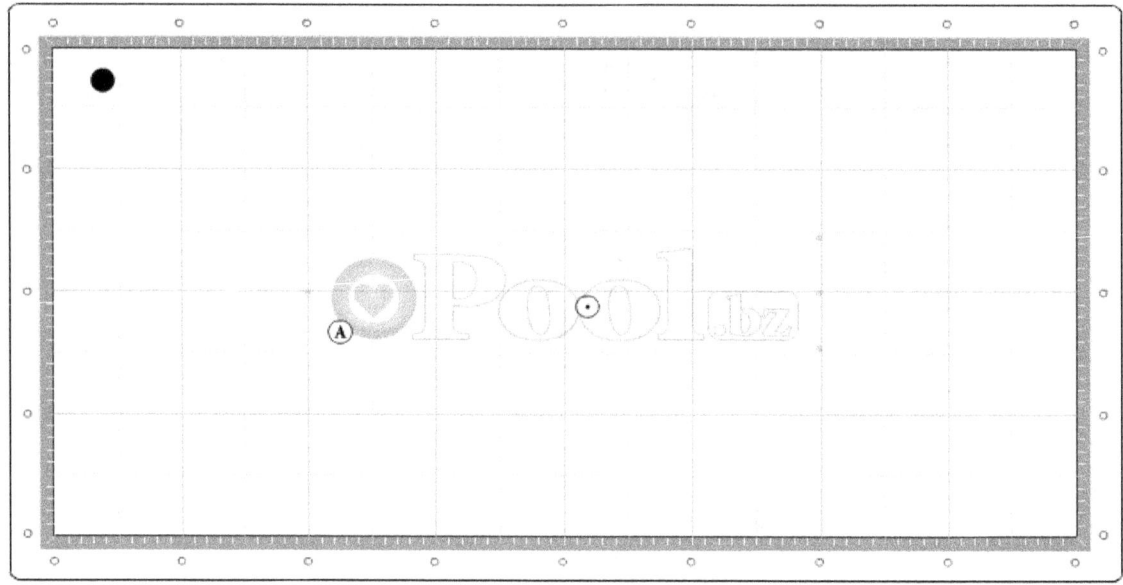

Opmerkingen en ideeën:

Schotpatroon

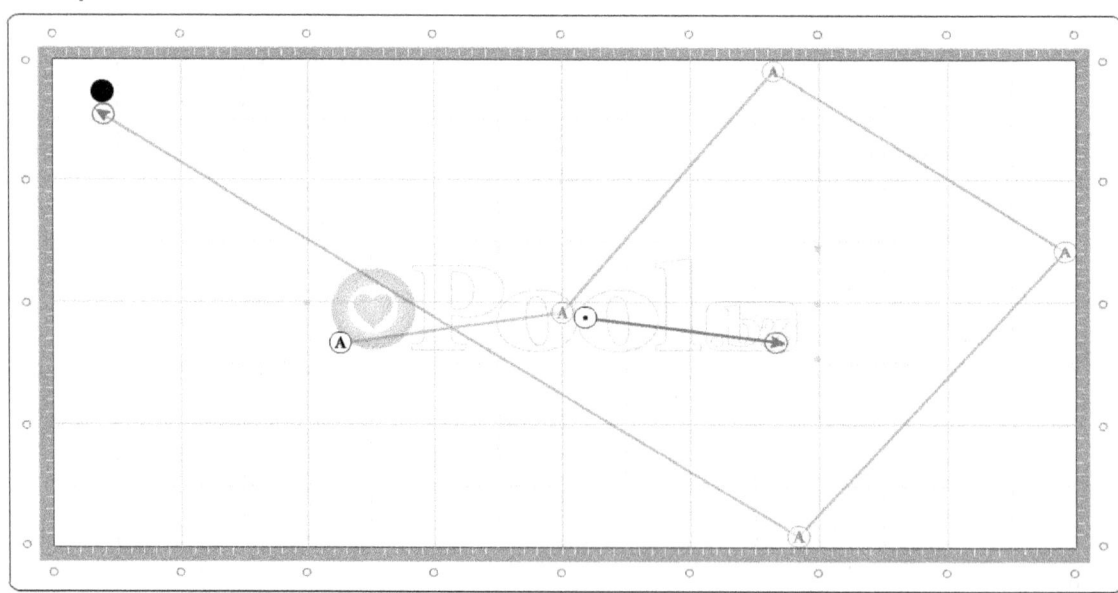

D:5b – Opstelling

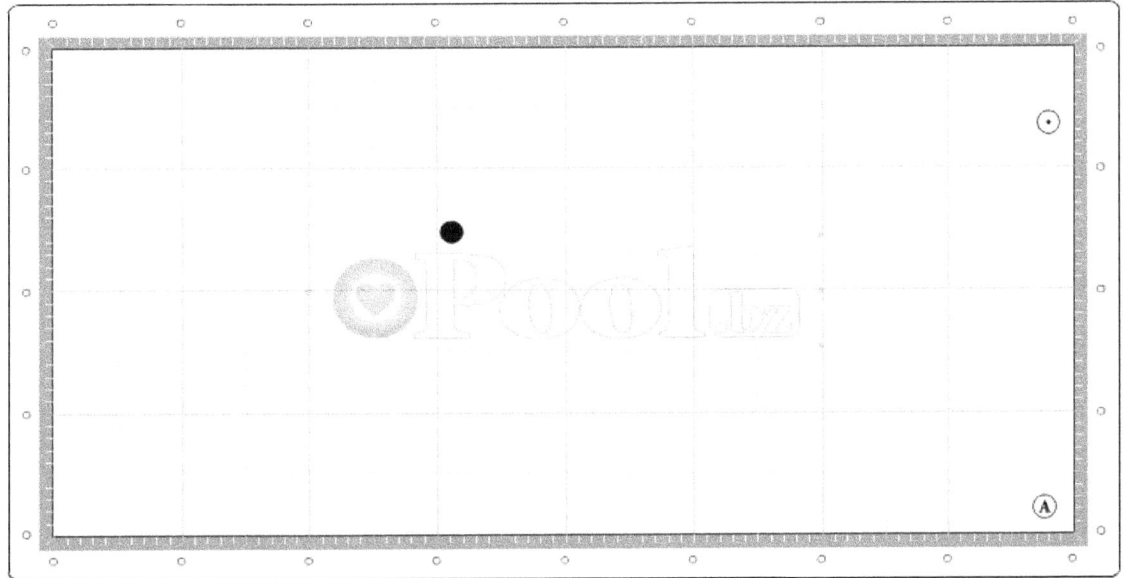

Opmerkingen en ideeën:

Schotpatroon

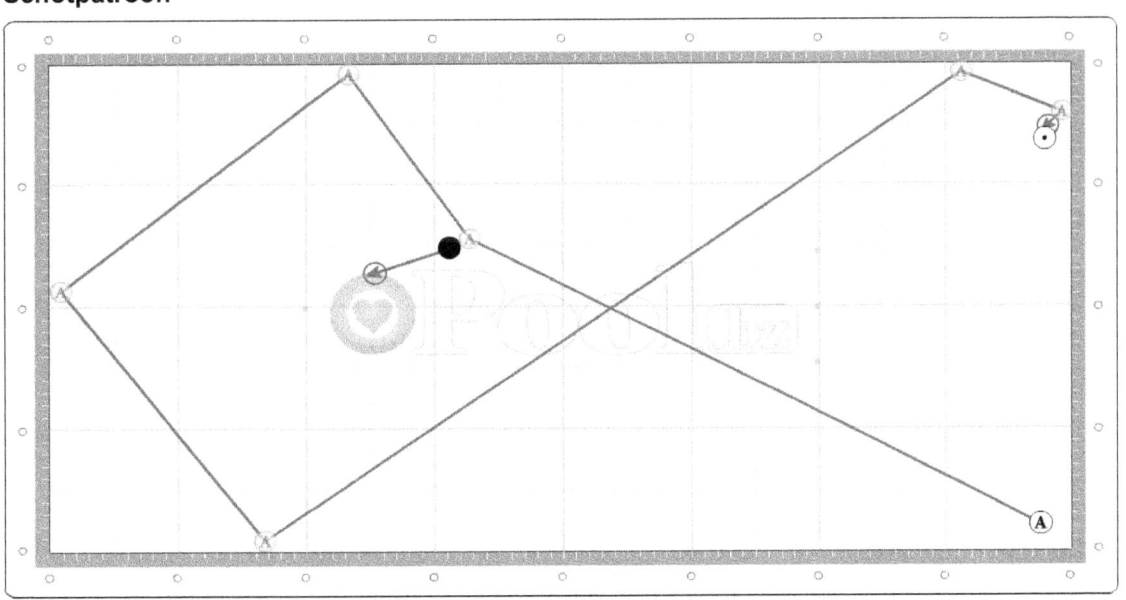

D:5c – Opstelling

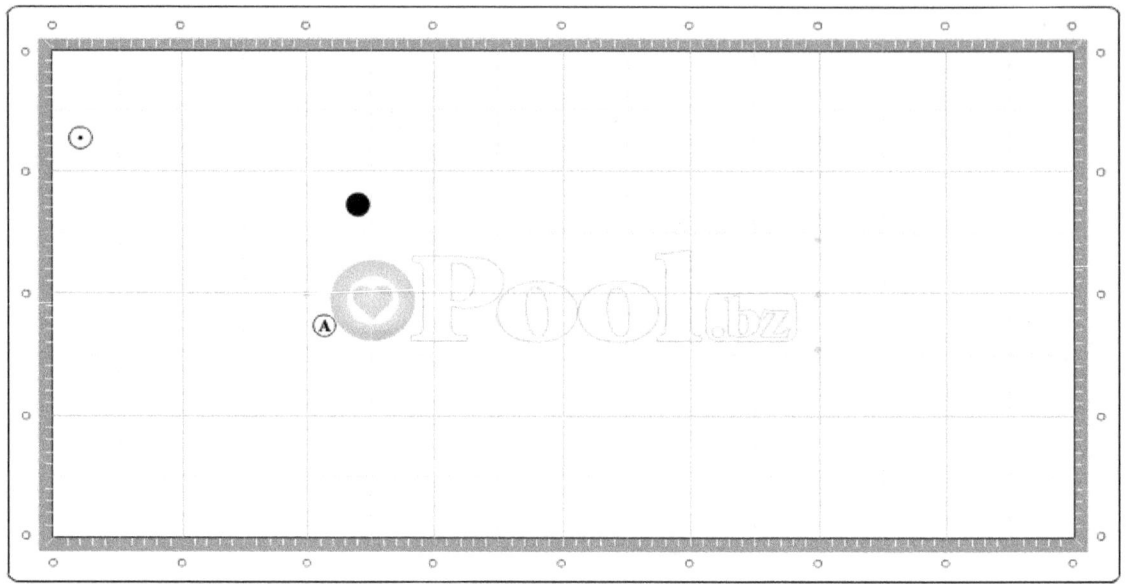

Opmerkingen en ideeën:

Schotpatroon

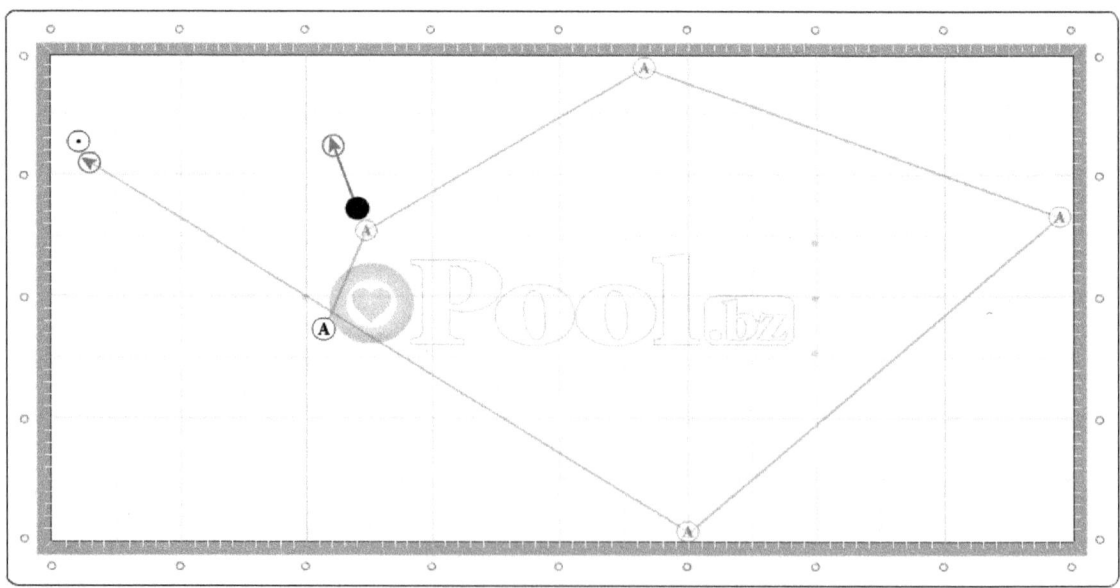

D:5d – Opstelling

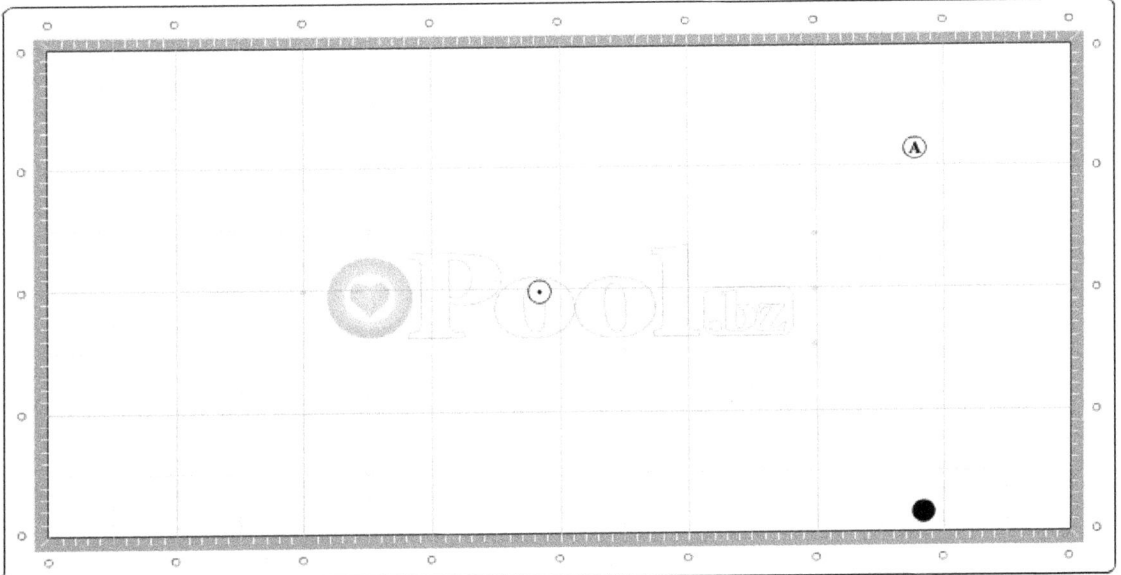

Opmerkingen en ideeën:

Schotpatroon

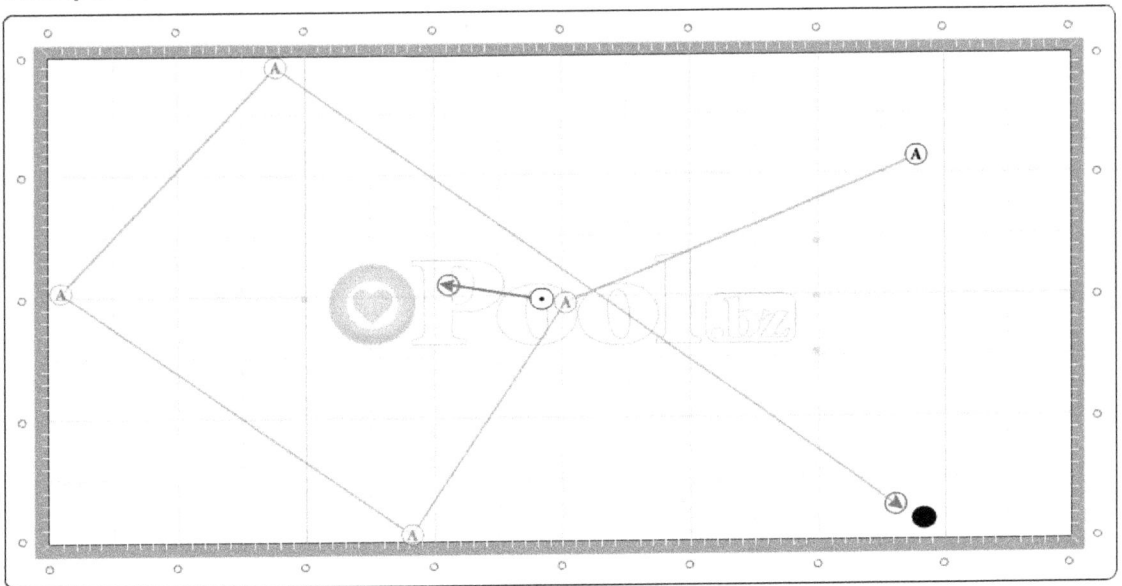

D: Groep 6

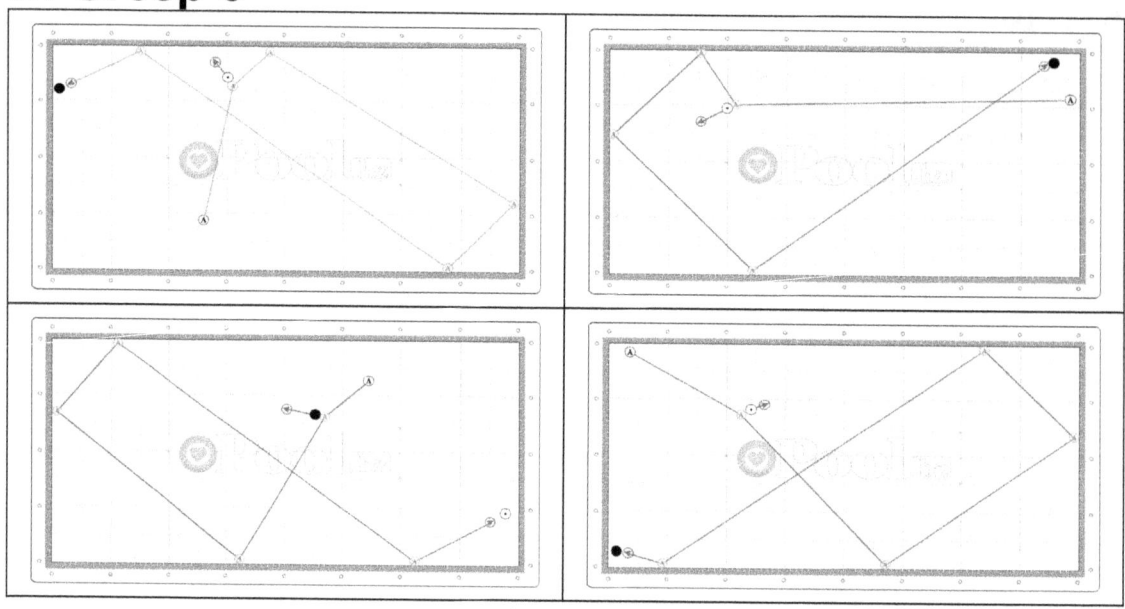

Analyse:

D:6a. _____

D:6b. _____

D:6c. _____

D:6d. _____

D:6a – Opstelling

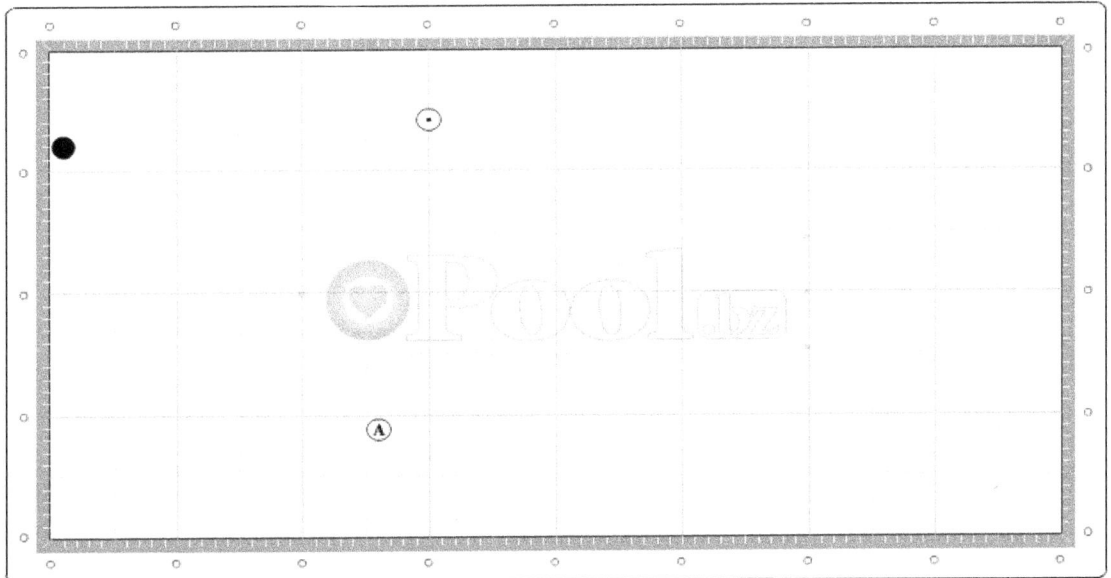

Opmerkingen en ideeën:

Schotpatroon

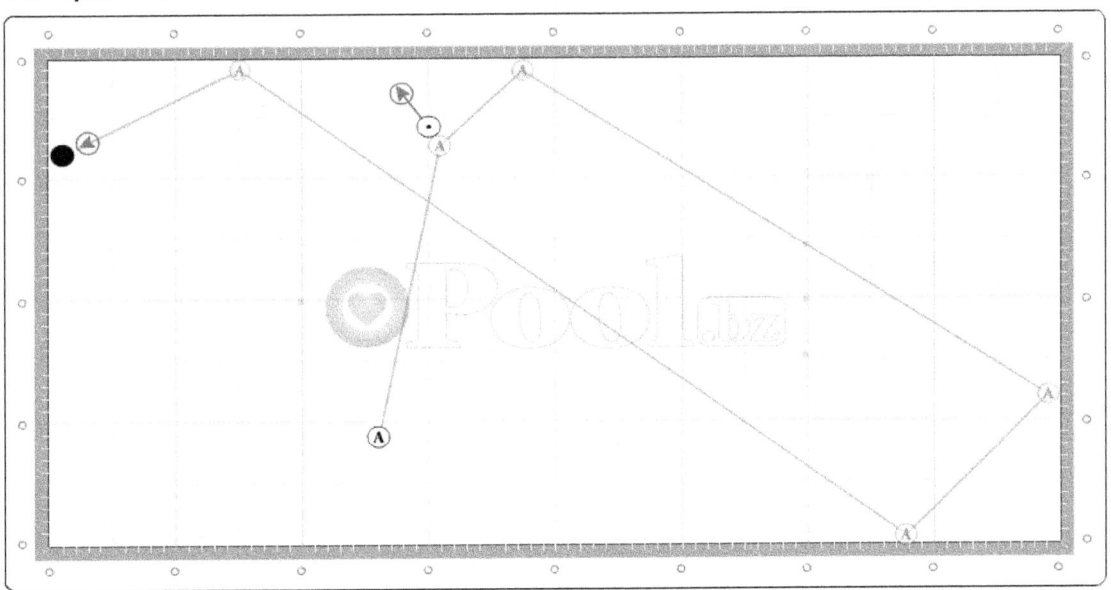

D:6b – Opstelling

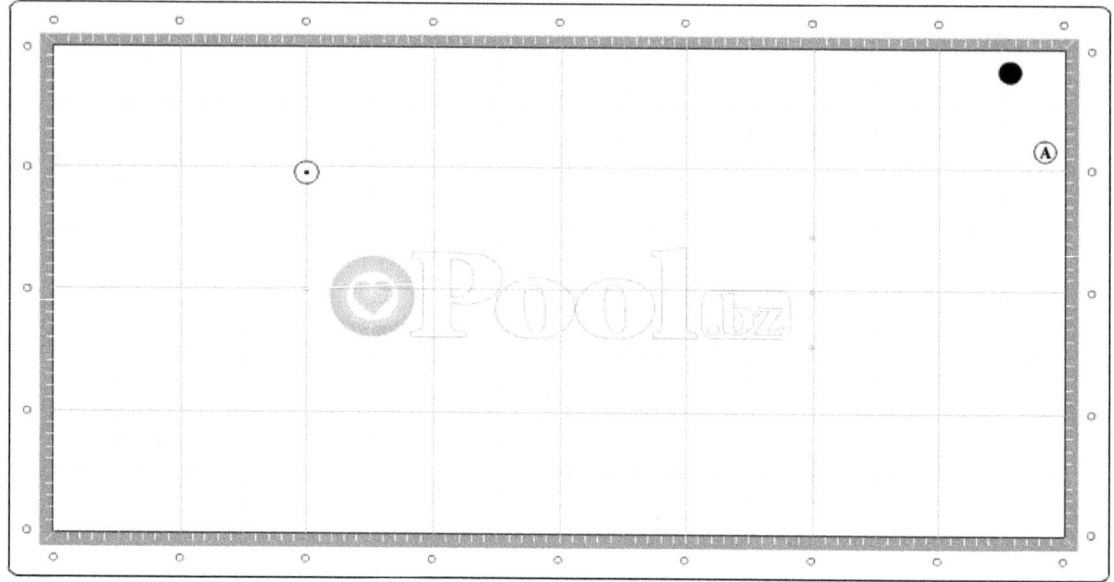

Opmerkingen en ideeën:

Schotpatroon

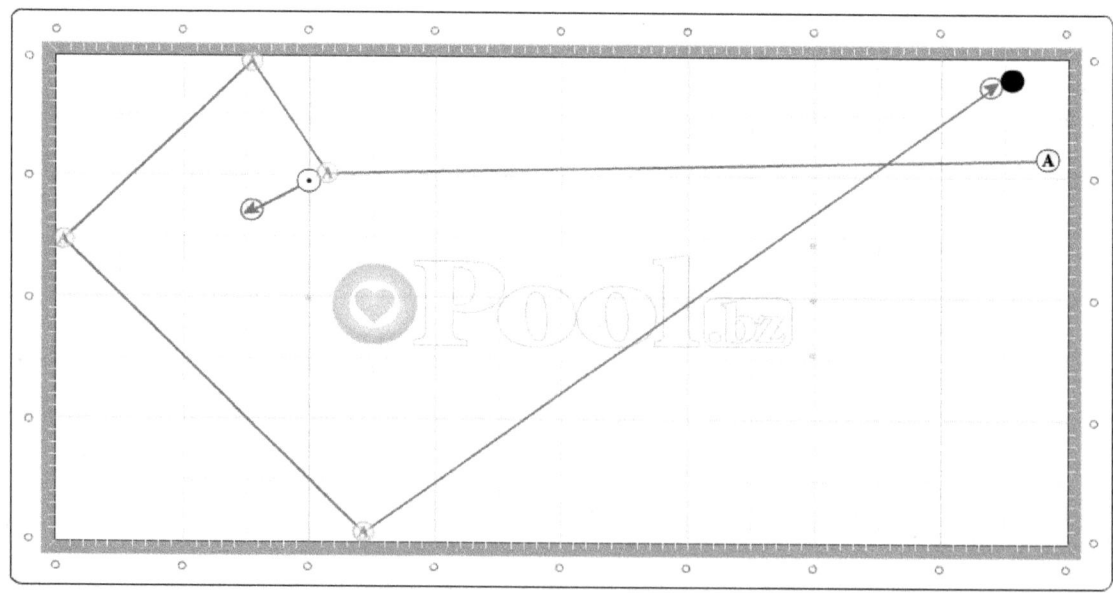

D:6c – Opstelling

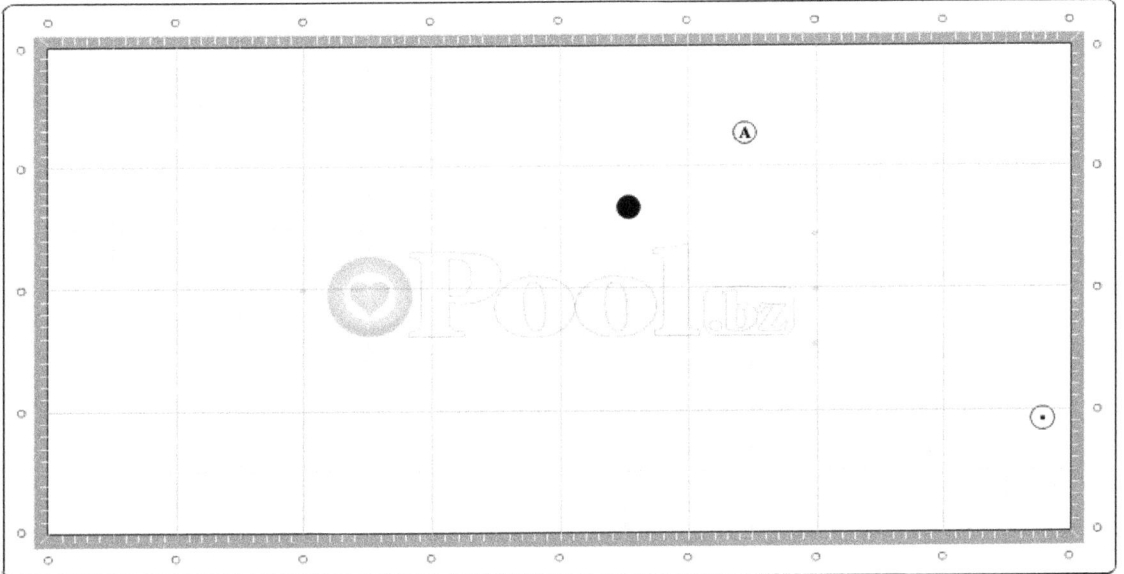

Opmerkingen en ideeën:

Schotpatroon

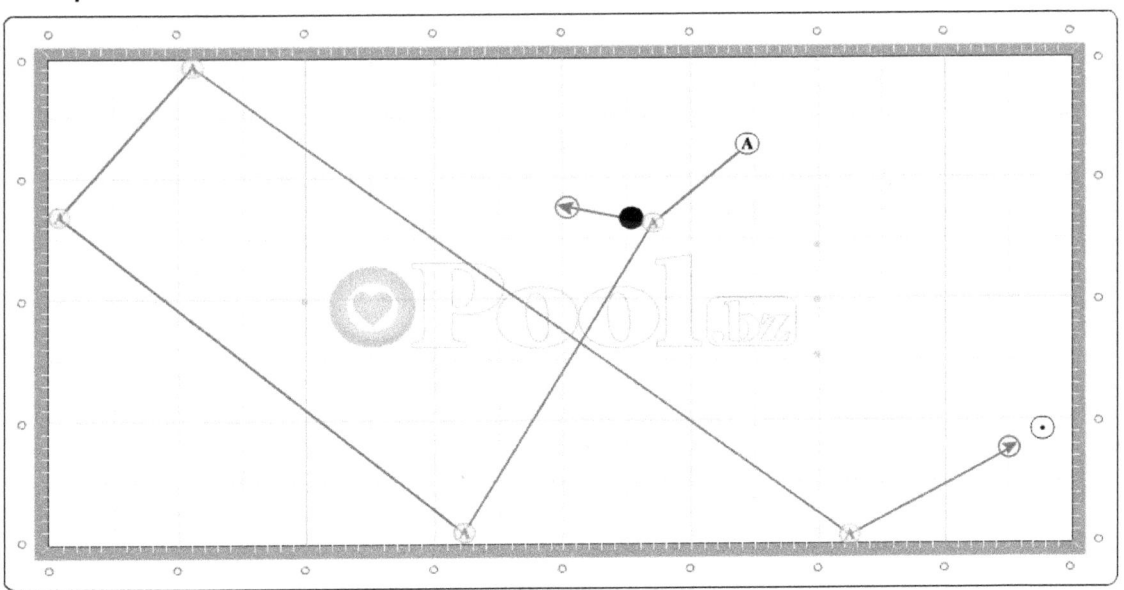

D:6d – Opstelling

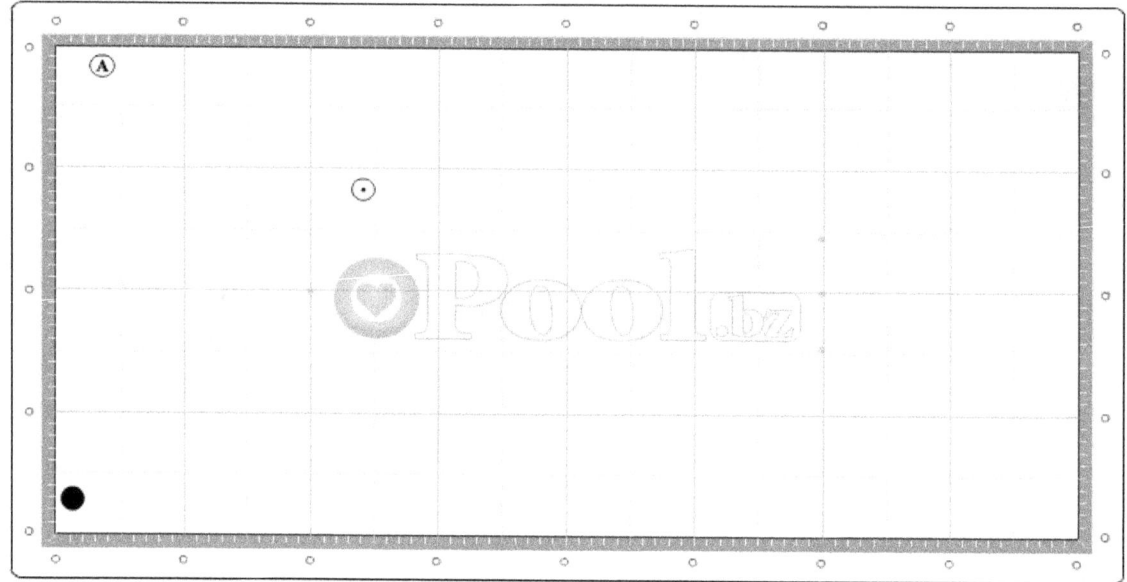

Opmerkingen en ideeën:

Schotpatroon

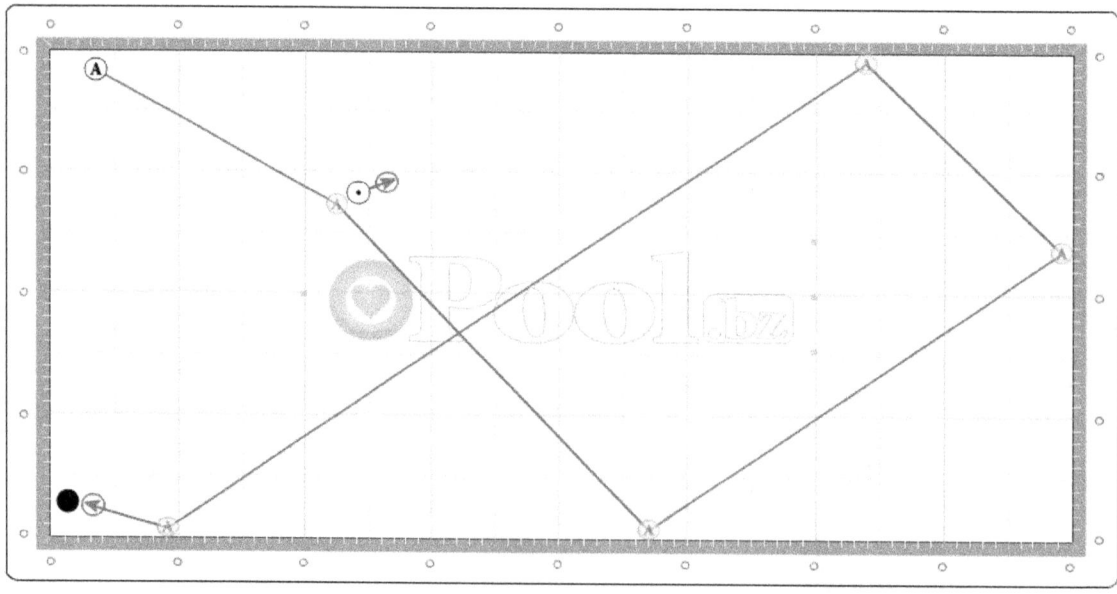

D: Groep 7

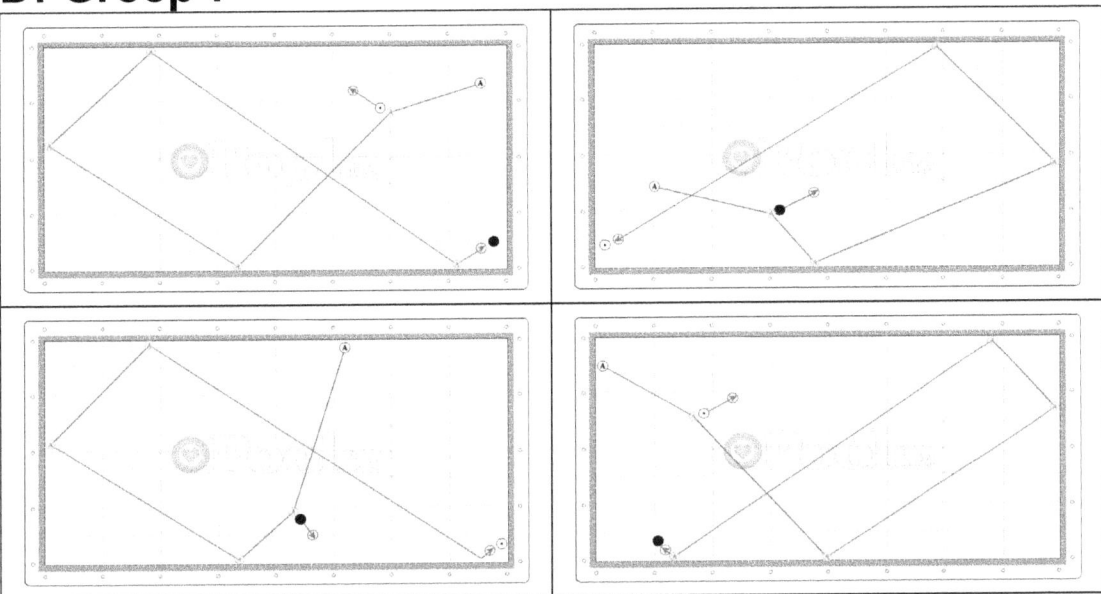

Analyse:

D:7a. _____

D:7b. _____

D:7c. _____

D:7d. _____

D:7a – Opstelling

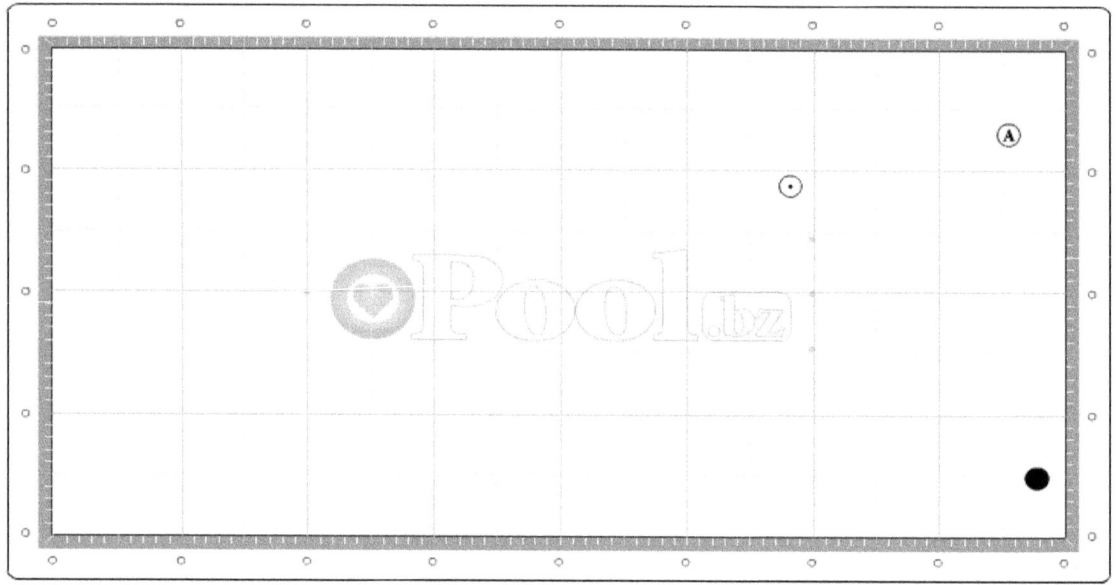

Opmerkingen en ideeën:

Schotpatroon

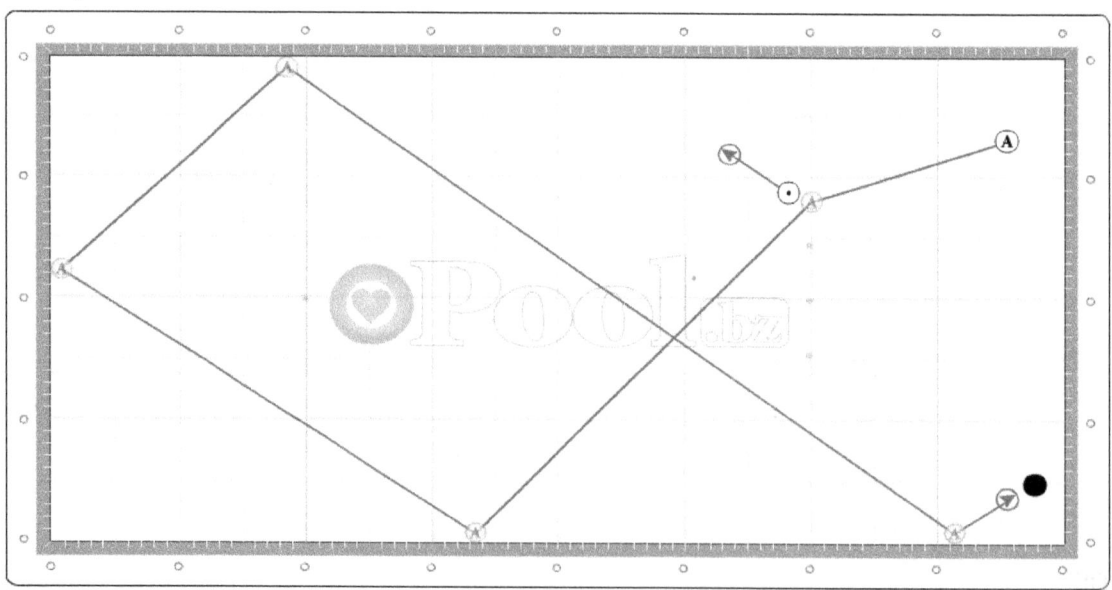

D:7b – Opstelling

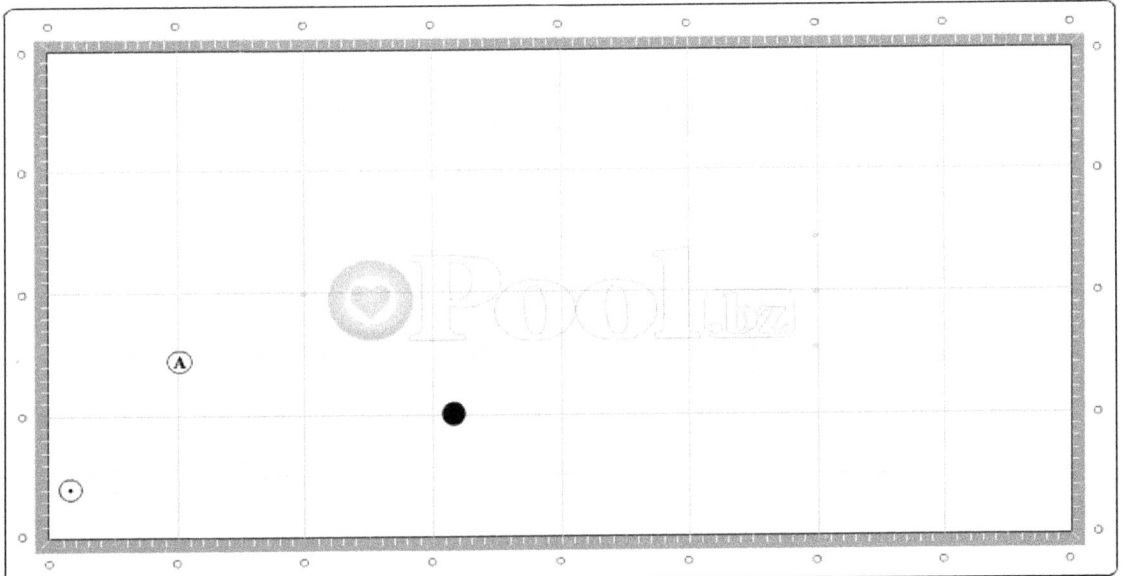

Opmerkingen en ideeën:

Schotpatroon

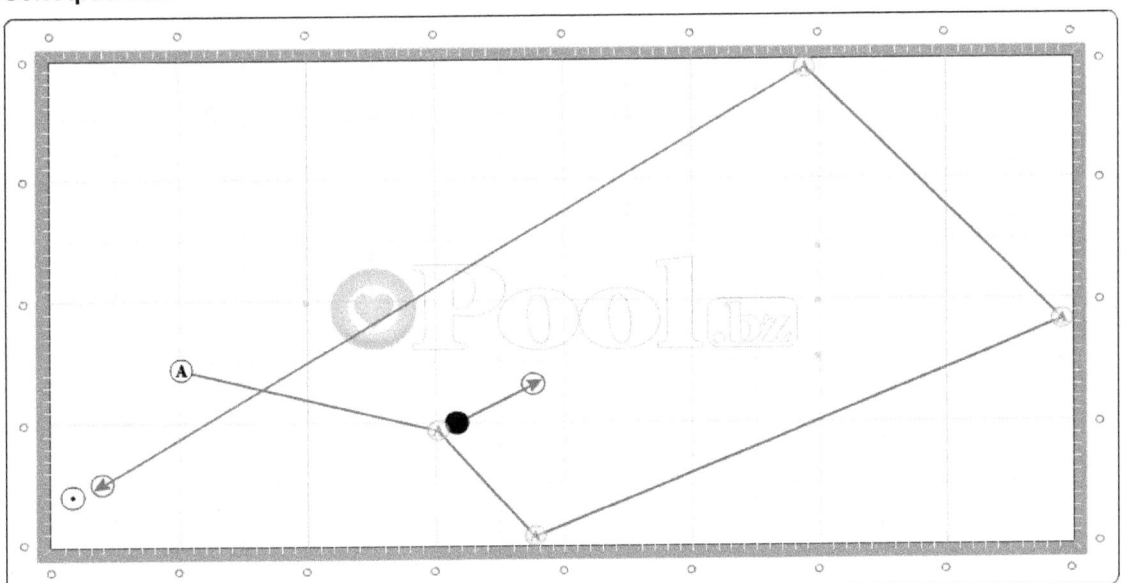

D:7c – Opstelling

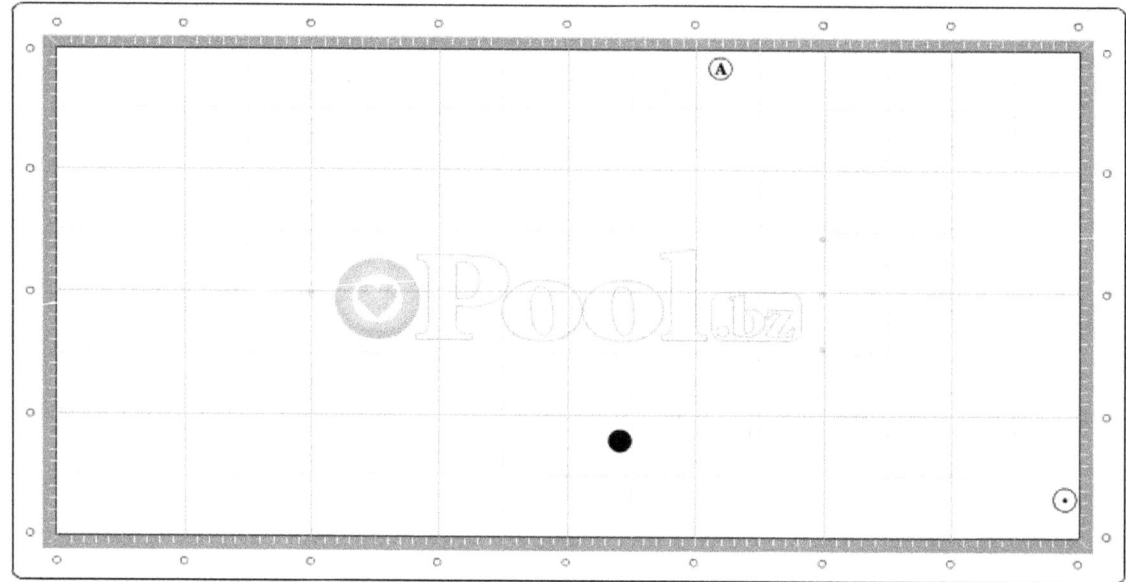

Opmerkingen en ideeën:

Schotpatroon

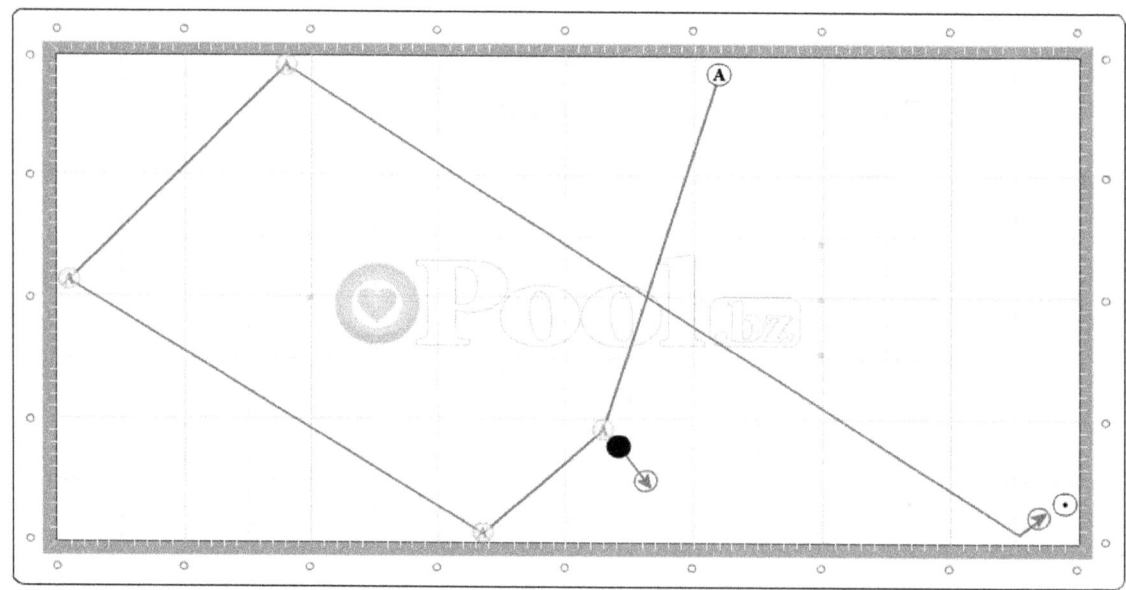

D:7d – Opstelling

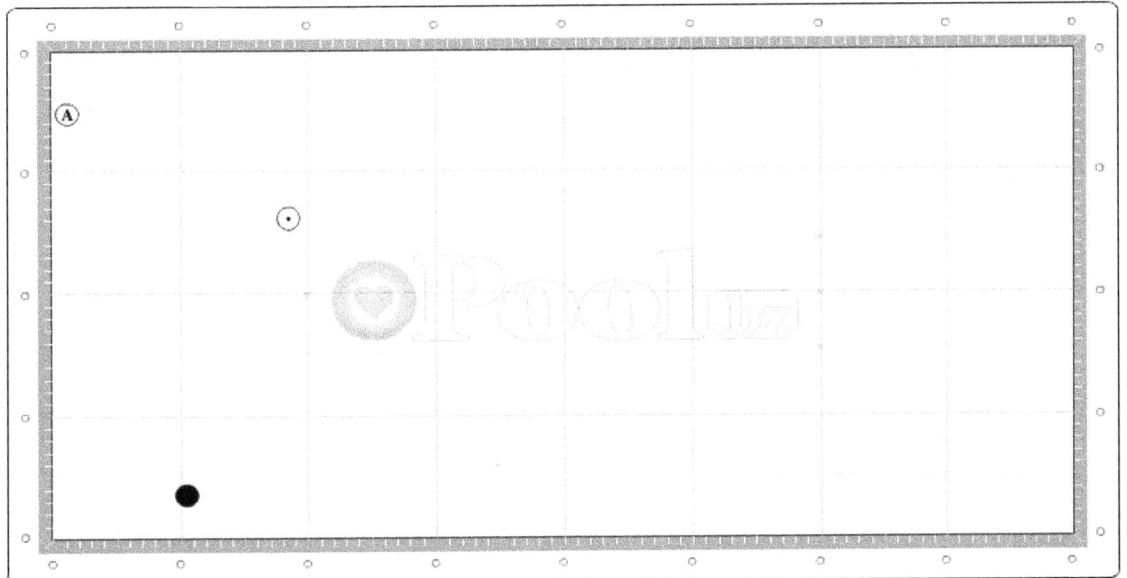

Opmerkingen en ideeën:

Schotpatroon

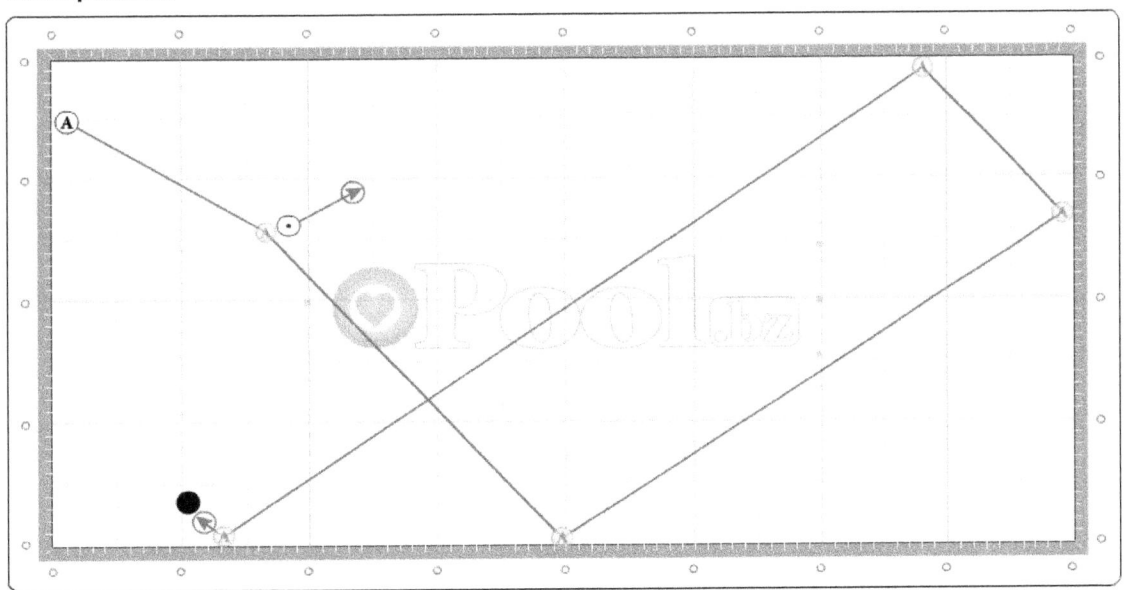

D: Groep 8

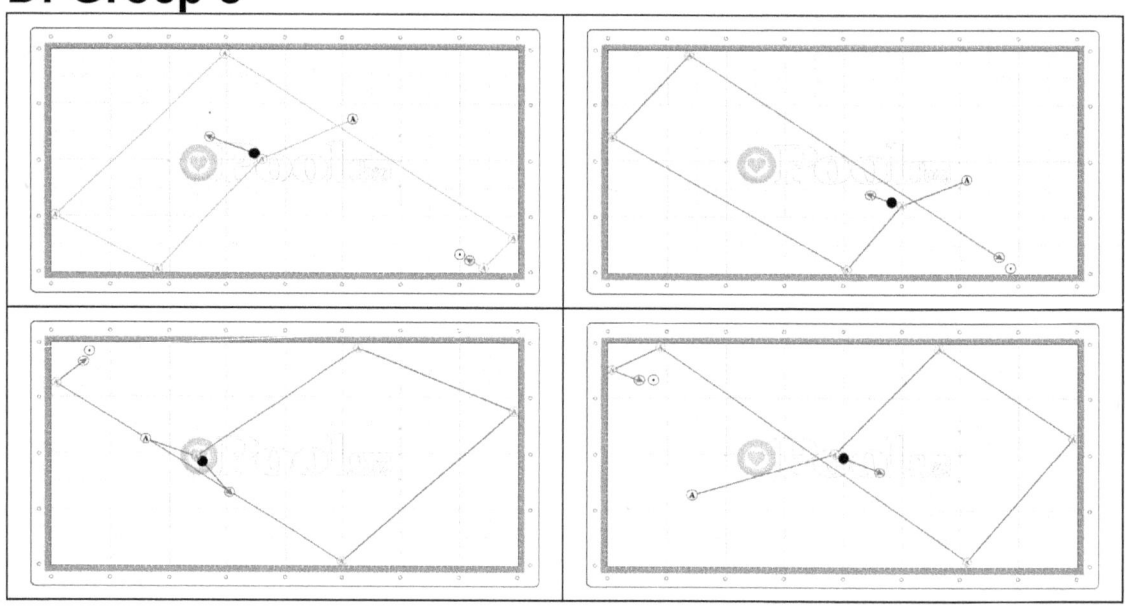

Analyse:

D:8a. _____

D:8b. _____

D:8c. _____

D:8d. _____

D:8a – Opstelling

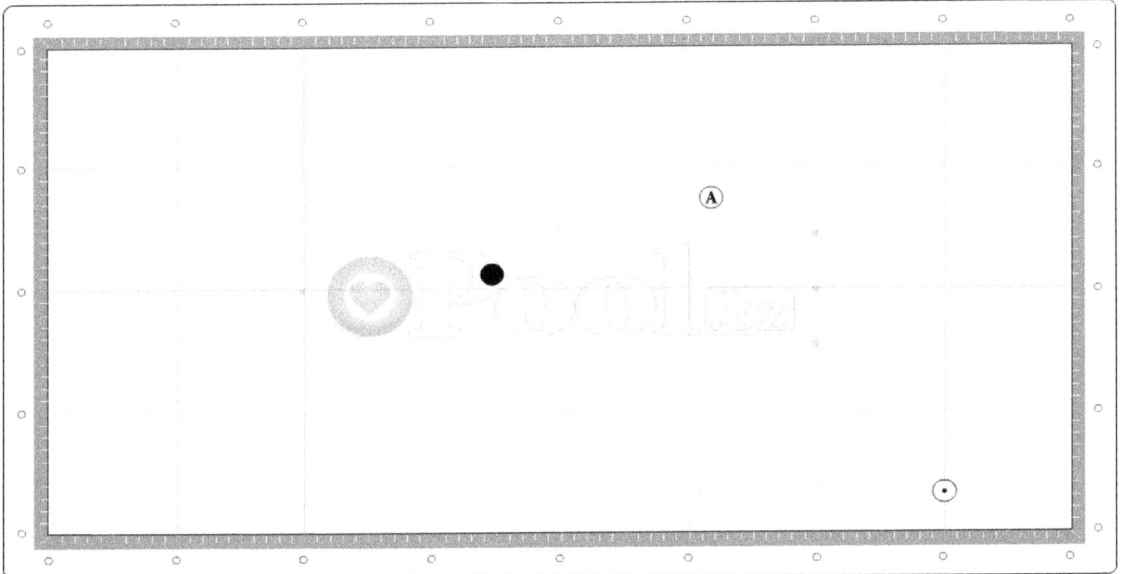

Opmerkingen en ideeën:

Schotpatroon

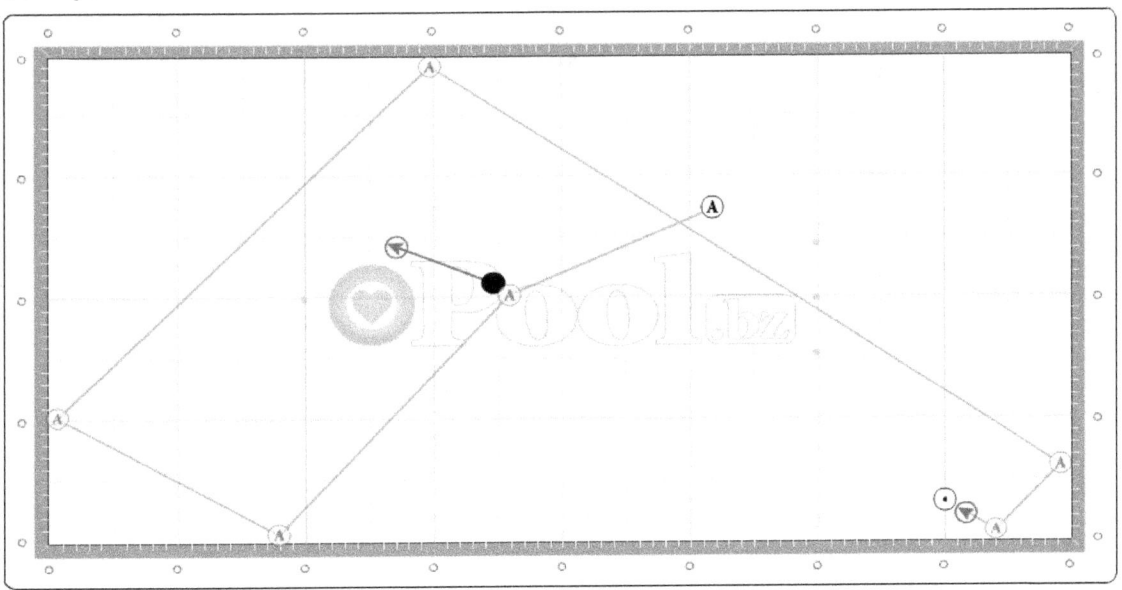

D:8b – Opstelling

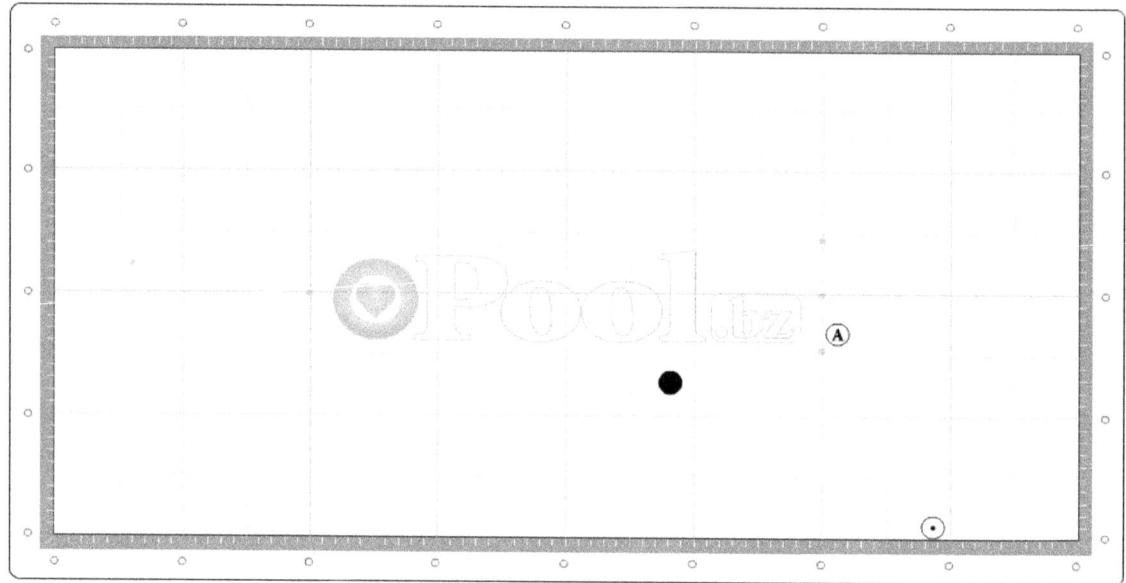

Opmerkingen en ideeën:

Schotpatroon

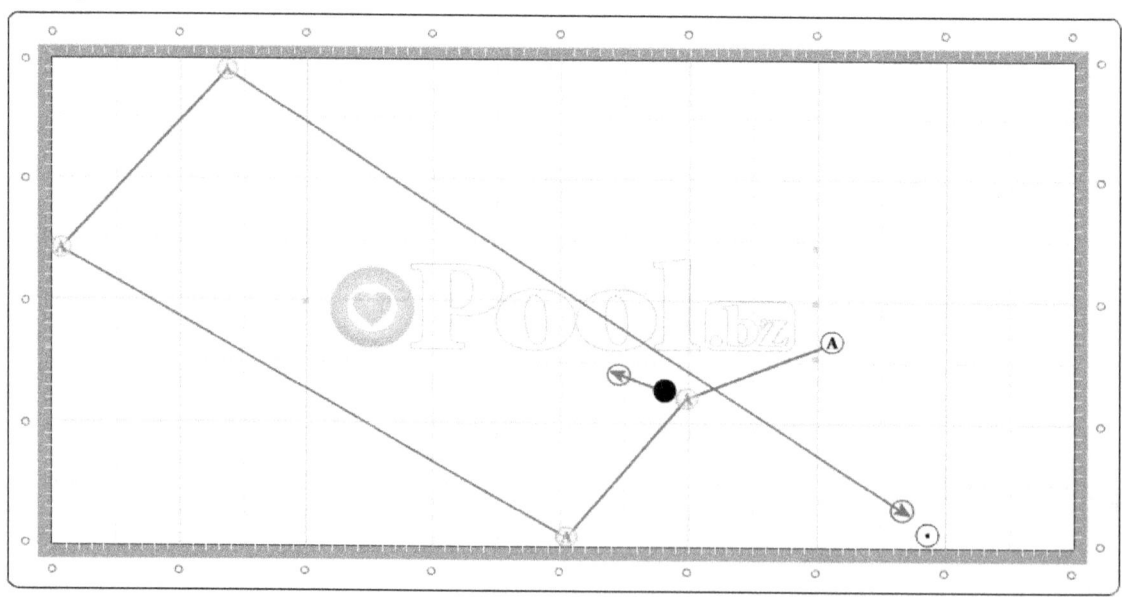

D:8c – Opstelling

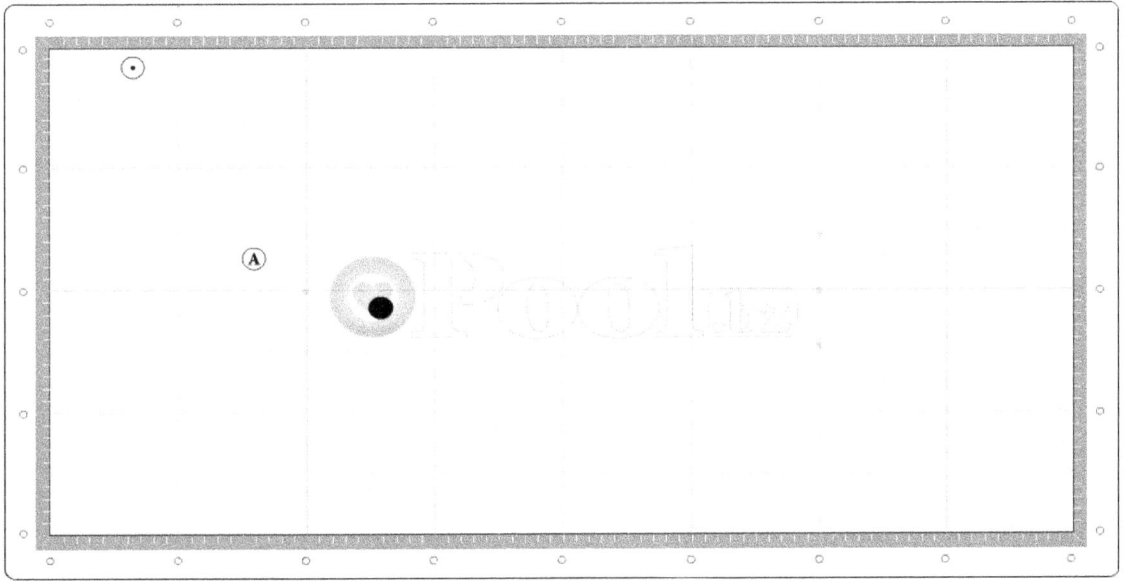

Opmerkingen en ideeën:

Schotpatroon

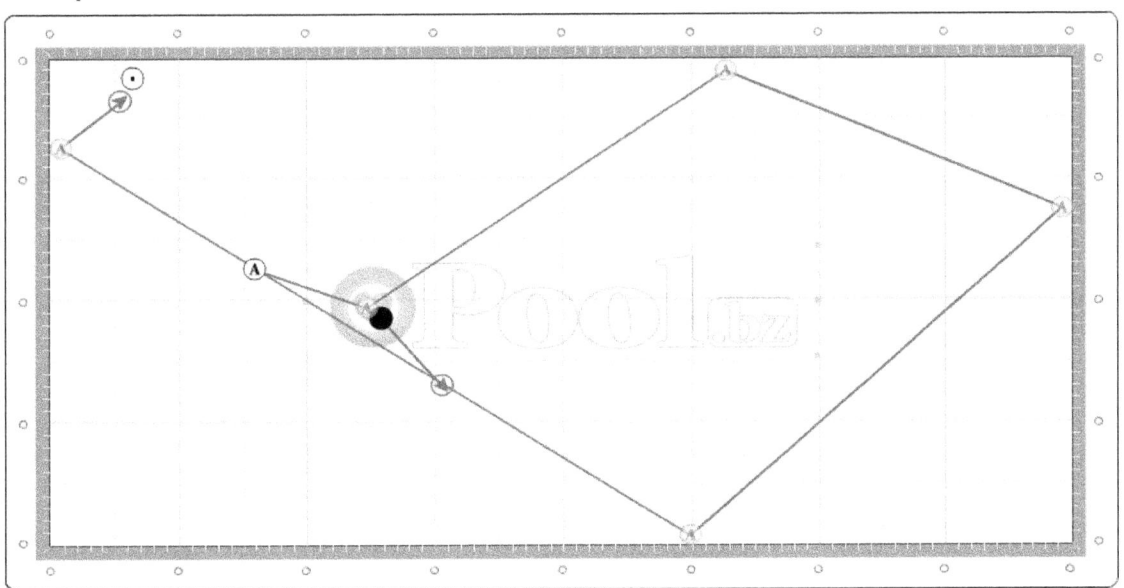

D:8d – Opstelling

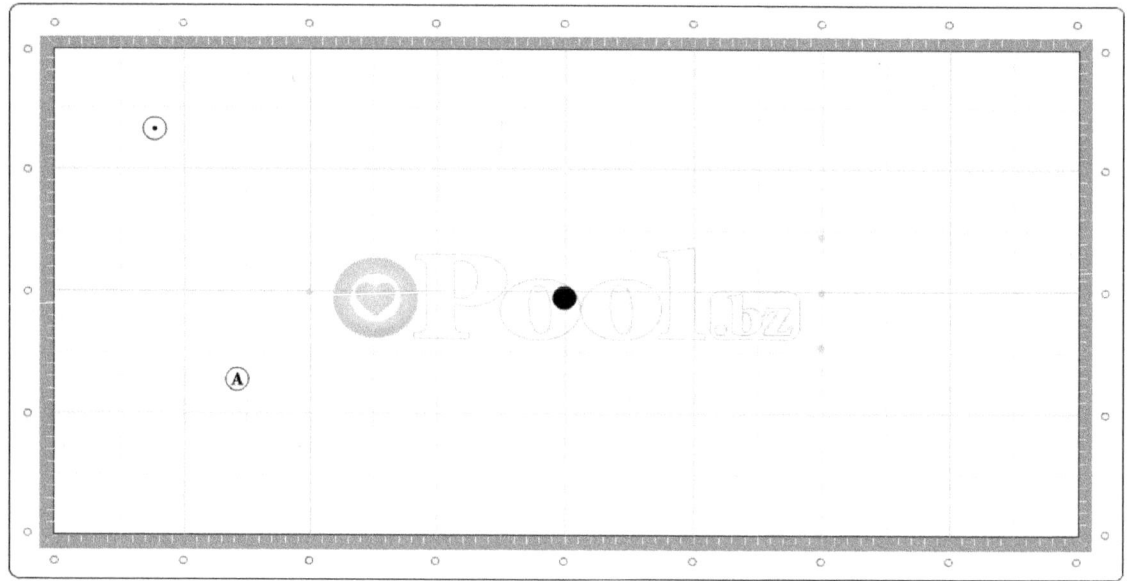

Opmerkingen en ideeën:

Schotpatroon

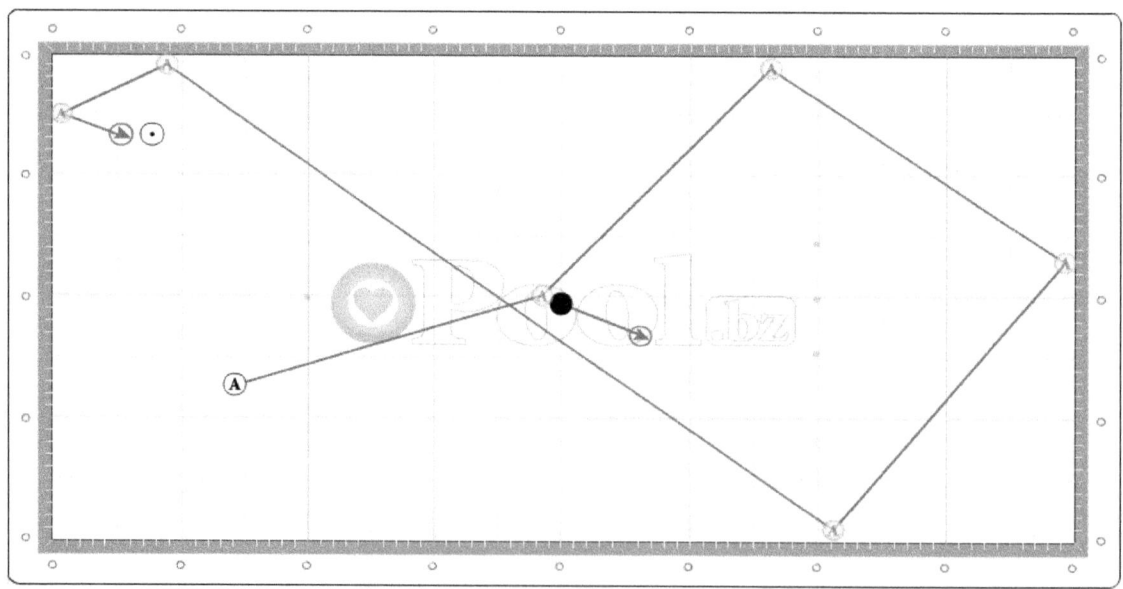

D: Groep 9

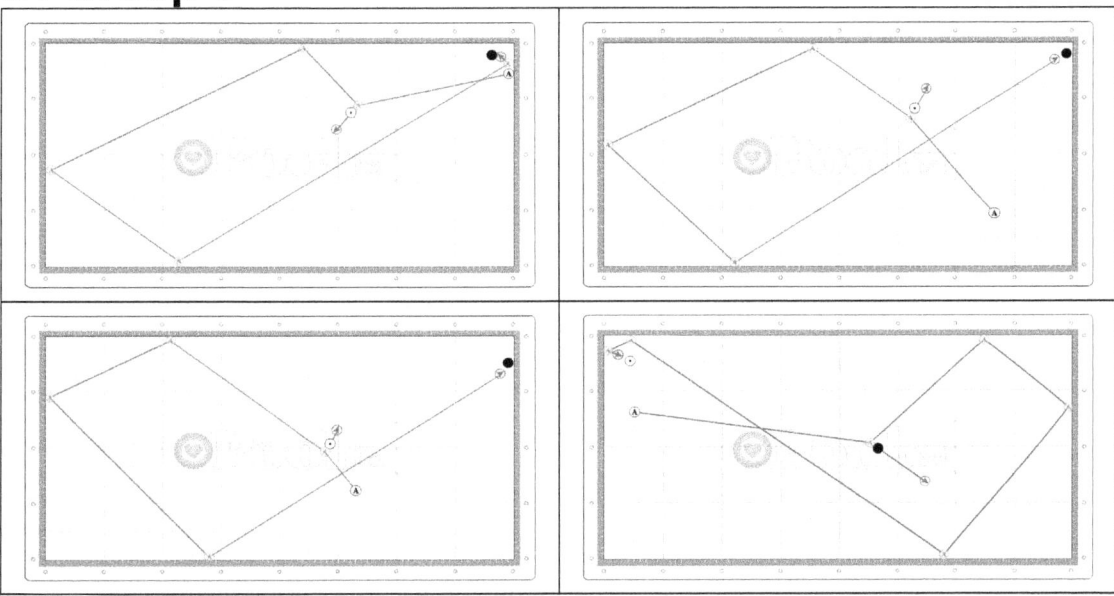

Analyse:

D:9a. _____

D:9b. _____

D:9c. _____

D:9d. _____

D:9a – Opstelling

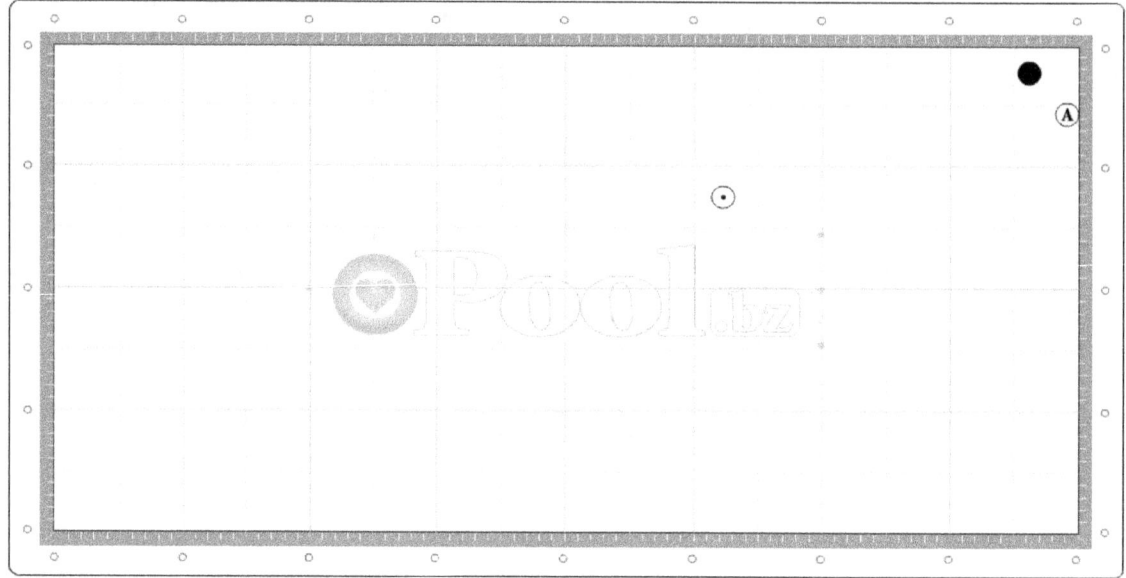

Opmerkingen en ideeën:

Schotpatroon

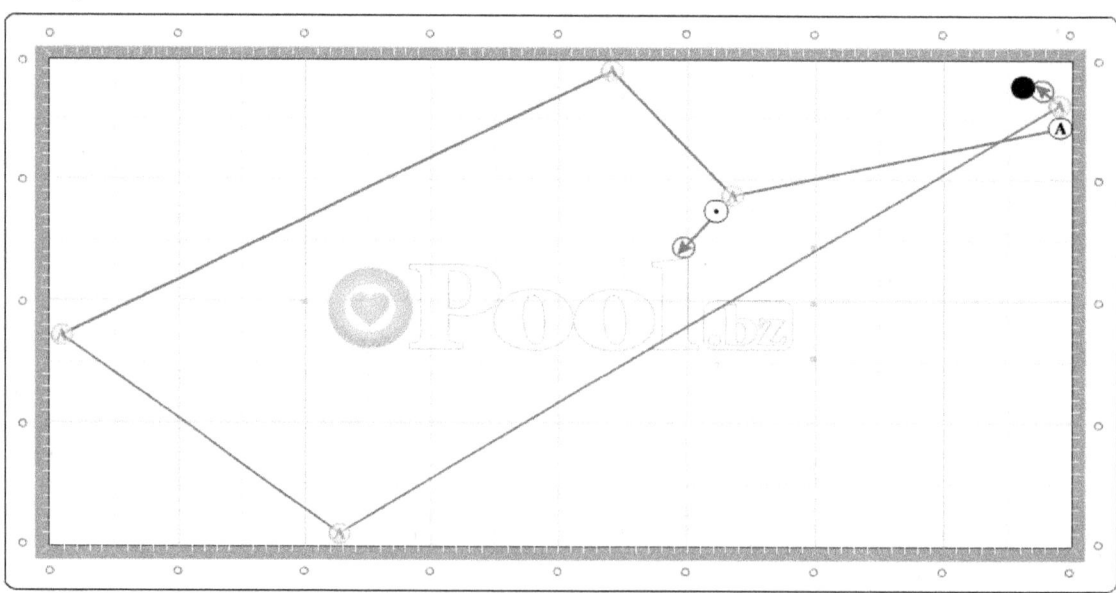

D:9b – Opstelling

Opmerkingen en ideeën:

Schotpatroon

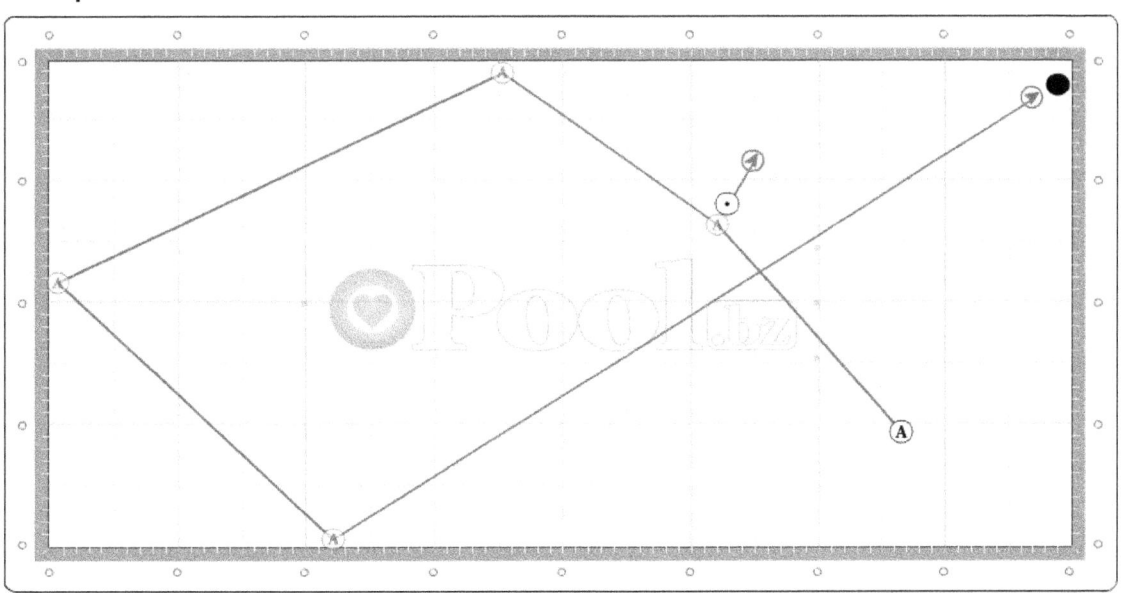

D:9c – Opstelling

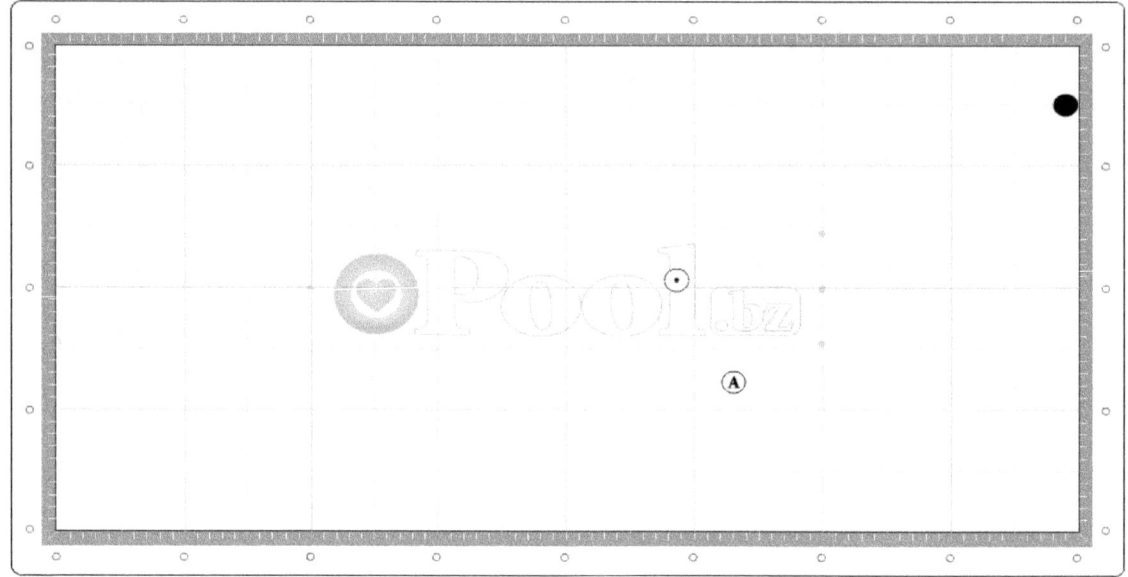

Opmerkingen en ideeën:

Schotpatroon

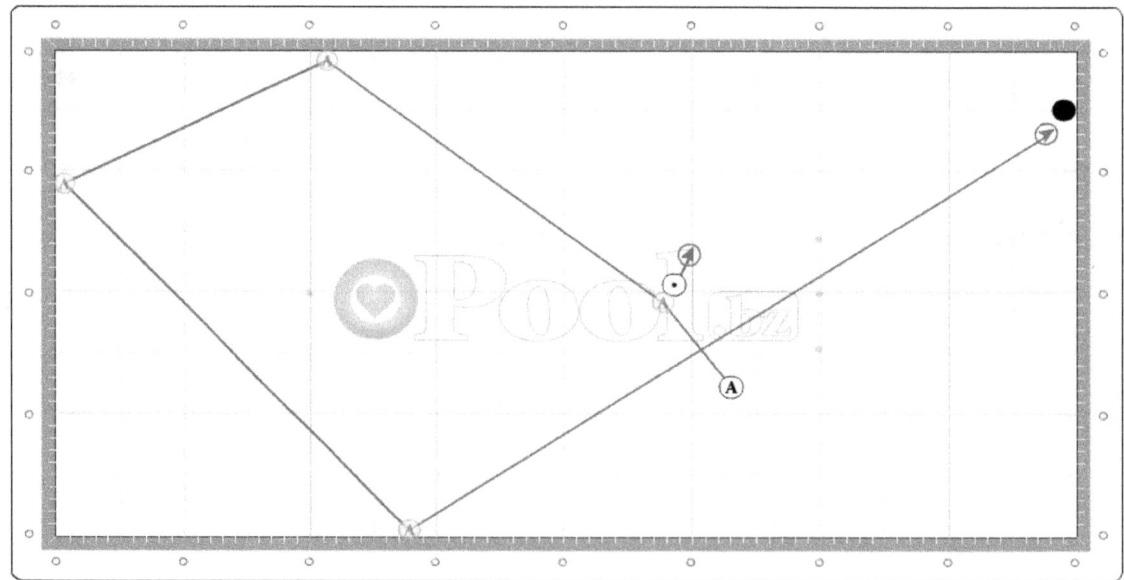

D:9d – Opstelling

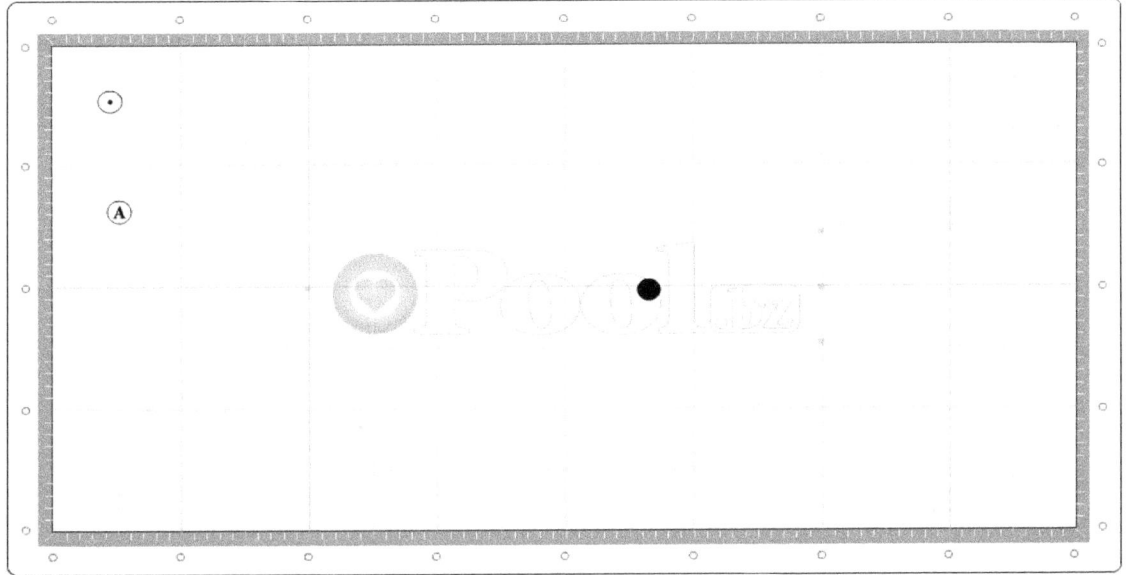

Opmerkingen en ideeën:

Schotpatroon

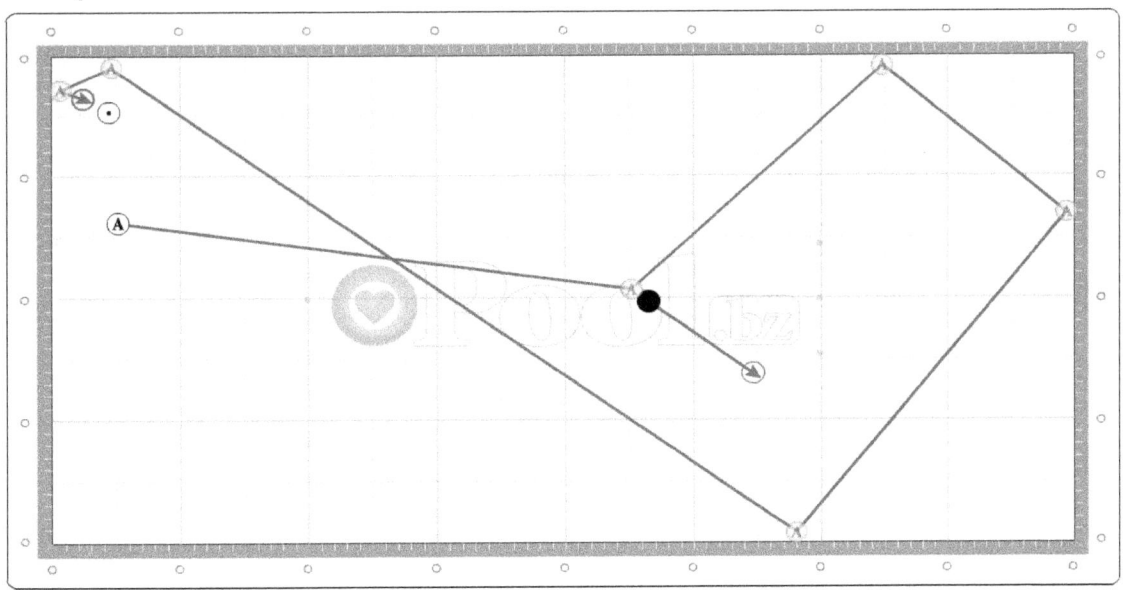

E: Volg, naar de hoek

De (CB) komt van de eerste (OB) en in de volgende drie biljartbanden, volgens het standaardpatroon over de hele wereld. Omdat de tweede (OB) op het pad van de (CB) naar de thuiscorner staat, kan de (CB) de tweede (OB) raken voor een score.

Ⓐ (CB) (uw biljartbal) – ⊙ (OB) (tegenstander biljartbal) – ● (OB) (rode biljartbal)

E: Groep 1

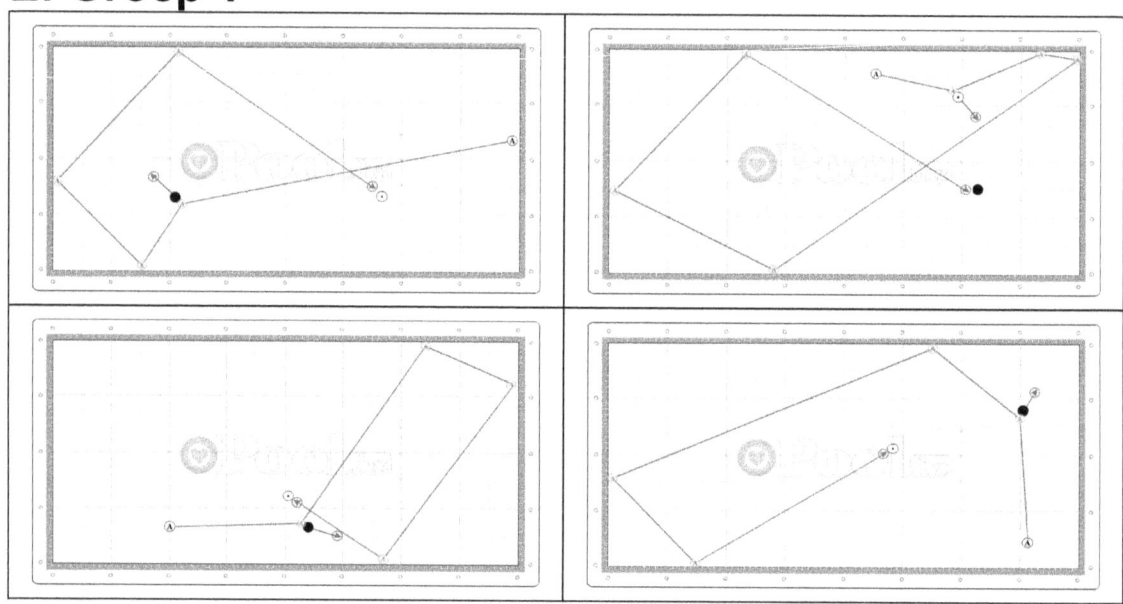

Analyse:

E:1a. _____

E:1b. _____

E:1c. _____

E:1d. _____

E:1a – Opstelling

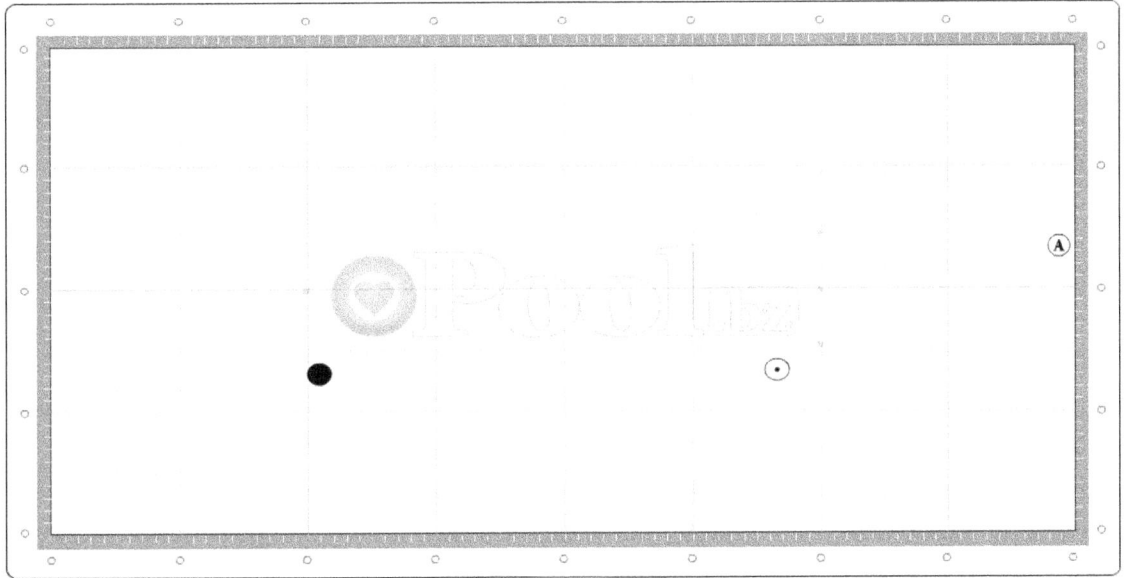

Opmerkingen en ideeën:

Schotpatroon

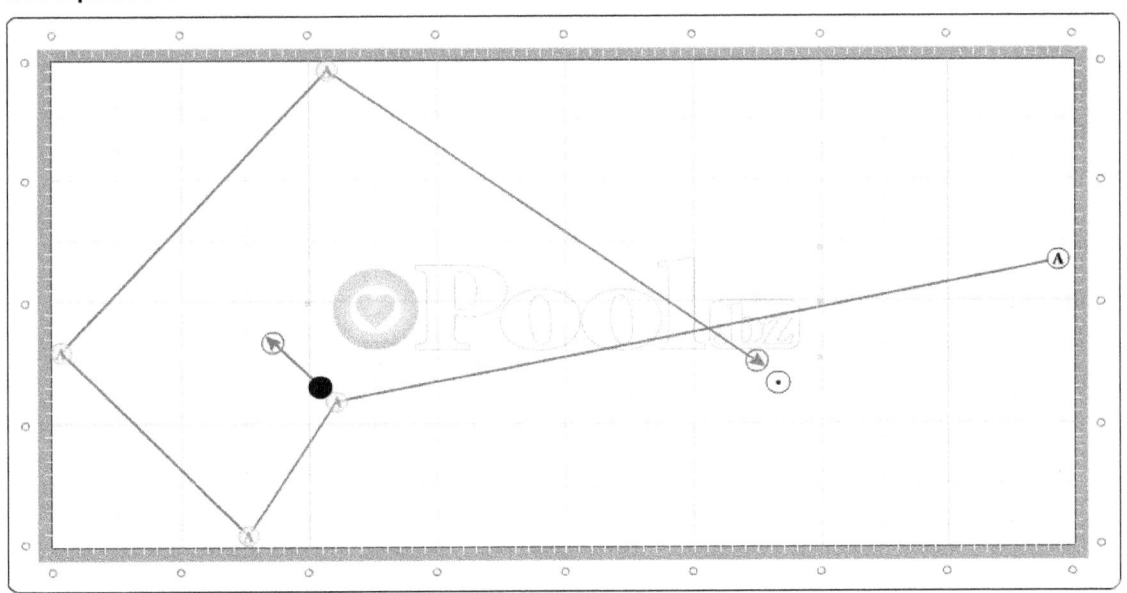

E:1b – Opstelling

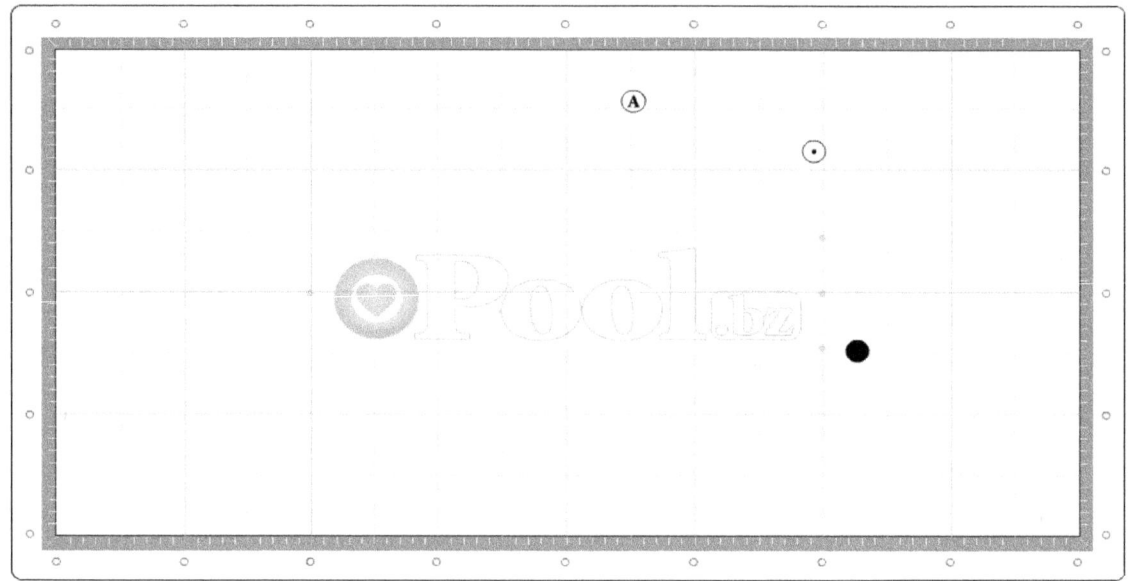

Opmerkingen en ideeën:

Schotpatroon

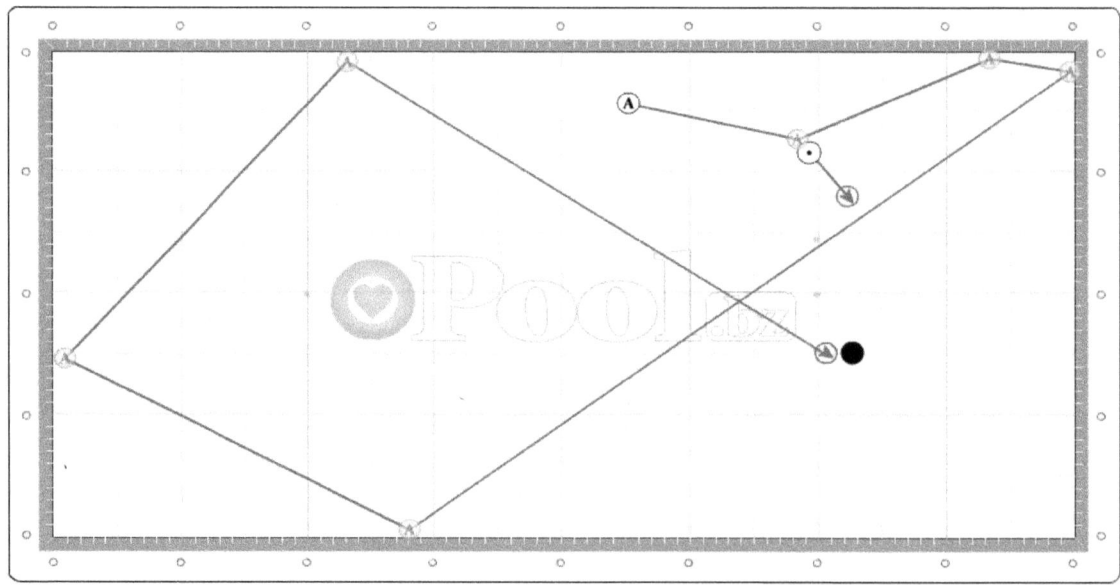

E:1c – Opstelling

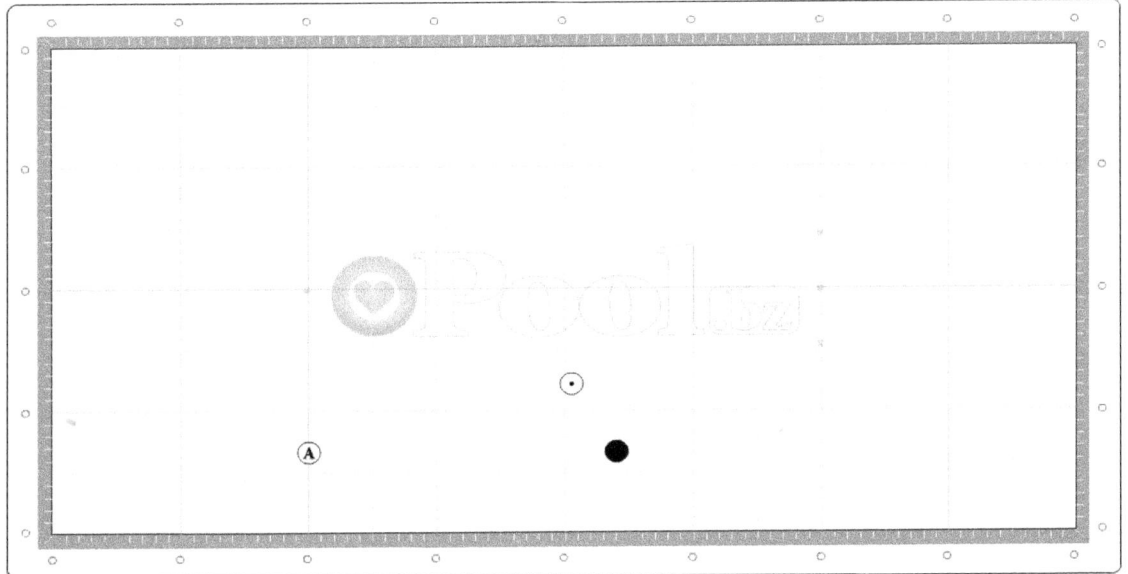

Opmerkingen en ideeën:

Schotpatroon

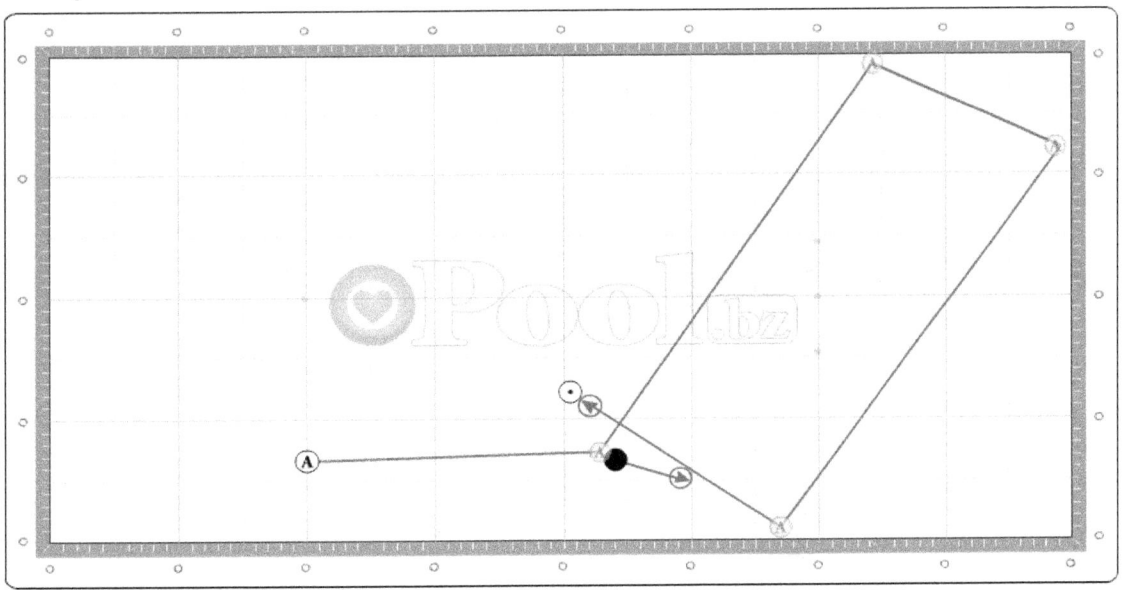

E:1d – Opstelling

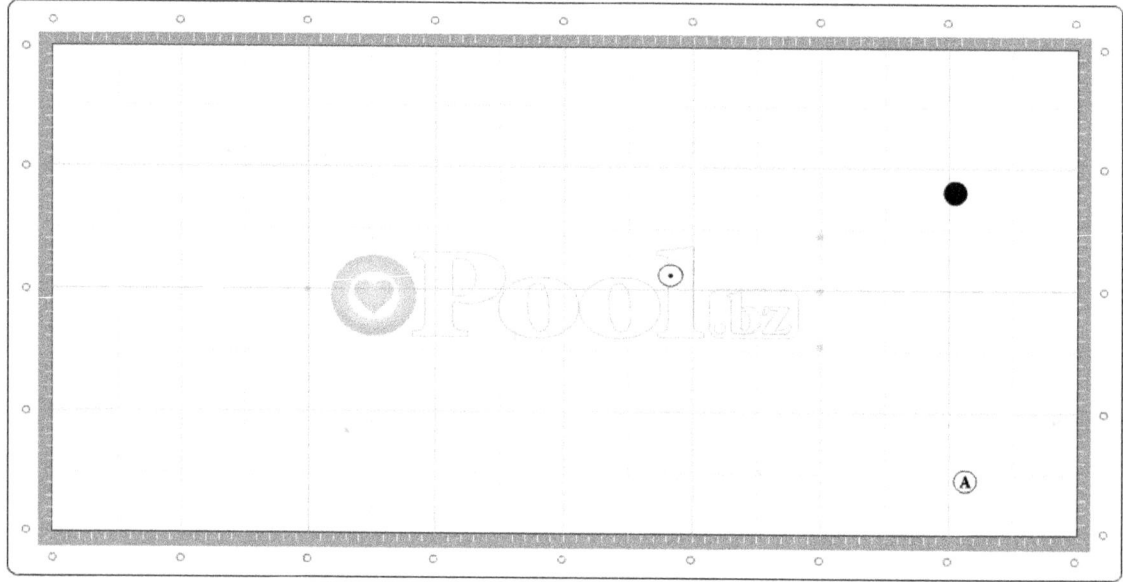

Opmerkingen en ideeën:

Schotpatroon

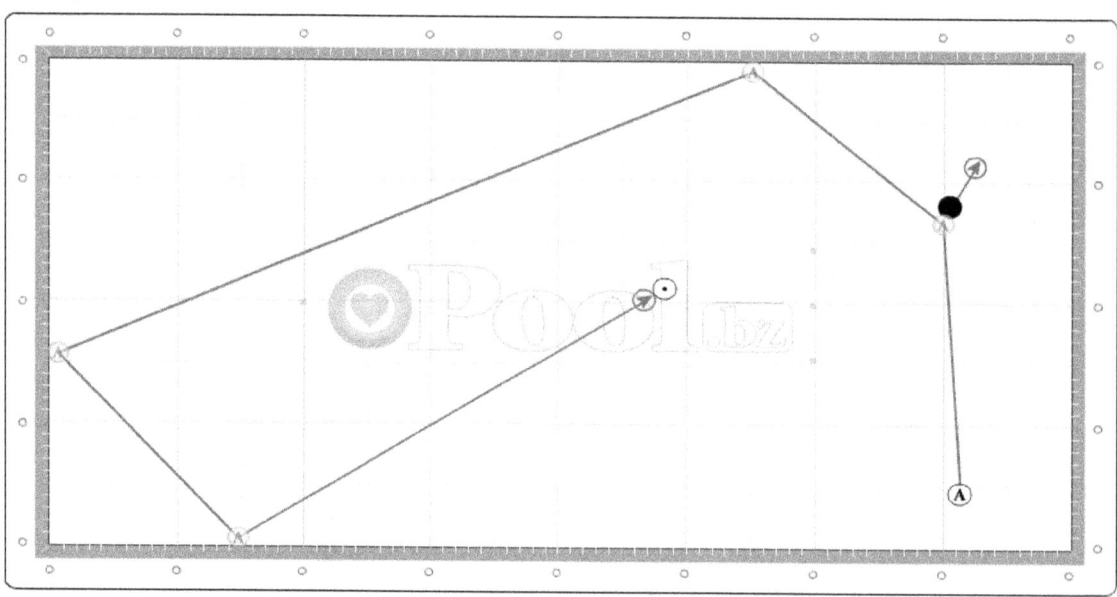

E: Groep 2

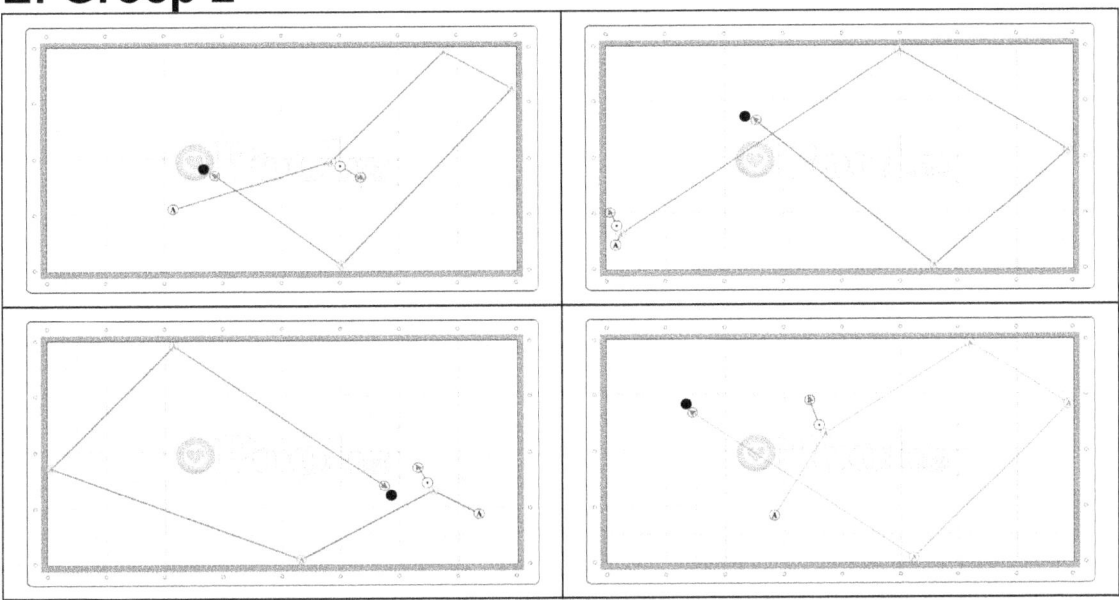

Analyse:

E:2a. _____

E:2b. _____

E:2c. _____

E:2d. _____

E:2a – Opstelling

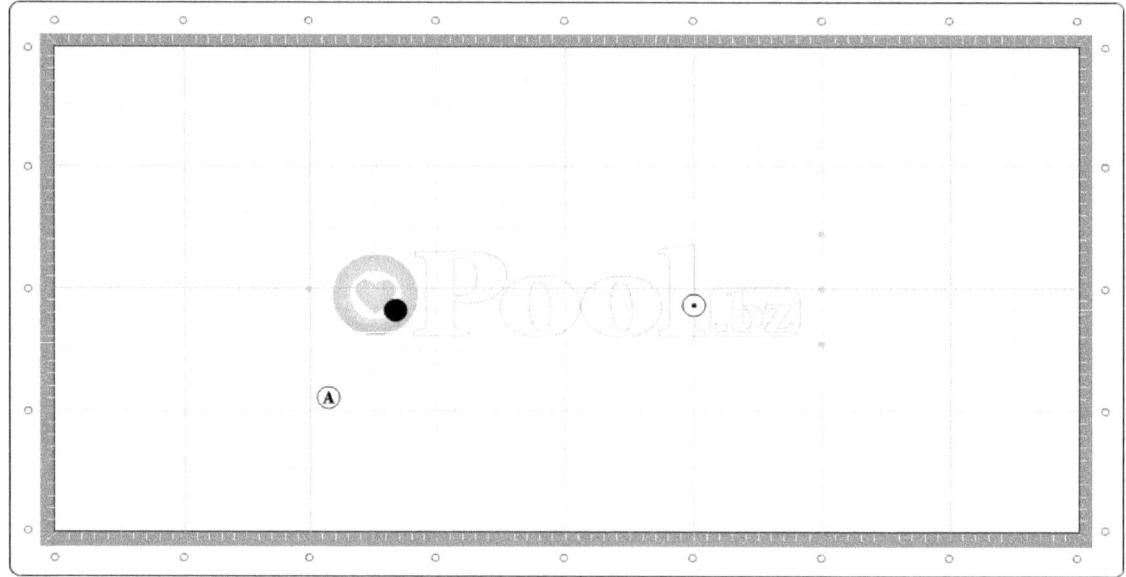

Opmerkingen en ideeën:

Schotpatroon

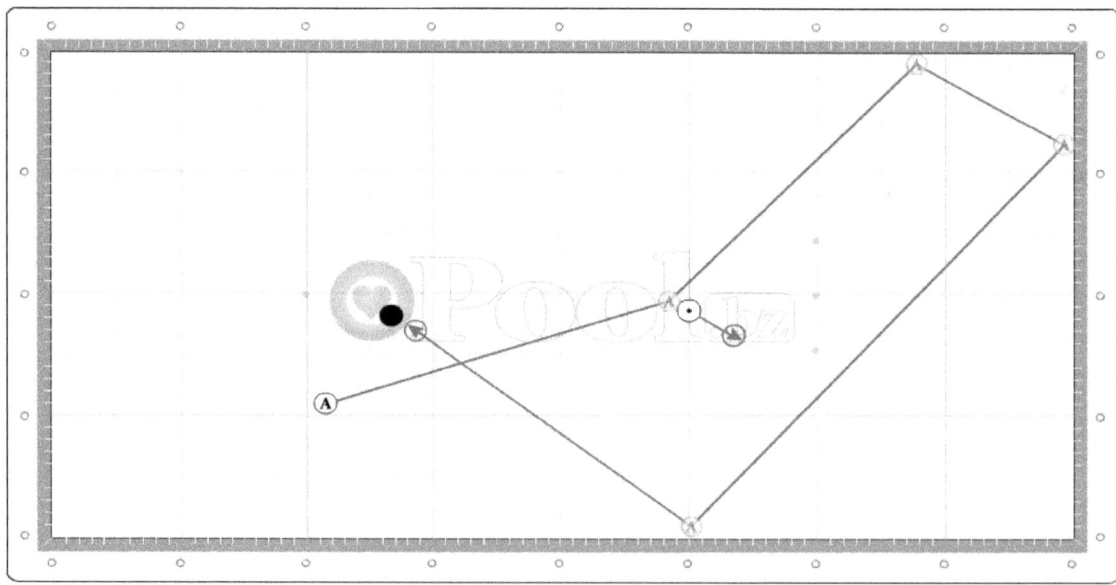

E:2b – Opstelling

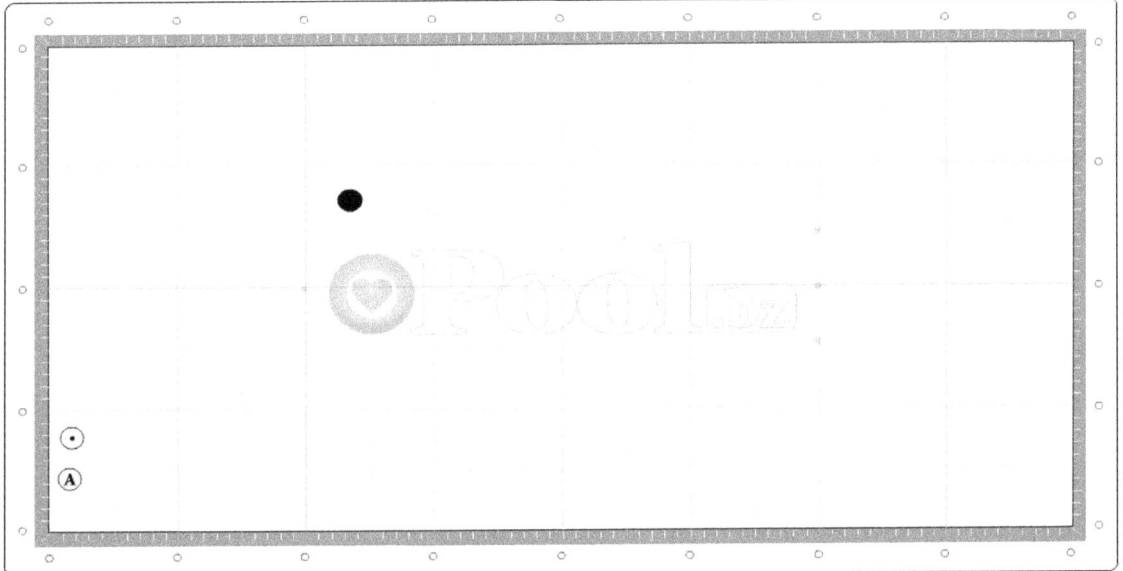

Opmerkingen en ideeën:

Schotpatroon

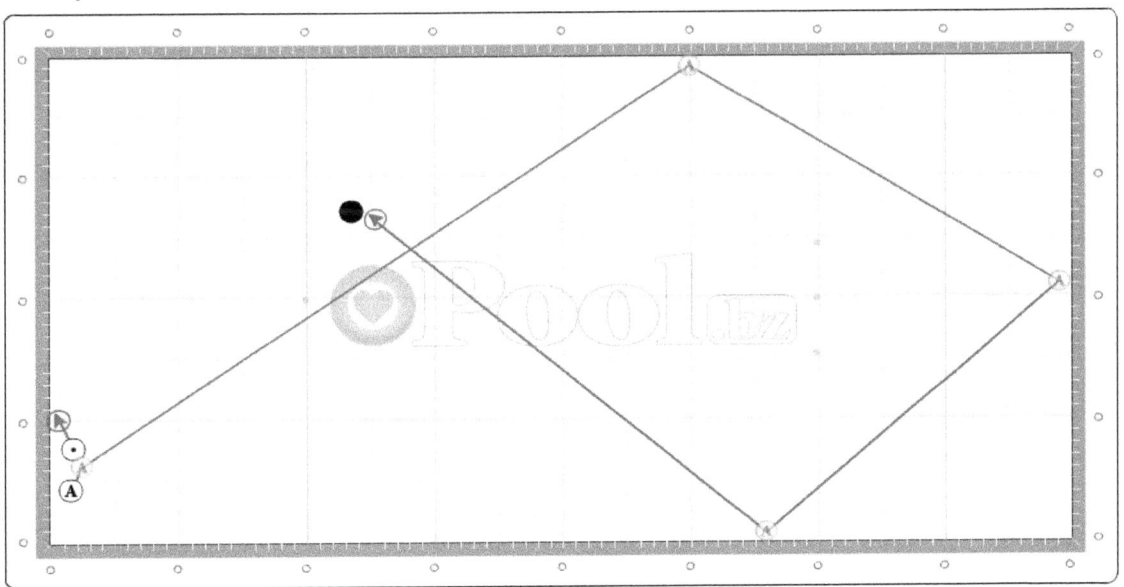

E:2c – Opstelling

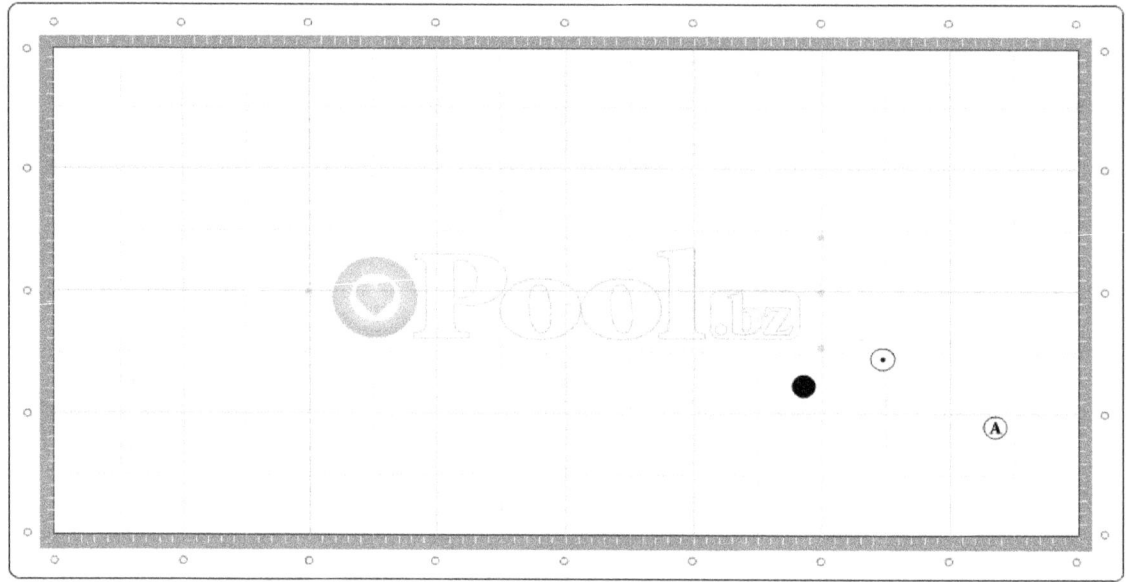

Opmerkingen en ideeën:

Schotpatroon

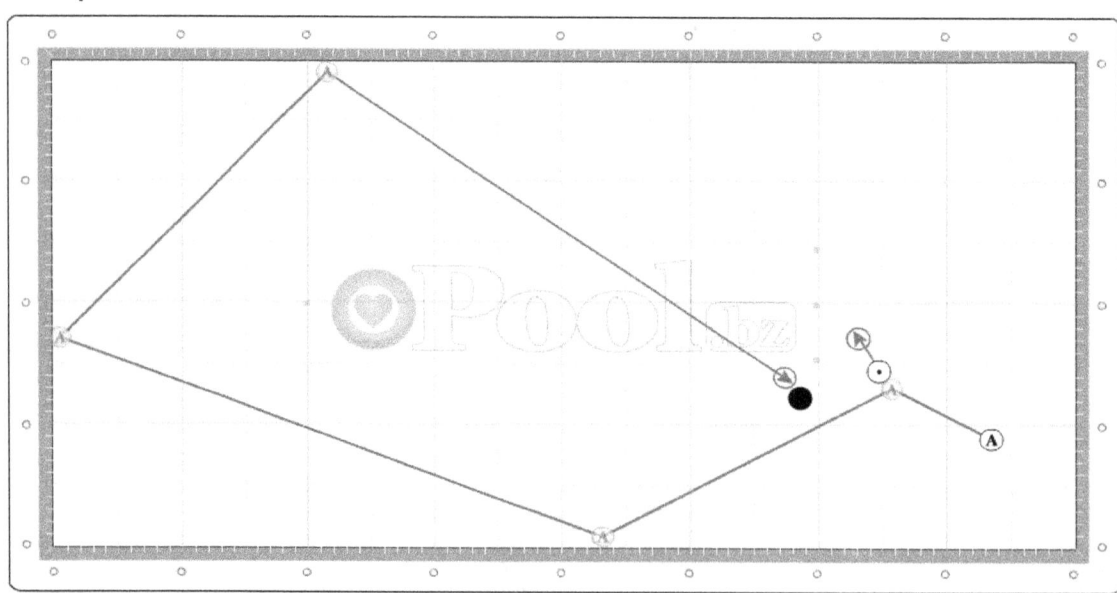

E:2d – Opstelling

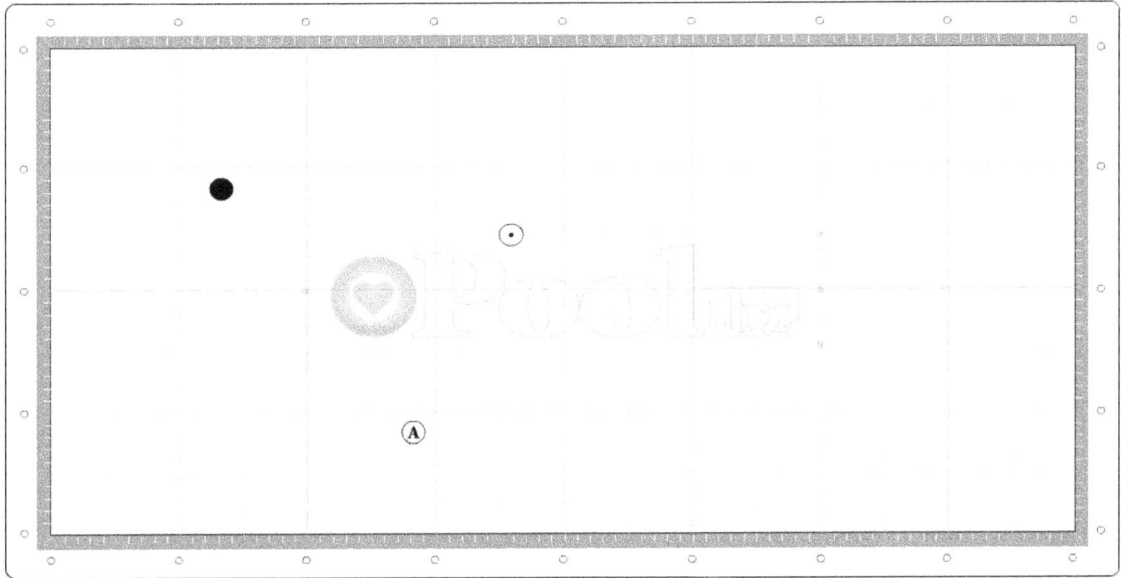

Opmerkingen en ideeën:

Schotpatroon

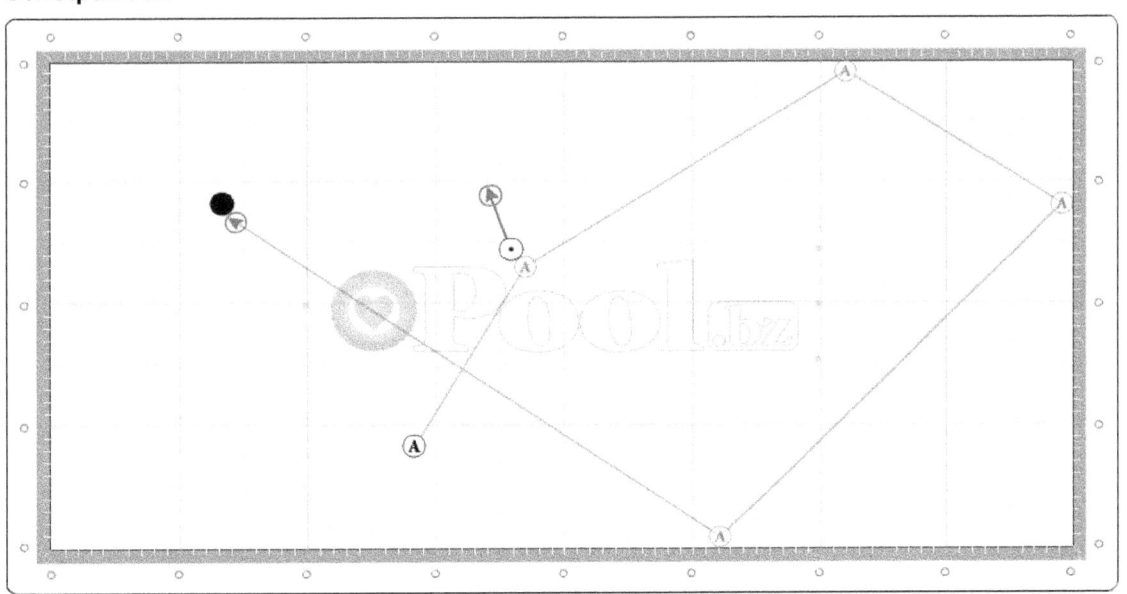

E: Groep 3

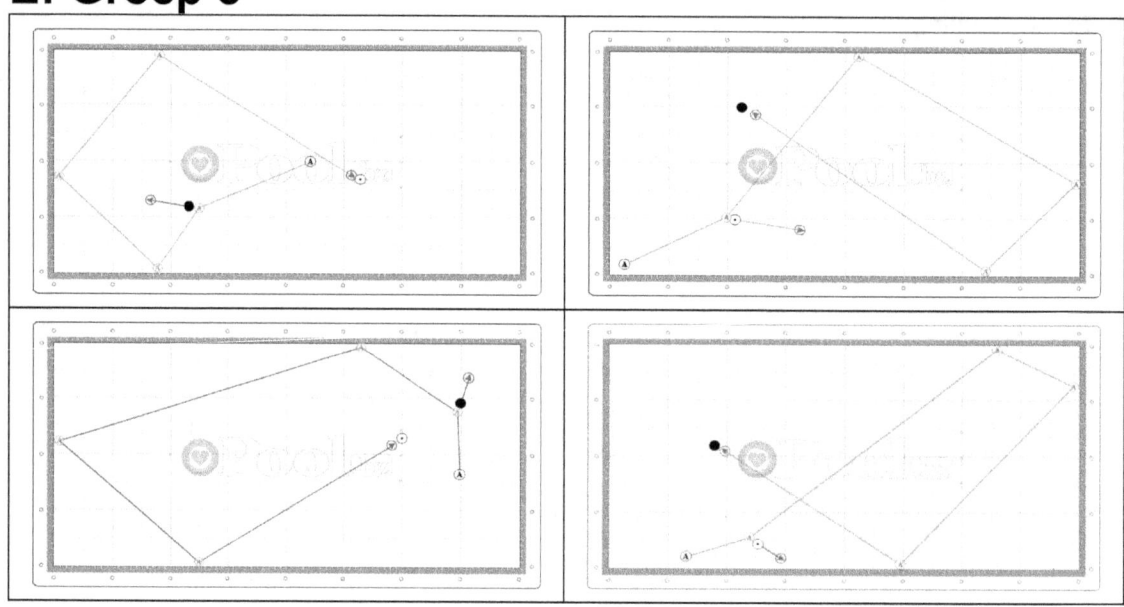

Analyse:

E:3a. _____

E:3b. _____

E:3c. _____

E:3d. _____

E:3a – Opstelling

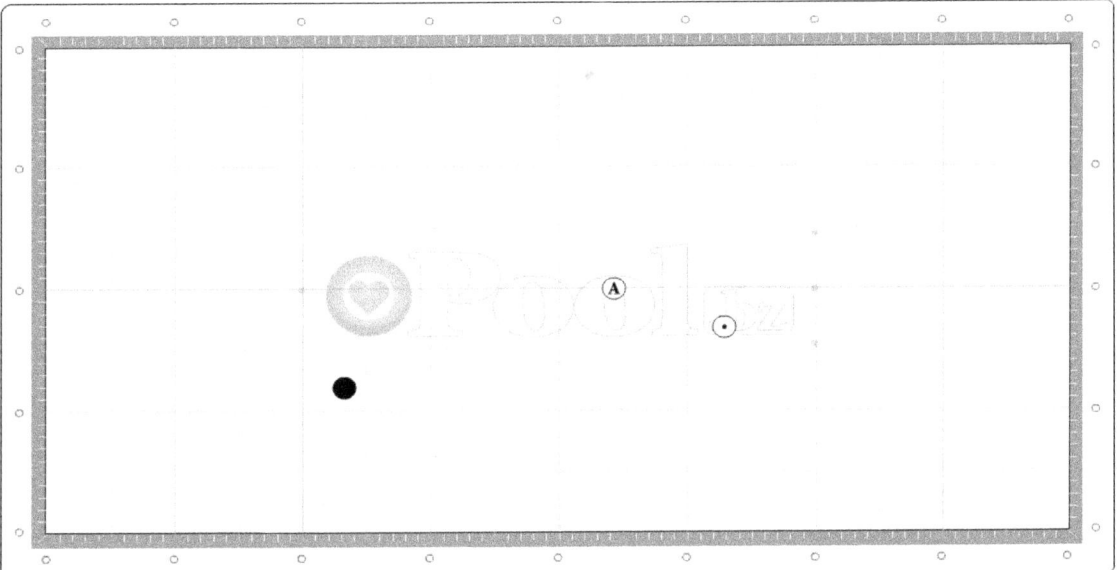

Opmerkingen en ideeën:

Schotpatroon

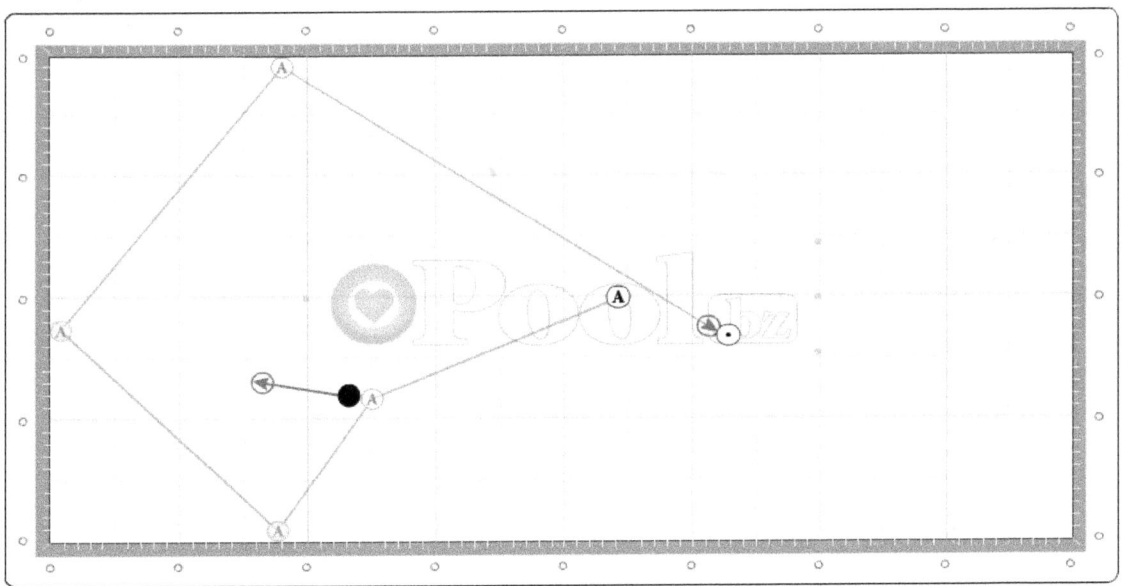

E:3b – Opstelling

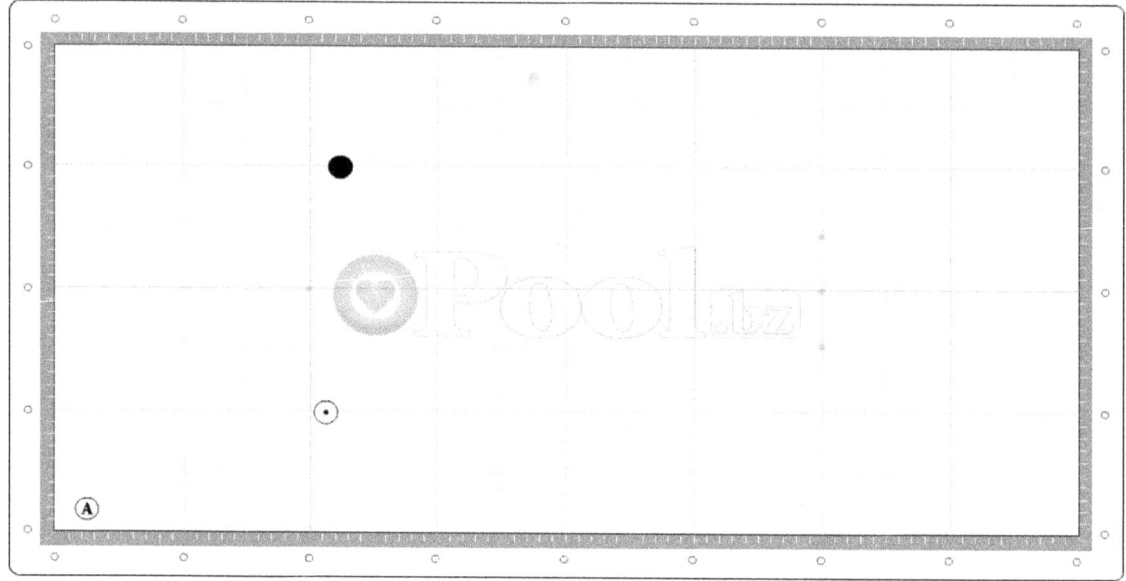

Opmerkingen en ideeën:

Schotpatroon

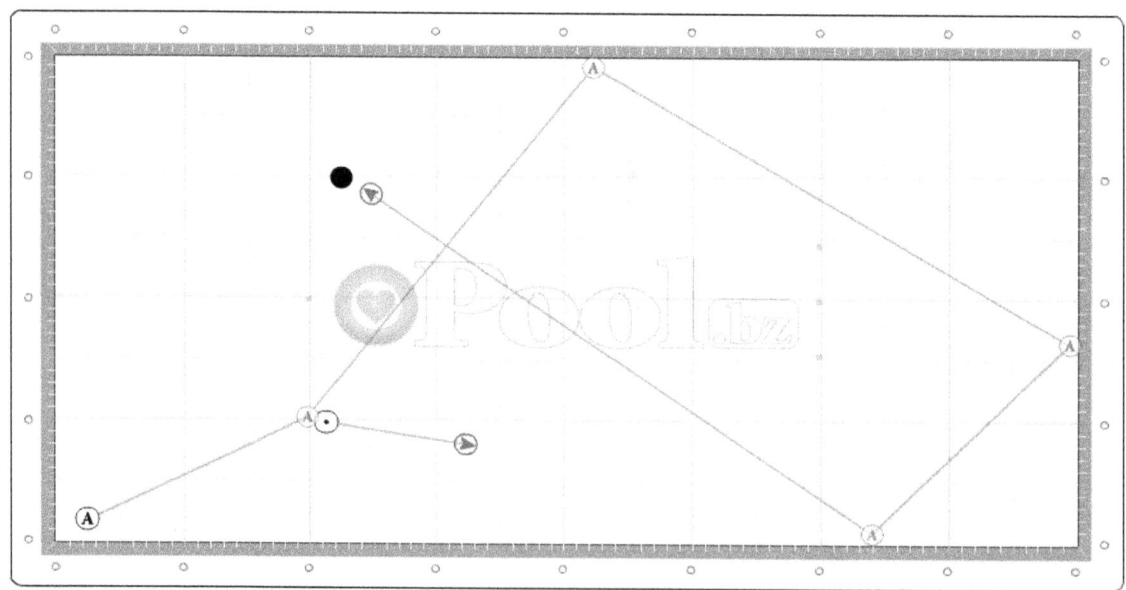

E:3c – Opstelling

Opmerkingen en ideeën:

Schotpatroon

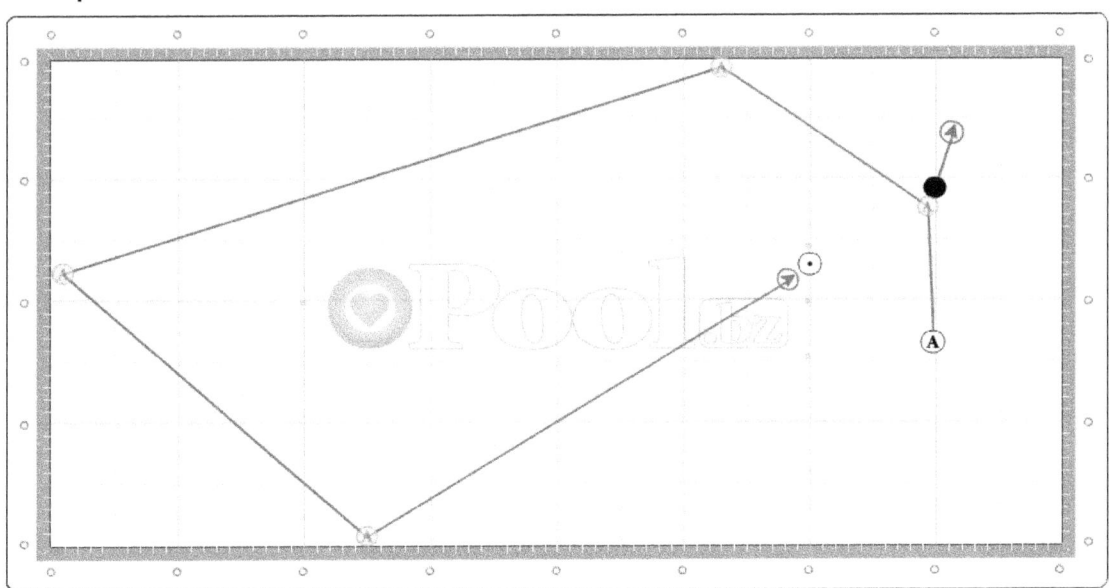

E:3d – Opstelling

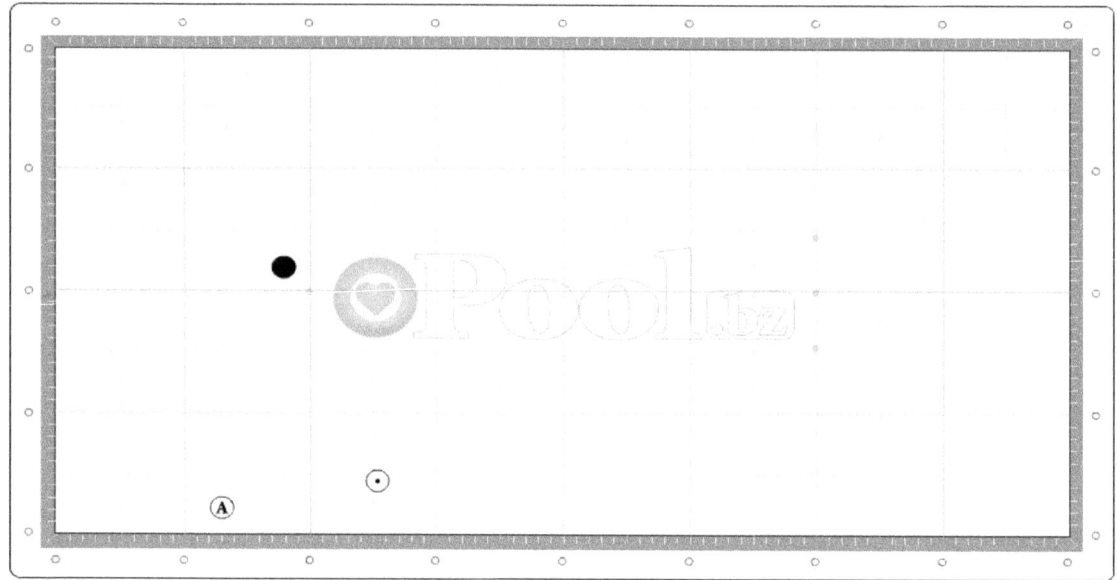

Opmerkingen en ideeën:

Schotpatroon

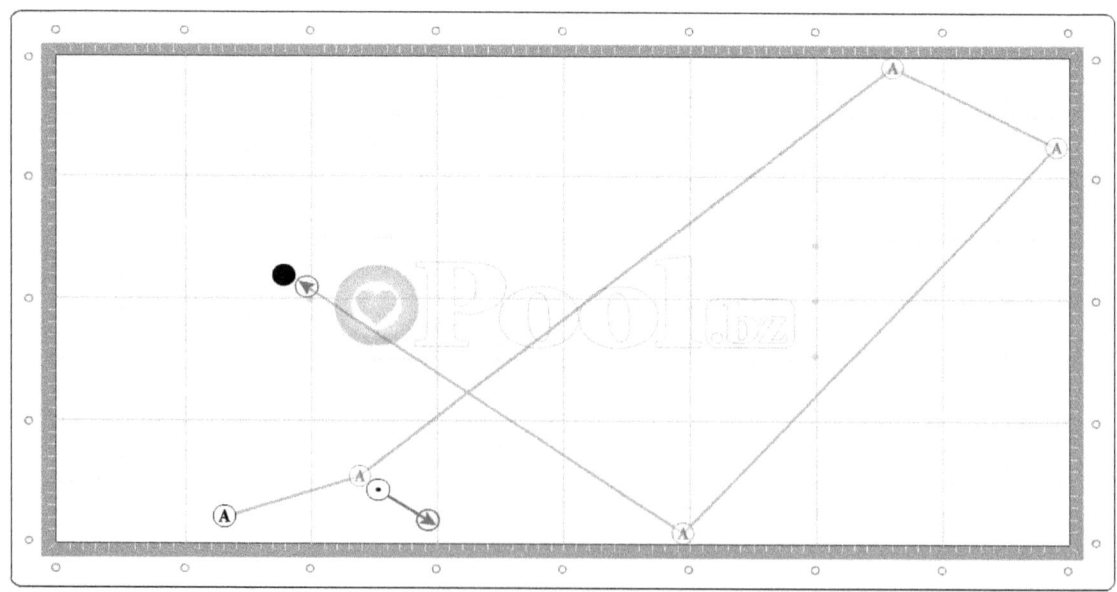

F: Kort aangepast pad

De (CB) gaat naar de eerste (OB) en volgt de standaard rond het wereldpatroon. Het patroon is echter gewijzigd, omdat de tweede (OB) niet op het normale pad naar de thuishoek staat. Dit betekent dat de hoeken moeten worden aangepast om een hit op de tweede (OB) te bereiken.

Ⓐ (CB) (uw biljartbal) – ⊙ (OB) (tegenstander biljartbal) – ● (OB) (rode biljartbal)

F: Groep 1

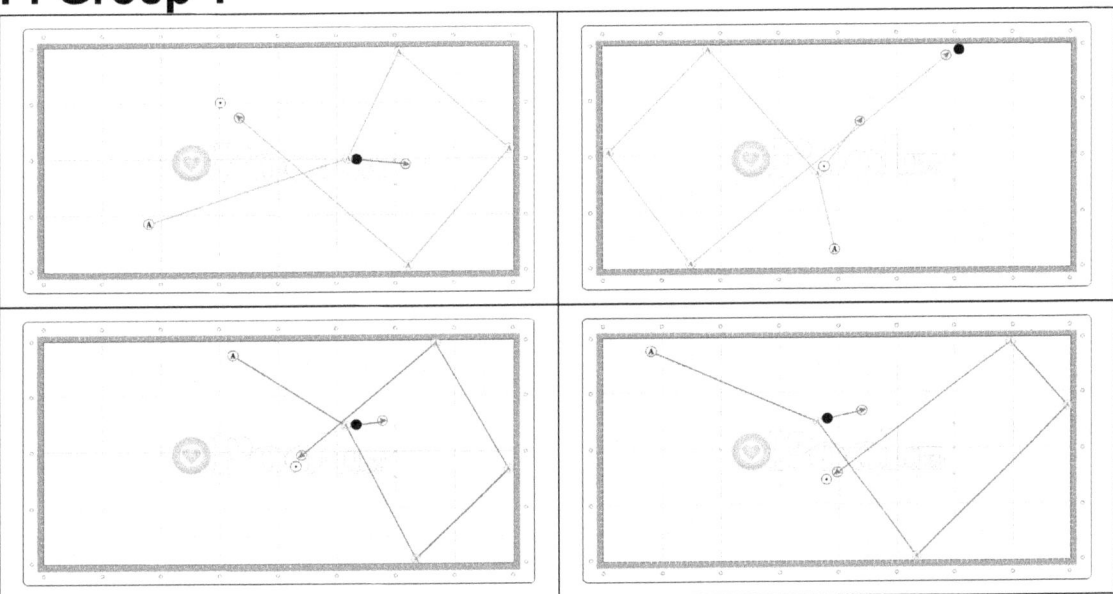

Analyse:

F:1a. _____

F:1b. _____

F:1c. _____

F:1d. _____

F:1a – Opstelling

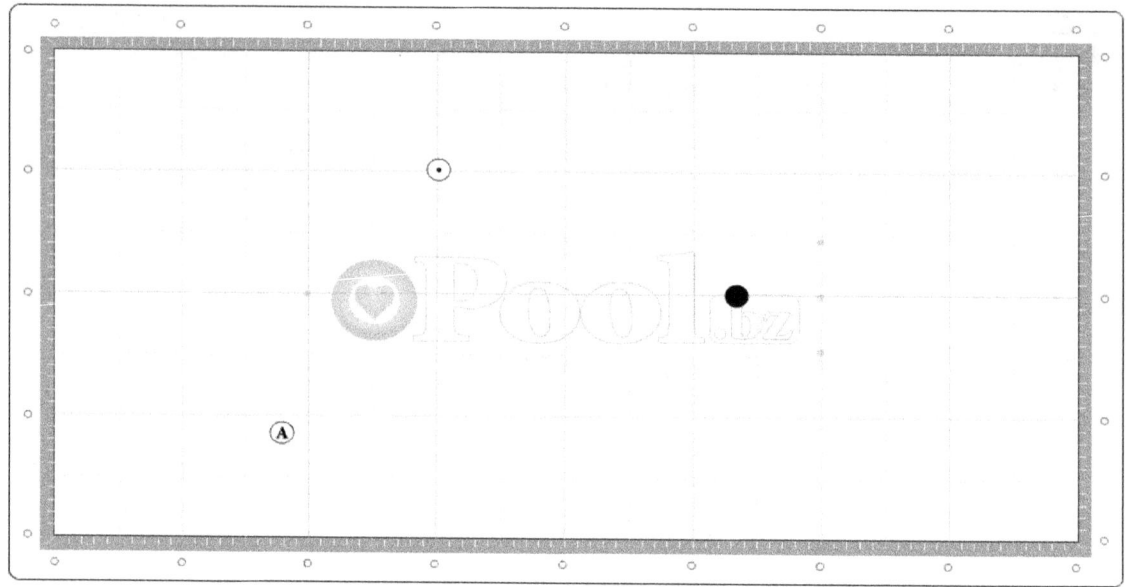

Opmerkingen en ideeën:

Schotpatroon

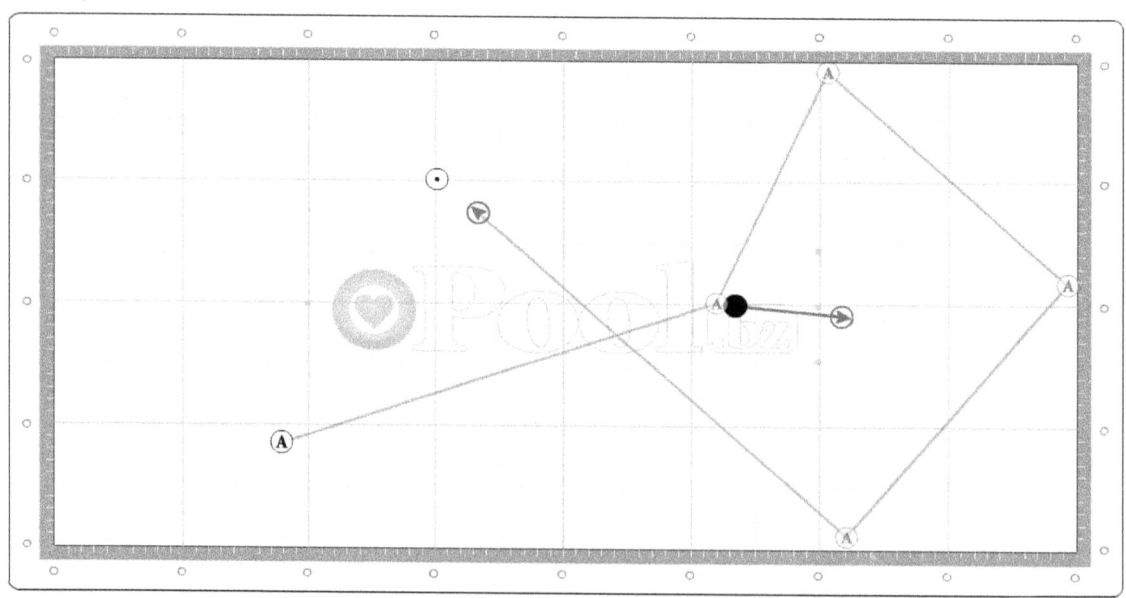

F:1b – Opstelling

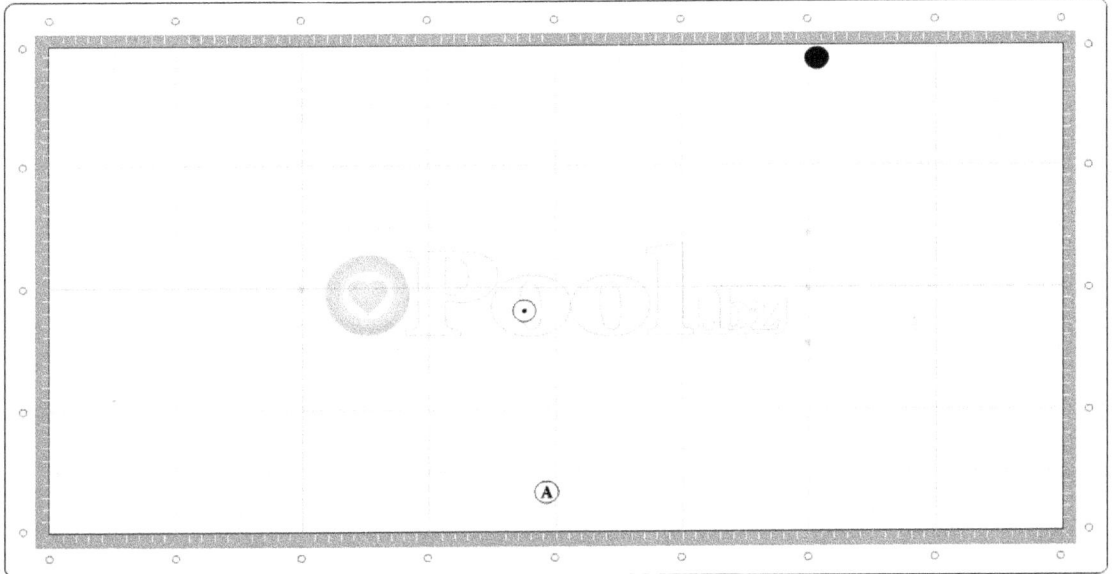

Opmerkingen en ideeën:

Schotpatroon

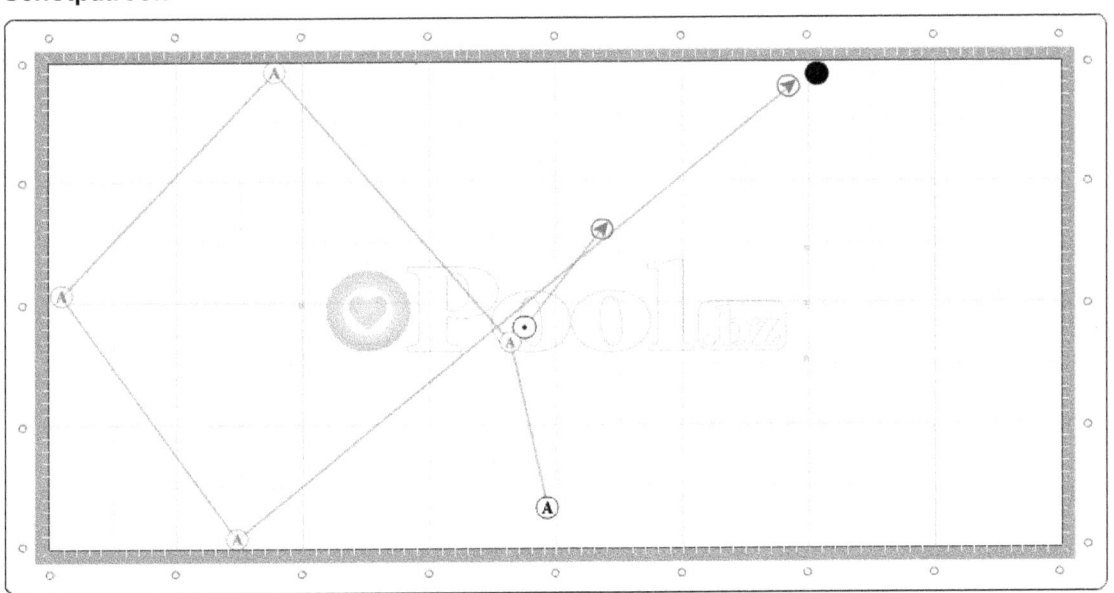

F:1c – Opstelling

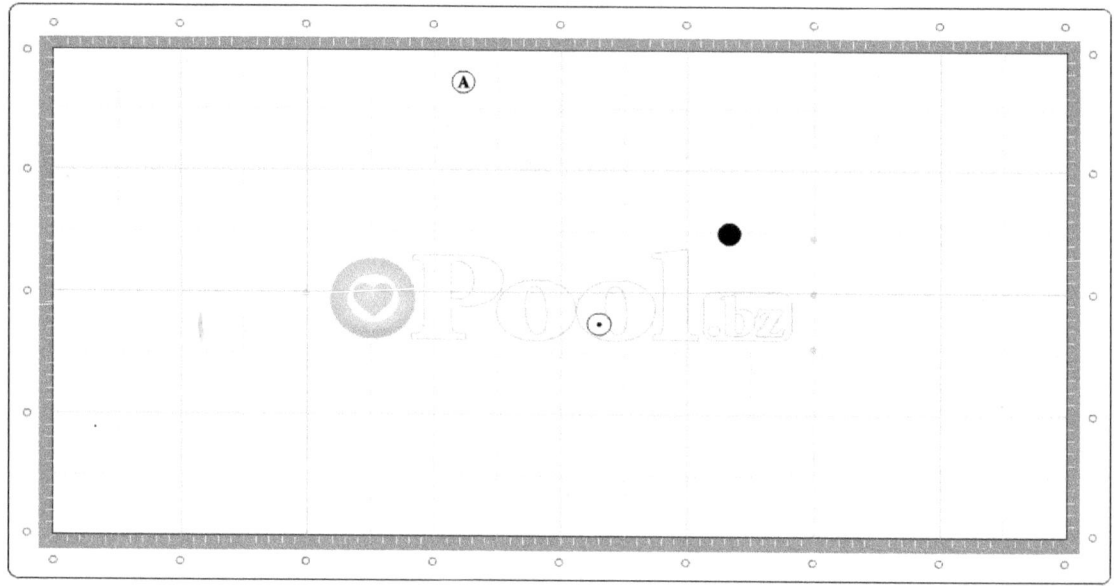

Opmerkingen en ideeën:

Schotpatroon

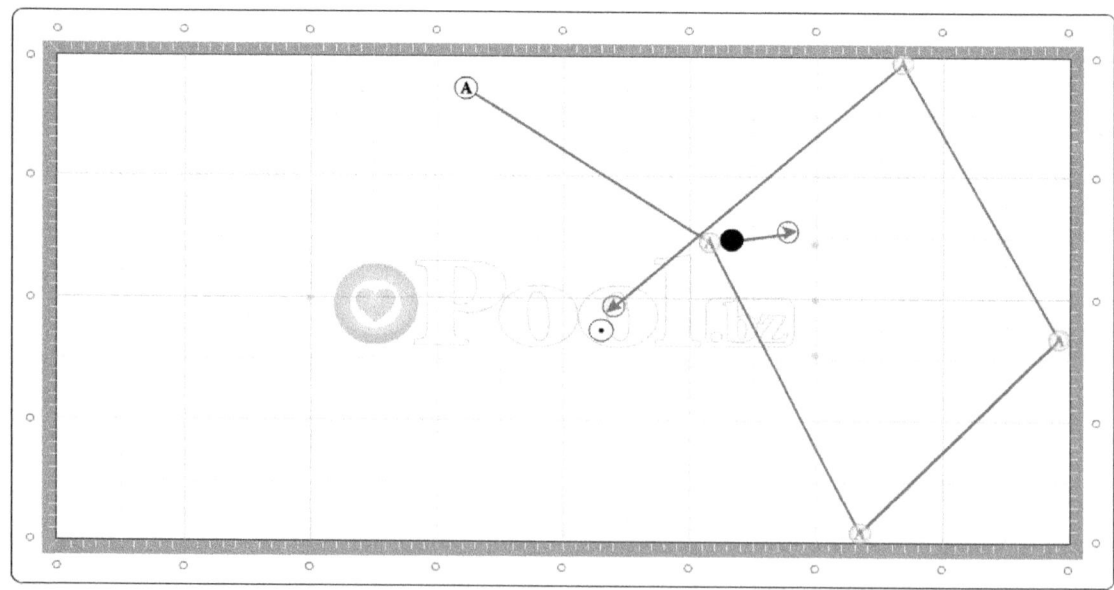

F:1d – Opstelling

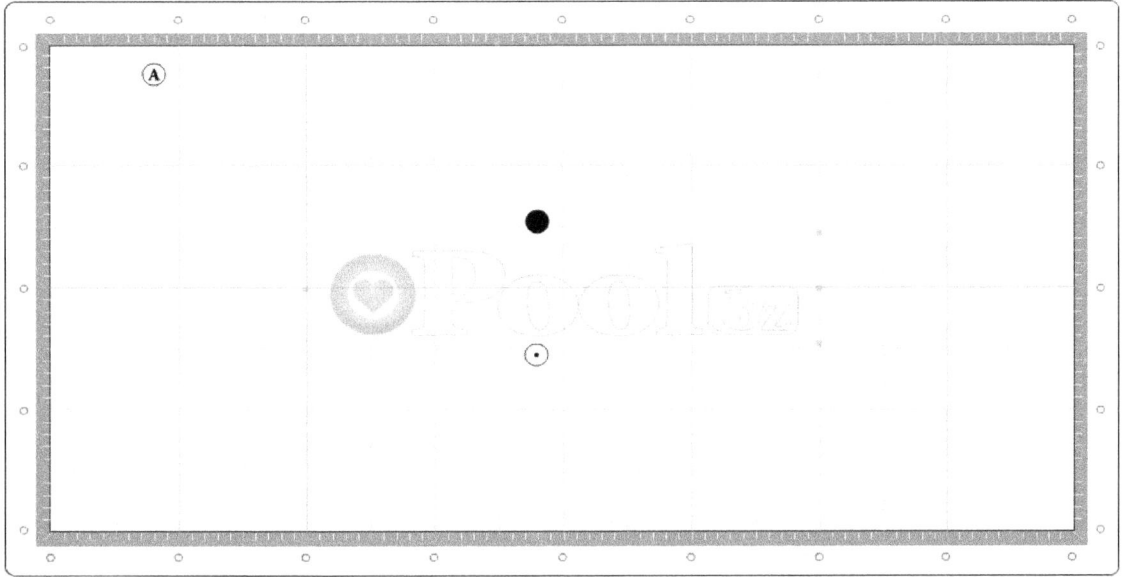

Opmerkingen en ideeën:

Schotpatroon

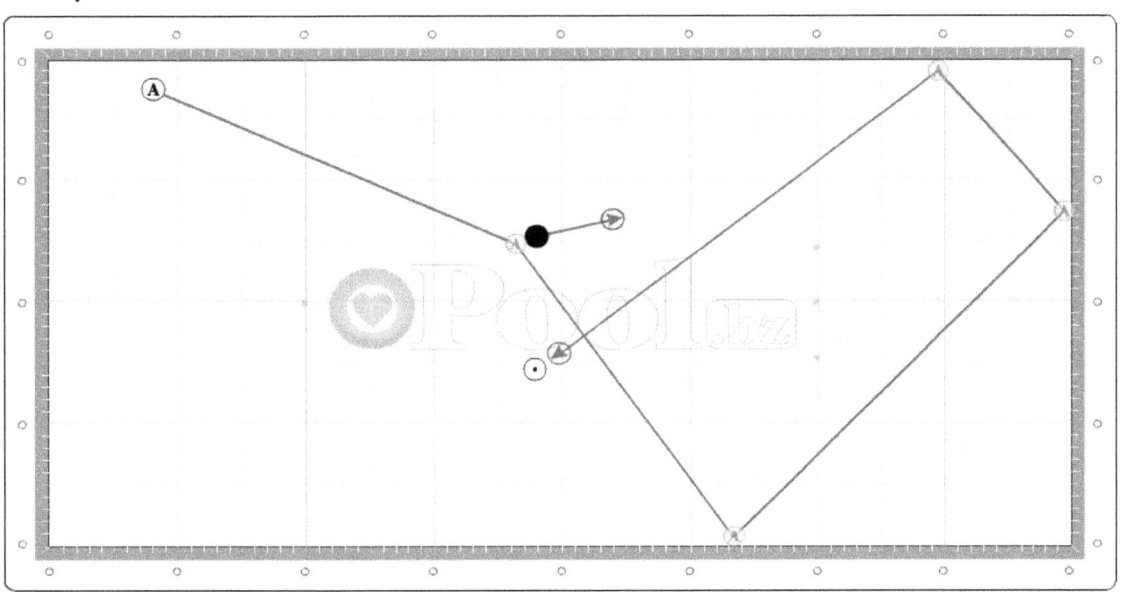

F: Groep 2

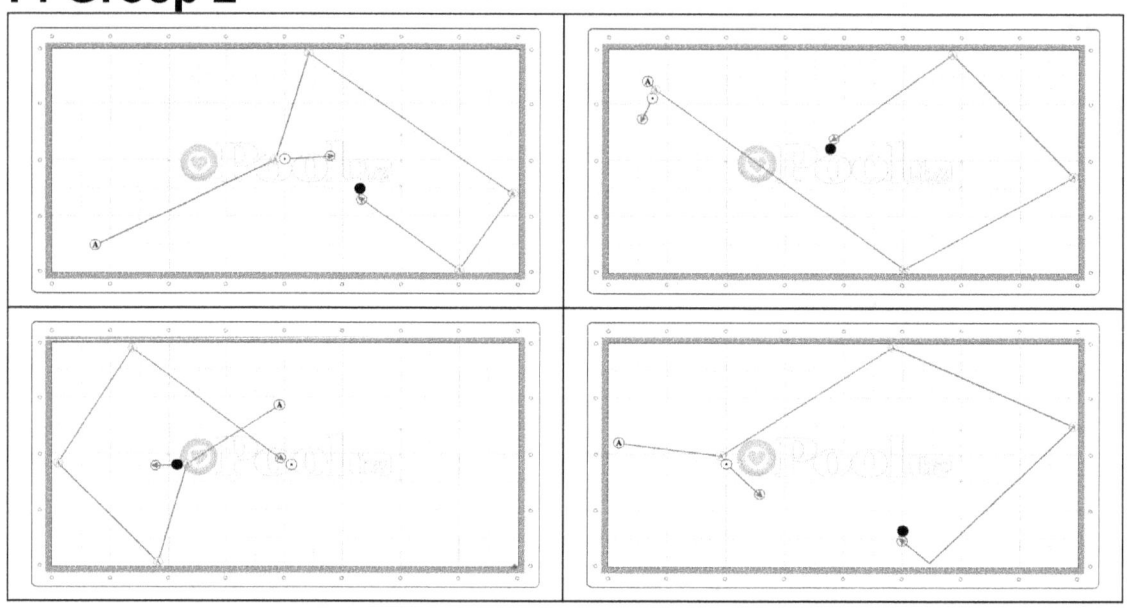

Analyse:

F:2a. _____

F:2b. _____

F:2c. _____

F:2d. _____

F:2a – Opstelling

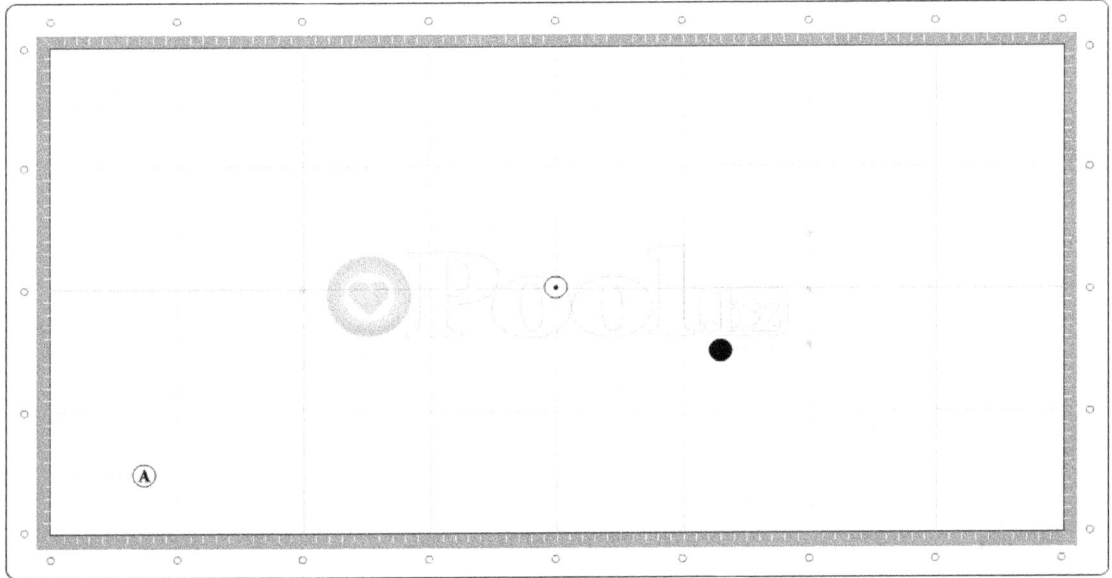

Opmerkingen en ideeën:

Schotpatroon

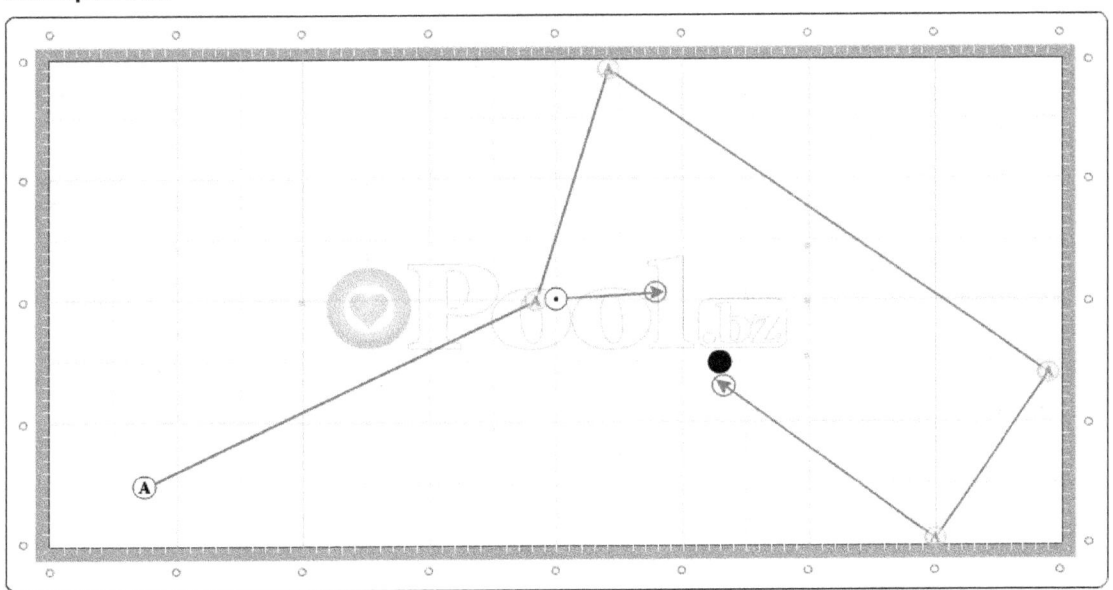

F:2b – Opstelling

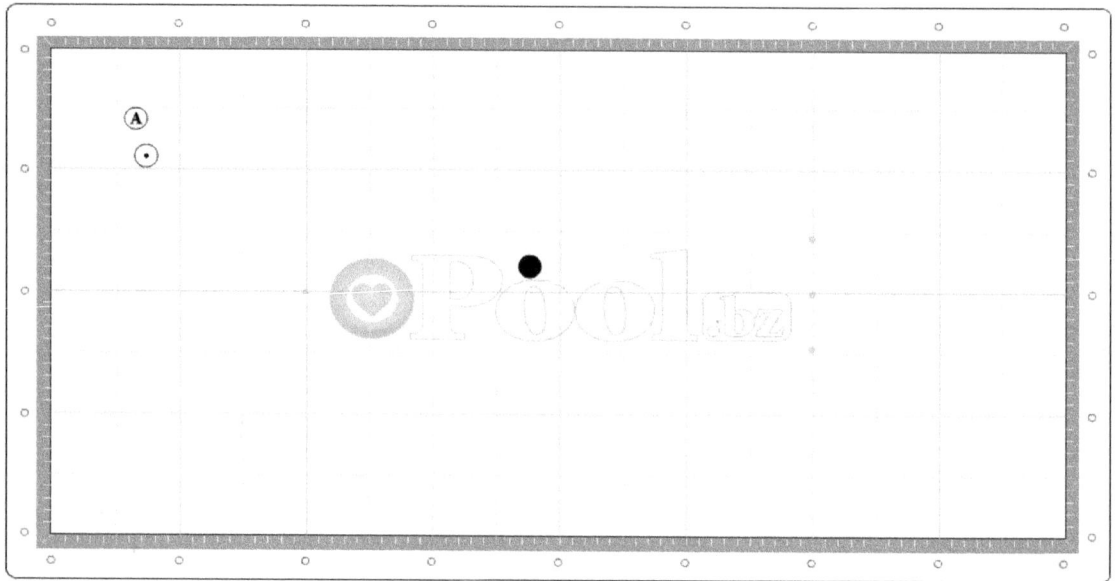

Opmerkingen en ideeën:

Schotpatroon

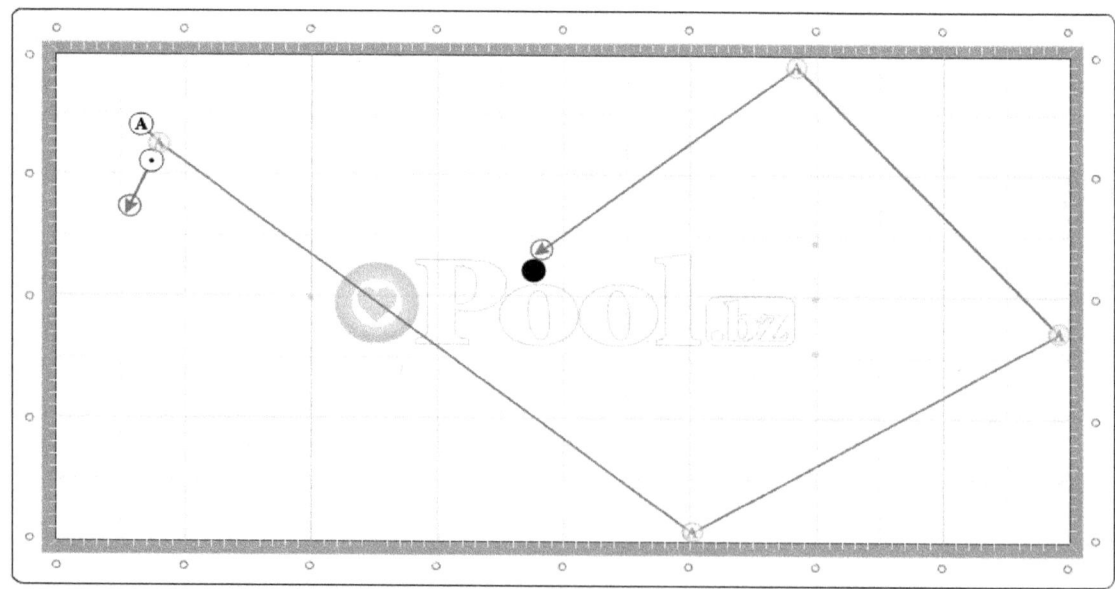

F:2c – Opstelling

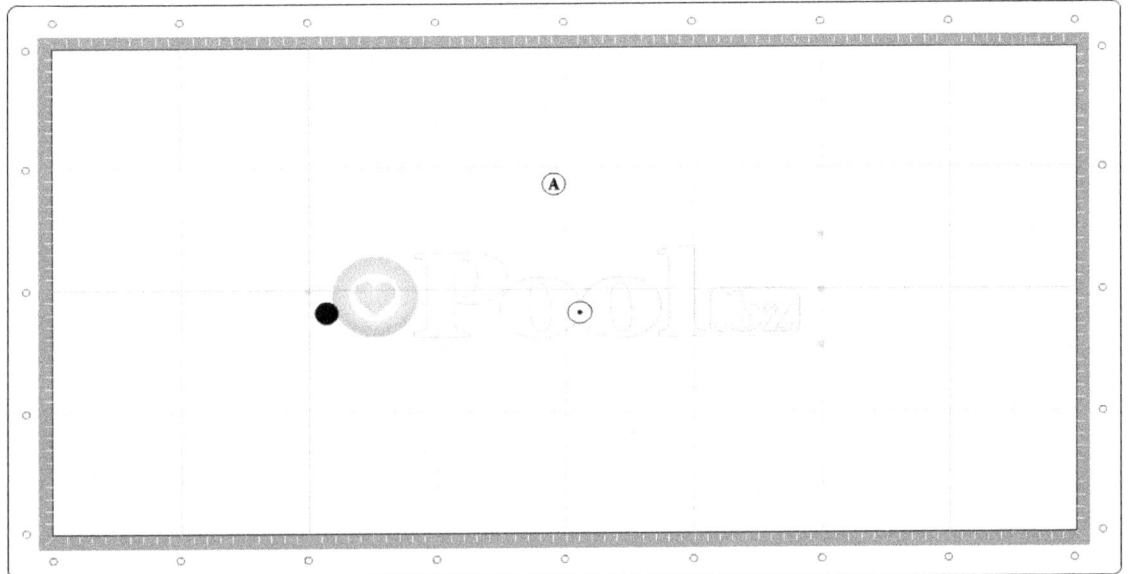

Opmerkingen en ideeën:

Schotpatroon

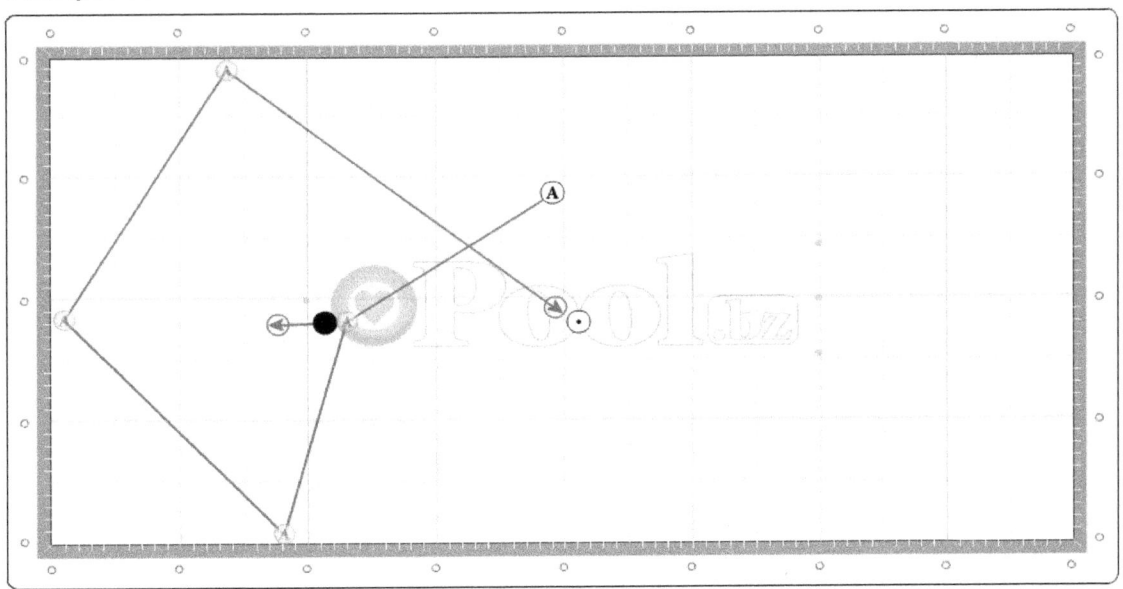

F:2d – Opstelling

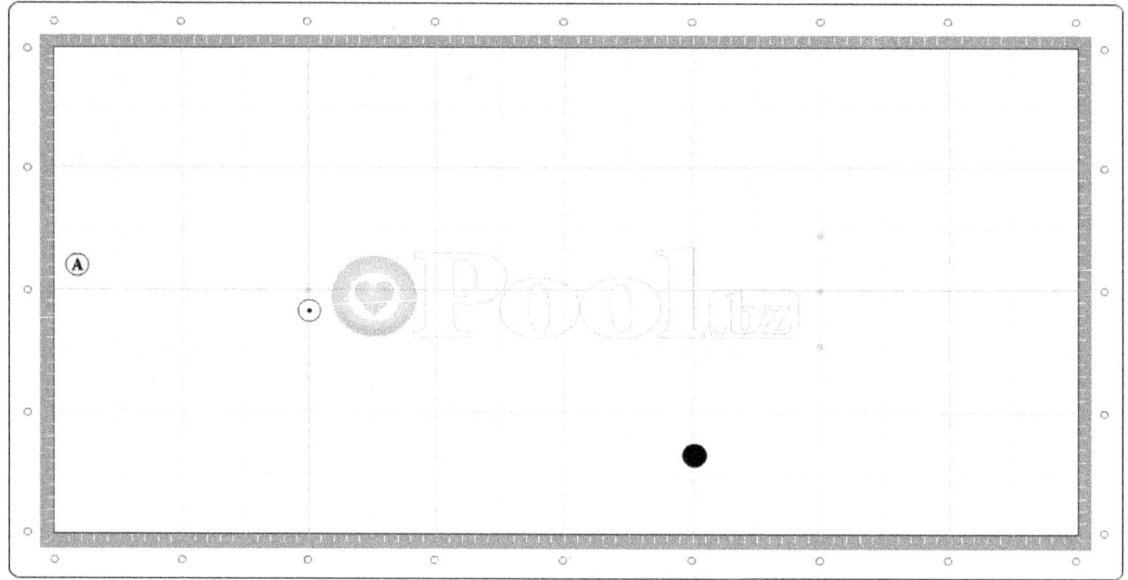

Opmerkingen en ideeën:

Schotpatroon

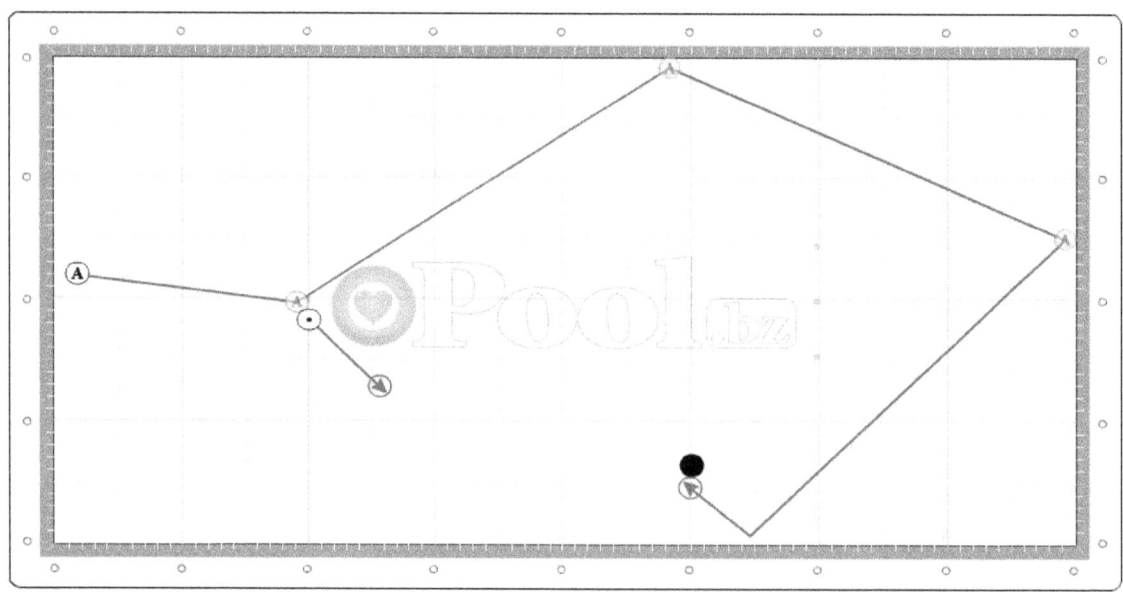

www.ingramcontent.com/pod-product-compliance
Lightning Source LLC
Chambersburg PA
CBHW080922170426
43201CB00016B/2240